普通高等学校物流管理专业本科系列教材

（第2版）

金汉信　王　亮　主编

仓储与库存管理

Cangchu yu Kucun Guanli

重庆大学出版社

内 容 提 要

仓储作为物流体系两大支柱之一,承担着改变物品时间状态的重任。本书主要研究和探索如何管理才能以最低的仓储总成本提供满意的客户服务,内容涵盖仓储管理概述、仓储设备、仓库设施规划、仓储规范性文件、库存控制、商品入库管理、库存管理、商品的养护、商品出库管理、仓储安全管理、仓储绩效管理、仓储管理信息技术。同时,为了提高对相关内容的理解和掌握,各章提供了相应的导读,并在每章末提供了精心设计的案例讨论及复习思考题。

本书主要适合物流管理专业本科生及仓储、物流从业人员的学习和参考使用。

图书在版编目(CIP)数据

仓储与库存管理／金汉信,王亮主编. --2版. --
重庆:重庆大学出版社,2020.8(2025.7重印)
普通高等学校物流管理专业本科系列教材
ISBN 978-7-5689-1659-2

Ⅰ.①仓… Ⅱ.①金… ②王… Ⅲ.①仓库管理—高
等学校—教材 Ⅳ.①F253.4

中国版本图书馆 CIP 数据核字(2020)第 092603 号

仓储与库存管理
(第2版)

金汉信 王 亮 主编

策划编辑:梁 涛

责任编辑:陈 力 杨育彪 版式设计:梁 涛
责任校对:刘志刚 责任印制:赵 晟

*

重庆大学出版社出版发行
社址:重庆市沙坪坝区大学城西路 21 号
邮编:401331
电话:(023) 88617190 88617185(中小学)
传真:(023) 88617186 88617166
网址:http://www.cqup.com.cn
邮箱:fxk@ cqup.com.cn(营销中心)
全国新华书店经销
重庆新生代彩印技术有限公司印刷

*

开本:787mm×1092mm 1/16 印张:18.5 字数:385 千
2008 年 9 月第 1 版 2020 年 8 月第 2 版 2025 年 7 月第 2 次印刷(总第 10 次印刷)
ISBN 978-7-5689-1659-2 定价:48.00 元

前 言（第2版）

　　经国务院国资委同意并经民政部于 2016 年 5 月 16 日核准批复,中国仓储协会更名为"中国仓储与配送协会"。这次更名,反映了物流行业发展的实际情况,展示了物流行业新的产业结构。同时,在供应链管理中,整个供应链的操作成本越来越受仓储人员、设备和管理效率的影响,有效的仓储在供应链管理下具有举足轻重的地位。仓储管理越来越受到业界人士的重视,并成为供应链管理的核心环节。可见,仓储管理的范畴和研究方法发生了较大改变。

　　为此,本书在修订过程中,对内容进行了较为丰富的完善和调整,具体包括以下三个方面:

　　一是本书以最低的仓储总成本提供满意的客户服务为主线,向供应链管理领域展开,增加了供应链管理条件下的物流网点规划、库存管理策略、库存控制策略、物流金融等,阐述以最低的供应链总成本提供满意的客户服务。

　　二是本书注重仓储管理与运筹学的有机结合,新增了装卸搬运设备配置模型、分拣设备配置方法、物流网点规划模型、仓储作业区布局优化方法、商品入库作业流程优化模型、货位分配模型、商品堆码算法、库存控制策略、订单拣选策略、拣货路径优化策略、装卸搬运系统优化模型等。

　　三是本书依据仓储管理知识的发展,对以下内容进行了较好的完善:我国仓储业的发展现状及对策、仓储设施规划、物流标准化体系、安全管理理论与方法、仓储绩效指标体系、各章节的案例讨论等。

　　本书的修订由南京财经大学营销与物流管理学院副教授金汉信和王亮教授共同完成。全书共 12 章,其中第 5 章和第 7 章由王亮修订,其余章节由金汉信修订。

　　本书在修订过程中,南京财经大学副校长乔均教授提供了大量的帮助和有益的建议,在此表示衷心的感谢。另外,本书在修订完成后,南京财经大学营销与物流管理学院硕士研究生胡子纯同学对本书的校对工作付出了辛苦的劳动,在此一并表示感谢。同时,更要感谢家人对我一如既往的支持和鼓励,使本书得以顺利完成。

本书在写作过程中引用了许多同行的大量成果,在此表示感谢。

由于仓储与库存管理还处于一个不断发展和探索的过程,加上作者的水平有限,书中难免有不妥之处,恳请同行和读者多提宝贵意见,以便再版时予以修订。

金汉信

2019 年 12 月 15 日

前 言（第1版）

随着经济全球化的发展，资源配置正向全球范围内扩展，这将现代物流推到了时代的最前列。而伴随世界制造中心的转移，中国"世界加工厂"格局的进一步形成，使我国的国内、国际物流需求持续增长，进而推动物流成为提高我国经济的运行质量和效率、提高国家整体竞争能力、推进我国经济体制与经济增长方式根本性转变的新兴产业和新的增长点。但我国物流科学研究还处于起步阶段，企业及社会物流蕴含的巨大效益潜力还远未充分发挥，众多企业的物流依然处于潜隐状态，进而导致我国缺少大批的掌握物流基础理论、熟悉物流管理信息技术、拥有物流运营管理能力的专门人才。据中国物流与采购联合会公布，到2010年我国高级物流管理人才的需求量将增至50万人，一般物流专业人才的需求量为600余万人。可见"人才荒"将成为我国现代物流业快速发展的巨大障碍。为此，国家积极推进物流人才的培养，开设物流管理专业的本科院校也在迅速增加。

作为物流体系两大支柱之一的仓储，是使"物"在效用最高的时间发挥作用，从而充分发挥"物"的潜力，实现了时间上的优化配置，进而承担着改变物品时间状态的重任。同时，生产和消费的供需在时间上的不均衡、不同步造成物资使用价值在数量上减少，质量上降低，这只有通过仓储才能减小物资损害程度，防止产品一时过剩浪费，使物品在效用最大的时间发挥作用，充分发挥物品的潜力，实现物品的最大效益。再者，仓储是加快资金周转，节约流通费用，降低物流成本，提高经济效益的有效途径。因为，有了仓储的保证，就可以免除加班赶工的费用，免除紧急采购的成本增加。但仓储也必然会消耗一定的物化劳动和活劳动，并占用大量资金。以上这些说明仓储需要科学地规划、设计和实施，只有实现仓储合理化，才能加速仓储物资的流通和资金的周转，从而节省费用支出，降低物流成本，开拓"第三利润源泉"。

基于此，本书系统地讲述了仓储设施、设备规划、仓储作业管理、库存管理与控制、仓储安全管理、仓储与库存信息化管理等基础理论，从仓储及库存的规划、设计、实施、安全和信息化的角度，提供了仓储有效管理的技术手段及理论基础。同时，为了提高对相关内容的理解,各章提供了相应的导读,并在每一章提供了精心设计的案例分析及思考题。本书主要适合物流管理专业本、专科生及仓储、物流从业人员学习、参考使用。

本书由南京财经大学营销与物流管理学院副教授、南京大学商学院博士后金汉信,南京财经大学营销与物流管理学院王亮教授和南京财经大学国际经贸学院霍焱老师共同撰写完成。全书共13章,其中第1,2,3,4,5,10,13章由金汉信撰写;第7,8章由王亮撰写;第6,9,11,12章由霍焱撰写。

本书撰写过程中得到了南京大学商学院彭纪生教授的鼓励和支持,南京财经大学营销与物流管理学院乔均院长、吴志华副院长在本书写作初期提供了大量的帮助和有益的建议,在此向他们表示衷心的感谢。另外,在初稿完成后,南京大学商学院硕士研究生邵咪咪同学对本书的校对工作付出了辛苦的劳动,在此一并表示感谢。同时,更要感谢家人对我一如既往的支持和鼓励,使本书得以顺利完成。

本书在写作过程中引用了许多同行的大量成果,在此表示感谢。

由于仓储与库存管理还处于一个不断发展和探索过程中,加上作者的水平有限,书中难免有不妥之处,恳请同行和读者多提宝贵意见,以便再版时予以修订。

金汉信

2008 年 5 月

目 录

第 1 章

仓储管理概述

本章导读：

- 深入了解仓储的概念、功能，了解仓储活动的意义，对仓储有个总体认识。
- 深入了解仓储管理的基本概念，了解仓储管理的内容、任务、地位、作用及其管理流程，对仓储管理有个总体的把握。
- 了解我国仓储的现状、问题及对策。

1.1 仓储的内涵及类型

1.1.1 仓储的内涵

1）仓储的概念

在物流系统中,仓储是一个不可或缺的构成要素。仓储业是随着物资储备的产生和发展而产生并逐渐发展起来的。仓储是商品流通的重要环节之一,也是物流活动的重要支柱。在社会分工和专业化生产的条件下,为保证社会再生产过程的顺利进行,必须储存一定量的物资,以满足一定时期内社会生产和消费的需要。

仓储是指通过仓库对暂时不用的物品进行储存和保管。"仓"即仓库,为存放物品的建筑物和场地,可以是房屋建筑、洞穴、大型容器或特定的场地等,具有存放和保护物品的功能。"储"即储存、储备,表示收存以备使用,具有收存、保管、交付使用的意思。

仓储具有静态和动态两种,当产品不能被及时消耗掉,需要专门的场所存放时,就产生了静态的仓储;而将物品存入仓库以及对存放在仓库里的物品进行保管、控制、提供使用等的管理,则形成了动态的仓储。可以说仓储是对有形物品提供存放场所,并在这期间对存放物品进行保管、控制的过程。

2）仓储的性质

仓储是物质产品的生产持续过程,物质的仓储也创造着产品的价值;仓储既有静态的物品储存,也包含动态的物品存取、保管、控制的过程;仓储活动发生在仓库等特定的场所,仓储的对象既可以是生产资料,也可以是生活资料,但必须是实物。由此可见,从事商品的仓储活动与从事物质资料的生产活动虽然在内容和形式上不同,但它们都具有生产性质,无论是处在生产领域的企业仓库,还是处在流通领域的储运仓库和物流仓库,其生产的性质是一样的,主要表现在以下几个方面。

（1）仓储活动是社会再生产过程中不可缺少的一环

任何产品的生产过程,只有当产品进入消费者后才算终结,因为产品的使用价值只有在消费中才能体现。而产品从脱离生产到进入消费,一般情况下都要经过运输和储存。所以说商品的储存和运输一样,都是社会再生产过程的中间环节。

（2）商品仓储活动具有生产三要素

商品仓储活动同其他物质生产活动一样，具有生产三要素，即劳动力、劳动资料（劳动手段）和劳动对象，三者缺一不可。物质的生产过程，就是劳动力借助于劳动资料，作用于劳动对象的过程。商品仓储活动中，劳动力是仓储作业人员，劳动资料为各种仓库设备，劳动对象为储存保管的物资。商品仓储活动是仓库作业人员借助于仓储设施，对商品进行收发、保管的过程。

（3）商品仓储活动中的某些环节，实际上已经构成了生产过程的一个组成部分

例如，卷板在储存中的碾平及切割、原木的加工、零部件的配套、机械设备的组装等，都是为了投入使用作准备，其生产性更为明显。

尽管仓储具有生产性质，但与物质资料的生产活动又有很大的区别，主要表现为以下特点：不创造使用价值，增加价值；具有不均衡和不连续性；具有服务性。

3）仓储的作用

（1）仓储的正作用

①仓储是物流的主要功能要素之一。在物流体系中，运输和仓储被称为两大支柱。运输承担着改变物品空间状态的重任，仓储则承担着改变物品时间状态的重任。

时间效用是指同种"物"由于时间状态的不同，其使用价值的使用限度发挥到最佳水平，进而最大限度地提高产出投入比。通过仓储，使"物"在效用最高的时间发挥作用，就能充分发挥"物"的潜力，实现了时间上的优化配置。从这个意义上来讲，也就相当于通过仓储提高了"物"的使用价值。

②仓储是整个物流业务活动的必要环节之一。商品生产和消费在空间、时间、品种、数量等方面都存在着矛盾。这些矛盾既不能在生产领域里解决，也不可能在消费领域里解决，只能在流通领域通过连接生产和消费的商品仓储活动加以解决。商品仓储活动在推动生产发展、满足市场供应中具有重要作用。可以说，商品仓储又是商品流通的必要条件，为保证商品流通过程得以不断地顺利进行，就必须有商品仓储活动。没有商品的仓储活动，就没有商品流通的顺利进行，因此有商品流通业就有商品仓储活动。

③仓储是保持物资原有使用价值和物资使用合理化的重要手段。生产和消费的供需在时间上的不均衡、不同步造成物资使用价值在数量上减少，质量上降低，只有通过仓储才能减小物资损害程度，防止产品一时过剩造成浪费，使物品在效用最大的时间发挥作用，充分发挥物品的潜力，实现物品的最大效益。

④仓储是加快资金周转、节约流通费用、降低物流成本、提高经济效益的有效途径。有了仓储的保证，就可以免除加班赶工的费用，免除紧急采购的成本增加。同时，仓储也必然会消耗一定的物化劳动和活劳动，还占用大量的资金，这些都说明仓储节约的潜力是

巨大的。通过仓储的合理化,可以加速物资的流通和资金的周转,从而节省费用支出,降低物流成本,开拓"第三利润源泉"。

(2)仓储的逆作用

仓储是物流系统中一种必要的活动,但也经常存在冲减物流系统效益、恶化物流系统运行的趋势。甚至有人明确提出,仓储中的库存是企业的"癌症",因为库存会使企业付出巨大代价,这些代价主要包括以下几个方面。

①固定费用和可变费用的支出。仓储要求企业在仓库建设、仓储管理、仓储工作人员工资及福利等方面支出大量的成本费用,从而使开支增高。

②机会损失。储存物资占用资金及资金利息,如果用于另外项目可能会有更高的收益。

③陈旧损失与跌价损失。随着储存时间的增加,存货时刻都在发生陈旧变质,甚至会完全丧失价值及使用价值。同时,一旦错过有利的销售期,又会因为必须低价贱卖,不可避免地出现跌价损失。

④保险费支出。为了分担风险,很多企业对储存物采取投保缴纳保险费方法。保险费支出在仓储物资总值中占了相当大的比例。在信息经济时代,社会保障体系和安全体系日益完善,这个费用支出的比例还会呈上升的趋势。

⑤仓储作业费用。进货、验货、保管、发货、搬运等工作所花费的费用等。

上述各项费用支出都是降低企业效益的因素,再加上在企业全部运营中,仓储对流动资金的占用达到40%~70%的高比例,有的企业库存在某段时间甚至占用了全部流动资金,使企业无法正常运转。

由此可见,仓储既有积极的一面,也有消极的一面。只有考虑到仓储作用的两面性,尽量使仓储合理化,才能有利于物流业务活动的顺利开展。

4)仓储在物流框架中的位置

尽管仓储活动在物流与供应链管理活动中日益重要,但它仍必须与其他物流活动结合在一起,并在很大程度上依赖于那些活动。通常在教学与咨询工作中将仓储作为物流活动的最后一项,其原因在于:首先,对其他四项物流活动(客户服务及订单处理、库存计划及管理、供应、运输)进行良好规划可以减少对仓储的需求;其次,其他四项物流活动所派生的需求可能暗示出应该采取第三方物流代理来执行仓储作业;再次,仓库的设计必须满足列在客户反映总体计划当中的客户服务政策的要求,必须满足存货总体计划的要求,必须能够容纳供货总体计划中规定的商品数量,同时还需服务于运输总体计划所规定的任务。仓储活动就是一项针对其他四项物流活动的服务。物流整体框架中的仓储业务如图1.1所示。

物　流

措施及目标　　　　对信息系统的要求

流程设计　　　　组织发展

客户服务及订单处理	库存计划及管理	供应	运输	仓储
客户服务政策	预测	供应商服务政策	网络设计	收货
客户满意度	订单数量工程学	采购零部件或材料	装运管理	入库
下订单	填充率计划	供应商整合	集装箱管理	储存
订单处理	控制政策	采购订单处理	承运人管理	订单拣选
开发票和付款	配置调度	购买并付款	运费管理	装运出库

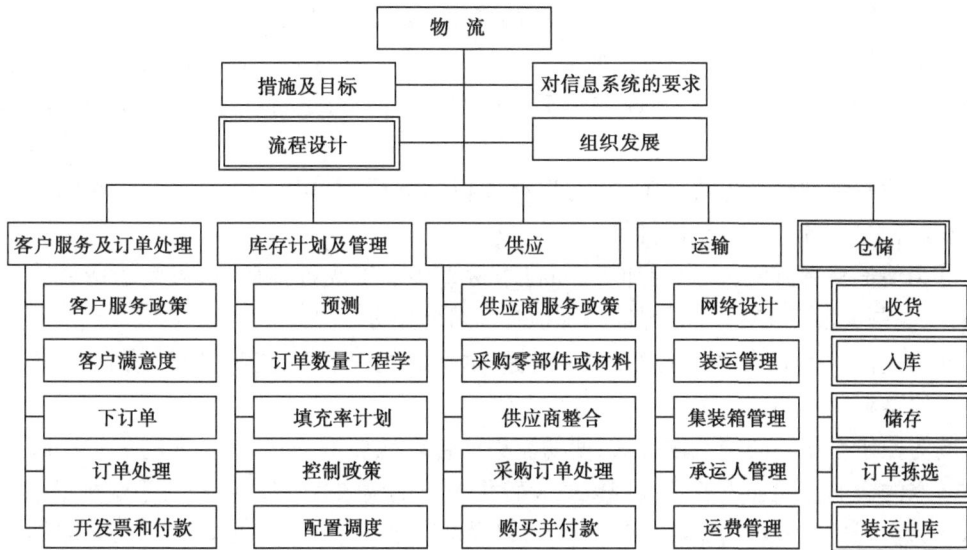

图 1.1　物流整体框架中的仓储业务

5）仓储的功能

从物流角度看,仓储功能可以按照经济利益和服务利益加以分类。其中经济利益包括堆存、拼装、分类和交叉、加工/延期,服务利益包括现场储备、配送分类、组合、生产支持、市场形象。

（1）储存功能

现代社会生产的一个重要特征就是专业化和规模化生产,劳动生产率高,产量大,绝大多数产品都不能被及时消费,需要经过仓储手段进行储存,才能避免生产过程堵塞,保证生产过程进行。另一方面,对于生产过程来说,适当的原材料、半成品的储存,可以防止因缺货造成的生产停顿。而对于销售过程来说,储存尤其是季节性储存可以为企业的市场营销创造良机。适当的储存是市场营销的一种战略,它为市场营销中特别的商品需求提供了缓冲和有力的支持。

（2）保管功能

生产出的产品在消费之前必须保持其使用价值,否则将会被废弃。这项任务就需要由仓储来承担,在仓储过程中对产品进行保护、管理,防止损坏而丧失价值。如水泥受潮易结块,使其使用价值降低,因此在保管过程中就要选择合适的储存场所,采取合适的养护措施。

（3）加工/延期功能

保管物在保管期间,保管人根据存货人或客户的要求对保管物的外观、形状、成分构

成、尺度等进行加工,使仓储物发生所期望的变化。加工主要包括:

①为保护产品进行的加工,如对保鲜、保质要求较高的水产品、肉产品、蛋产品等食品,可进行冷冻加工、防腐加工、保鲜加工等;对金属材料可进行喷漆、涂防锈油等防锈蚀的加工。

②为适应多样化进行的加工,如对钢材卷板的舒展、剪切加工,对平板玻璃的开片加工,以及将木材改制成方材、板材等。

③为使消费者方便、省力的加工,如将木材直接加工成各种型材,可使消费者直接使用;将水泥制成混凝土拌合料,只需稍加搅拌即可使用等。

④为提高产品利用率的加工,如对钢材、木材的集中下料,搭配套材,减少边角余料,可节省原材料成本和加工费用。

⑤为便于衔接不同的运输方式,使物流更加合理地加工,如散装水泥的中转仓库担负起散装水泥袋的流通加工及将大规模散装转化为小规模散装的任务,就属于这种形式。

⑥为实现配送进行的流通加工,仓储中心为实现配送活动,满足客户对物品的供应数量、供应构成的要求,可对配送的物品进行各种加工活动,如拆整化零、定量备货,把沙子、水泥、石子、水等各种材料按比例要求装入水泥搅拌车可旋转的罐中,在配送的途中进行搅拌,到达施工现场后,混凝土已经搅拌好,可直接投入使用。

加工/延期提供了两个基本经济利益:第一,风险最小化,因为最后的包装要等到敲定具体的订购标签和收到包装材料时才完成;第二,通过对基本产品使用各种标签和包装配置,可以降低存货水平。于是,降低风险与降低库存水平相结合,往往能降低物流系统的总成本,即使在仓库包装成本要比制造商的工厂处包装更贵。

(4)整合功能

整合(图1.2)是仓储活动的一个经济功能。仓库通过整合功能可以将来自多个制造企业的产品或原材料整合成一个单元,进行一票装运。其好处是有可能实现最低的运输成本,也可以减少由多个供应商向同一客户进行供货带来的拥挤和不便。

为了能有效地发挥仓储整合功能,每一个制造企业都必须把仓库作为货运储备地点,或用作产品分类和组装的设施。这是因为,整合装运的最大好处就是能够把来自不同制造商的小批量货物集中起来形成规模运输,使每一个客户都能享受到低于其单独运输成本的服务。

图1.2 整合功能

（5）分类和转运功能

分类（图1.3）就是将来自制造商的组合订货分类或分割成个别订货，然后安排适当的运力运送到制造商指定的个别客户。

图1.3　分类功能

转运（图1.4）就是仓库从多个制造商处运来整车的货物，在收到货物后，如果货物有标签，就按客户要求进行分类；如果没有标签，就按地点分类，没有标签的货物不在仓库停留，直接装到运输车辆上，装满后运往指定的零售店。由于没有标签的货物不需要在仓库内进行储存，因而降低了仓库的搬运费用，最大限度地发挥了仓库装卸设施的功能。

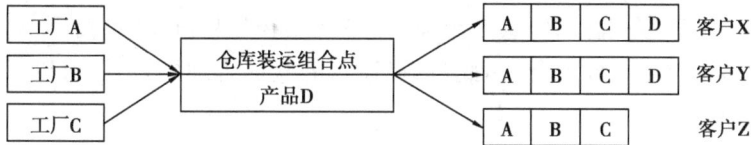

图1.4　转运功能

（6）支持企业市场形象的功能

尽管市场形象的功能所带来的利益不像前面几个功能带来的利益那样明显，但对于一个企业的营销主管来说，仍有必要重视仓储活动。因为从满足需求的角度看，从一个距离较近的仓库供货远比从生产厂商处供货方便得多；同时，仓库也能提供更为快捷的递送服务。这样会在供货的方便性、快捷性以及对市场需求的快速反应性方面，为企业树立一个良好的市场形象。

（7）市场信息的传感器

任何产品的生产都必须满足社会的需要，生产者都需要把握市场需求的动向。社会仓储产品的变化是了解市场需求极为重要的途径。仓储量减少，周转量加大，表明社会需求旺盛；反之则为需求不足。厂家存货增加，表明其产品需求减少或者竞争力降低，或者生产规模不合适。仓储环节所获得的市场信息虽然比销售信息滞后，但更为准确和集中，且信息成本较低。现代物流管理特别重视仓储信息的收集和反应，将仓储量的变化作为决定生产的依据之一。

（8）提供信用的保证

在大批量货物的实物交易中，购买方必须检验货物、确定货物的存在和货物的品质，方可成交。购买方可以到仓库查验货物。由仓库保管人出具的货物仓单是实物交易的凭证,可以作为对购买方提供的保证。仓单本身就可以作为融资工具,可以直接使用仓单进行质押。

(9)现货交易的场所

存货人在转让仓库存放的商品时,购买人可以到仓库进行商品取样检查,双方可以在仓库进行转让交割。国内众多的批发交易市场既有商品存储功能的交易场所,又有商品交易功能的仓储场所。众多具有便利交易条件的仓库都提供交易活动服务,甚至部分因此形成有影响力的交易市场。近年来,我国大量发展的仓储式商店,就是仓储功能高度发展、仓储与商业密切结合的产物。

1.1.2　仓储管理模式

仓储管理模式是库存保管的方法和措施的总和。企业、部门或地区拥有一定数量的库存是客观事实。库存控制和保管是企业生产经营和部门管理的重要环节,仓储成本是企业物流总成本的重要组成部分,因此,选择适当的仓储管理模式,既可以保证企业的物资供应,又可以有效地控制仓储成本。

1)按仓储活动的运作方式

(1)自有仓库仓储

自有仓库仓储就是企业自己修建仓库进行仓储。其优点主要是:①可以根据企业特点加强仓储管理;②可以依照企业的需要选择地址和修建特需的设施;③长期仓储时成本低;④可以为企业树立良好形象。而其缺点是:存在位置和结构的局限性;企业的部分资金被长期占用。

(2)公共仓库仓储

企业通常租赁为一般公众提供营业性服务的公共仓库进行储存。其优点主要是:①需要保管时,保证有场所;不需要保管时,不用承担仓库场地空闲的无形损失。②有专业技术人员进行保管和进出货物的工作,管理安全。③不需投入仓库建设资金。④可以根据市场需求变化选择仓库的租用面积与地点。其缺点是:①当货物流通量大时,仓库保管费与自有仓库相比较高。②所保管的货物需遵守营业仓库规则的各种限制。

(3)第三方仓储

第三方仓储(或称合同仓储)是指企业将物流活动转包给外部公司,由外部公司为企业提供综合物流服务。

第三方仓储不同于一般的租赁仓库仓储,它能够提供专业化、高效、经济和准确的分销服务。第三方仓储公司与传统仓储公司相比,能为货主提供特殊要求的空间、人力、设备和服务。其优点主要包括：①有利于企业有效利用资源；②有利于企业扩大市场；③有利于企业进行新市场的测试；④有利于企业降低运输成本。其缺点是企业对物流活动失去直接控制。

这三种类型仓储各有优势，企业决策的依据是物流的总成本最低，其影响因素包括货物周转总量、需求的稳定性及市场密度等，具体情况如表1.1所示。

表 1.1　仓储类型适用条件

仓储模式	周转总量		需求的稳定性		市场密度	
	大	小	是	否	集中	分散
自有仓库仓储	适合	不适合	适合	不适合	适合	不适合
公共仓库仓储	适合	适合	适合	适合	适合	适合
第三方仓储	适合	适合	适合	适合	适合	适合

2）按仓储的集中程度分类

（1）集中仓储

以一定的较大批量集中于一个场所的仓储活动，被称为集中仓储。集中仓储是一种大规模储存的方式，可以利用"规模效益"，有利于仓储时采用机械化、自动化作业，有利于先进科学技术的应用。集中仓储从储存的调节作用来看，有较强的调节能力，以及对满足需求的更大保证能力。集中仓储的单位仓储费用较低，经济效果较好。

（2）分散仓储

分散仓储是较小规模的储存方式，往往和生产企业、消费者、流通企业相结合，不是面向社会而是面向某一企业的仓储活动，因此仓储量取决于企业生产或消费要求的规模。分散仓储的主要特点是：容易和需求直接密切结合，仓储位置离需求地很近，但是由于数量有限，一般保证供应的能力较小。同样的供应保证能力，集中仓储总量远低于分散仓储总量之和，周转速度也高于分散仓储，资金占用量也低于分散仓储占用之和。

（3）零库存

零库存是现代物流学中的重要概念，指某一领域不再保有库存，以无库存（或很低库存）作为生产或供应保障的一种系统方式。

1.2 仓储管理的内涵及流程

1.2.1 仓储管理的内涵

1）仓储管理的定义

仓储管理是指对仓库和仓库中储存的货物进行管理。从广义上看,仓储管理是对物流过程中货物的储存以及由此带来的商品包装、分拣、整理等活动进行的管理。

仓储管理是一门经济管理科学,同时也涉及应用技术科学,故属于边缘性学科。仓储管理将仓储领域内生产力、生产关系以及相应的上层建筑中的有关问题进行综合研究,以探索仓储管理的规律,不断促进仓储管理的科学化和现代化。

仓储管理的内涵随着其在社会经济领域中的作用不断扩大而变化。仓储管理是从单纯意义上的对货物存储的管理,已成为物流过程的中心环节,其功能已不只是单纯的货物存储,还兼有包装、分拣、整理、简单装配等多种辅助性功能。因此广义的仓储管理应包括对这些工作的管理。

2）仓储管理的原则

保证质量、注重效率、确保安全、讲求经济是仓储管理的基本原则。

（1）保证质量

仓储管理中的一切活动,都必须以保证在库物品的质量为中心。没有质量的数量是无效的,甚至是有害的,因为这些物品依然占用资金、产生管理费用、占用仓库空间。因此,为了完成仓储管理的基本任务,仓储活动中的各项作业必须有质量标准,并严格按标准进行作业。

（2）注重效率

仓储成本是物流成本的重要组成部分,因而仓储效率的提高关系到整个物流系统的效率和成本。在仓储管理过程中要充分发挥仓储设施和设备的作用,提高仓库设施和设备的利用率;要充分调动仓库生产人员的积极性,提高劳动生产率;要加速在库物品周转,缩短物品在库时间,提高库存周转率。

（3）确保安全

仓储活动中不安全因素有很多,有的来自库存物,如有些物品具有毒性、腐蚀性、辐射性、易燃易爆性等;有的来自装卸搬运作业过程,如每一种机械的使用都有其操作规程,违反规程就要出事故;还有的来自人为破坏。因此特别要加强安全教育、提高认识,制订安全制度,贯彻执行"安全第一,预防为主"的安全生产方针。

（4）讲求经济

仓储活动中所耗费的物化劳动和活劳动的补偿是由社会必要劳动时间决定的。为实现一定的经济效益目标,必须力争以最少的人、财、物消耗,及时准确地完成最多的储存任务。因此,对仓储生产过程进行计划、控制和评价是仓储管理的主要内容。

3）仓储管理的内容

仓储管理研究的是商品流通过程中货物储存环节的经营和管理,即研究商品流通过程中货物储存环节的业务经营活动,以及为提高经营效益而进行的计划、组织、指挥、监督和调节活动。仓储管理主要是从整个商品流通过程的购、销、储、运各个环节的相关关系中,研究货物的收、管、发和与之相关的加工等经营活动,以及围绕货物储存业务所开展的对人、财、物的运用与管理。

仓储管理的对象是仓库及库存物资,具体包括如下几个方面。

（1）仓储的选址与建设问题

合理规划仓储设施网络,如仓储的选址原则、仓储建筑面积的确定、库内运输道路与作业区域的布置等。它影响到仓储的服务水平和综合成本,必须提到战略层面来处理。

（2）仓储的选择与配置问题

合理选择仓储设施、设备,以提高货品流通的顺畅性和保障货品在流通过程中的质量。例如,如何根据仓储作业特点和所储存物资的种类及其理化特性选择仓储设备、应配备的数量、如何对这些设备进行管理等。

（3）仓储的业务管理问题

例如,如何组织物资出入库,如何对在库物资进行储存、保管与养护。

（4）仓储的库存管理问题

例如,如何根据企业生产需求状况,储存合理数量的物资,既不会导致储存过少引起生产中断而造成损失,又不会导致储存过多而占用过多的流动资金等。

此外,仓储业务的考核问题,新技术、新方法在仓储管理中的应用问题,仓储安全与消防问题等,也是仓储管理所涉及的内容。

1.2.2　仓储管理的流程

仓储管理的流程主要包括订单处理作业、采购作业、入库作业、盘点作业、拣货作业等（图 1.5）。

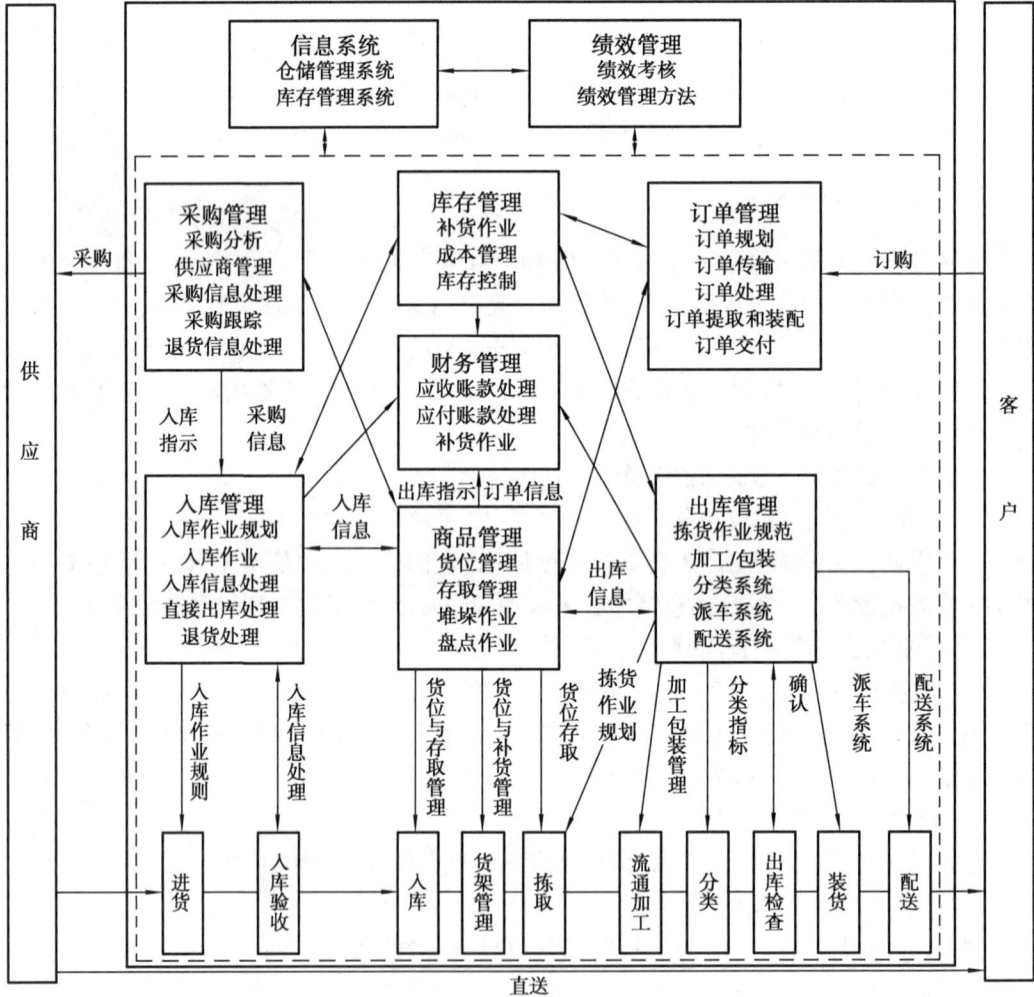

图 1.5　仓储管理的流程

1）订单处理作业

仓储业务归根到底来源于客户的订单，它始于客户的询价、业务部门的报价，然后接收客户订单,业务部门需了解库存情况、装卸货能力、流通加工能力、包装能力、配送能力等,以满足客户需求。对具有销售功能的仓库,核对客户的信用状况、未付款信息也是重要的内容之一。对服务于连锁企业的物流中心,其业务部门也称为客户服务部,每日处理订单和与客户经常沟通是客户服务的主要功能。

2) 采购作业

采购作业的功能主要是将仓储的存货控制在一个可以接受的水平,以寻求订货批量、时间与价格的合理关系。采购信息来源于客户订单、历史销售数据和仓库存货量,所以仓库的采购活动不是独立的商品买卖。采购作业包括统计商品需求量、查询供货厂商交易条件,然后根据所需数量及供货商提供的经济订购批量提出采购单。

3) 入库作业

发出采购订单后,库房管理员即可根据采购单上预定入库日期进行入库作业安排,在商品入库当日,进行入库商品资料查核、商品检查,当质量或数量与订单不符时应进行准确记录,及时向采购部门反馈信息。库房管理员按库房规定的方式安排卸货、托盘码放、货品入位。对同一张订单分次到货,或不能同时到达的商品要认真记录,并将部分收货记录资料保存到规定的到货期限。

4) 盘点作业

盘点作业是仓储作业人员定期对在库物品实际数量与账面数量进行核查,以掌握仓库真实的货品数量,为财务核算、存货控制提供依据。

5) 拣货作业

拣货作业是根据客户订单的品种及数量进行商品的拣选,可以按路线也可以按单一订单进行拣选。拣选工作包括拣取作业、补货作业的货品移动安排和人员调度。

6) 出库作业

出库作业是完成商品拣选及流通加工作业之后,送货之前的准备工作。出库作业包括准备送货文件、为客户打印出货单据、准备发票、制订出货调度计划、决定货品在车上的摆放方式、打印装车单等工作。

7) 送货作业

送货作业包括送货路线计划、车辆调度、司机安排、与客户及时联系、商品在途信息跟踪、意外情况处理及文件处理等工作。

1.3　我国仓储业的发展现状及对策

1.3.1　我国仓储业的现状分析

1）政策与管理层面的问题

（1）仓储业税负重

仓储税负重的问题，已经引起有关部门的重视，但仍然没有解决。一是"营改增"前，仓储业营业税是 5%，税费就已偏高；"营改增"后，小规模纳税人税费大幅减少，但一般纳税人税费略有增加。可见，仓储业税费过高是仓储的老大难问题。二是土地税很重，新法规实施以来，土地税额普遍增加了 2 倍以上，最多的增加了 10 倍左右，这对占地面积较大、主要靠劳务性收入生存的仓储企业来说，确实不堪重负。

（2）仓储用地价格偏高

仓储用地的取得方式与价格偏高的问题，越来越突出，造成诸多不良后果。一方面，原来城内的仓库区不断地被规划拆迁；另一方面，又不能置换到城外同样面积的仓储用地。政府提供的仓储用地主要集中在"物流园区"，而"物流园区"的土地价格偏高，用来建仓库很难生存，这就造成三个后果：一是我国的仓储面积基本处于供不应求的状况，特别是立体仓库、冷库与危险品仓库不足；二是各类"物流园区"被"市场化""商贸化""综合化"，搞得不伦不类；三是农民新建大批仓库，仓储企业要么租用农民仓库，要么租用农村集体土地建仓库，但这是"灰色地带"，与现行法规不符。近年来，仓储用地价格偏高的问题直接抬高了社会物流总成本。我们应该学习发达国家的经验，对仓储用地实行针对性的优惠供应。

（3）仓储业专门法规缺失

仓储业的法规建设，已引起有关部门的关注。我国物流中的运输、快递、货代等都有专门的法律法规，唯独没有仓储业的专门法规。这是造成我国仓储业"门槛"低、市场不规范、仓储设施"家底不清"的主要原因，也使"金融仓储""私人仓储"等新兴仓储业态得不到管理与规范。我们应该借鉴日、美等国的经验，制定仓储业专门法规，指导与规范仓储业的健康有序发展。

2）行业与市场层面的问题

（1）结构与地区分布不均衡

从总体看,仓库设施已基本满足物流需求,但在结构与地区分布上还存在一些供求矛盾。各类"物流园区"从一、二线城市向三、四线城市的发展,存在盲目性、重复性建设,一些仓库空置率居高不下;一批商业地产公司、基金公司甚至银行金融机构大举进入仓储地产行业,全国铁路货场的改造已经形成规模与网络,大幅增加了仓库供应量;随着进出口贸易的下降,保税仓库空置率提高;随着经济结构调整、加工业转移,一些大宗商品仓库经营困难,许多工业厂房改作仓库;随着化工产业的快速发展与国家对危险品仓库的监管加强,符合规定的危险品仓库总量减少、布局更加不合理;随着城内老旧仓库拆除、搬迁已基本完成,城市共同配送所需要的仓库网络出现空白点;随着电子商务的高速发展,急需的单体大型仓库与分散的配送或分拨中心仓库供应严重不足,等等。这些因素加剧了我国仓库供需的结构性矛盾,仓库供不应求与仓库供过于求同时存在,仓库高空置率与高租金同时存在,仓库快速建设与仓储效益下降、企业倒闭、转行同时存在。

（2）仓储业信息化发展很不平衡

近年来,我国仓储业的信息化正在向深度(智能仓储)与广度(互联网平台)发展,电子商务特别是网络零售的发展,催生了海量单品、海量订单的专业性、网络化电商仓储的发展,出现了许多仓储互联网平台、仓储O2O平台以及大宗物资线上交易与线下仓储的互动平台。但从整体看,我国仓储业信息化发展很不平衡,30%左右的仓储企业信息化水平仍然较低,其中许多仓储企业至今还没有运用WMS,一些基于互联网的仓储平台基本上处于探索阶段,还没有成熟的商业模式,电商仓储的水平与规模远远不能适应网络零售快速发展的物流需求。

（3）市场秩序与行业垄断问题

一方面,有的地区由于仓库供过于求,或由于中小型仓储企业扎堆,企业竞相压低仓库租金,出现价格方面的恶性竞争;另一方面,因为普洛斯等大型仓储地产企业的仓库规模越来越大,有业内人士担心出现行业垄断。根据中国仓储与配送协会的调研,从总体上看,我国仓储业的当务之急应该是提高仓储企业的规模化与组织化程度,而不是防止行业垄断的问题,就算普洛斯保持每年120万 m² 的增速,5年之后也就是1 000万 m² 左右的仓库,也只占到全国仓库总面积的2%左右。当然,在个别地区个别城市是否会形成垄断,这要具体情况具体分析。中国仓储与配送协会认为,不论是恶性竞争还是垄断,都需要加强与完善行业统计工作,逐步建立仓储业的公共信息平台,及时发布仓库面积与仓租的实时信息,引导行业健康发展与有序竞争。

（4）仓库运营风险隐患较大，行业监管有待加强

由于部分仓库未经备案或未经验收就投入运营，有些普通仓库违法储存危化品，冷库管理中温度控制得不到严格执行，以致仓储业存在较大的风险隐患。

3）仓储企业自身存在的问题

（1）仓储企业的定位问题

一是市场定位的同质化，二是发展目标的同质化。在市场定位方面，许多仓储企业服务的领域、存储的货物明显趋同，综合的、通用的（主要是生活日用品）多，专业的、专用的（冷库、危险品以及服装、医药、生鲜食品等）少；为生产企业提供产成品仓储服务的多，为生产企业提供零部件仓储、为零售企业提供仓储配送的少；为传统流通体系（生产与批发）服务的多，为电子商务服务的少。在企业形象与发展目标定位方面，以"物流"为荣、以"仓储"为耻，一些新企业大多以"综合""现代"物流公司或供应链公司为形象与目标定位，一些老企业也脱离本企业的实际情况追求"综合""现代"物流公司，不理解现代仓储的本质，不能充分认识配送中心的市场需求与效益潜力。

（2）仓储增值服务问题

许多仓储企业仍然只能提供仓库出租或进出库管理及装卸等基本服务，只能为货主保管商品，不能控制商品库存；收费方式单一，多数仍是按面积计算仓租，按货位、按进出仓库的包装件、按货物价值等计费的很少；仓库内的流通加工形不成规模，服务不到位；商品配送的方式单一、规模较小，不能产生经济效益，为生产企业单一品种送货的多，为零售企业与末端客户提供多厂、多店的整体配送的少。同时，我国仓配一体化服务的水平还较低，不仅仓储企业的仓配一体化率平均不足30%，而且社会上还有海量的货物处于分散运输、货主自提的状态，不仅加大了物流成本，也造成了交通拥堵。

（3）设备与技术应用问题

信息系统、货架与叉车是现代仓储作业的最基本设施。近年来，随着立体仓库的增加，货架与叉车的使用率正逐年提高，但平地堆码、人工搬运仍然较普遍。许多企业仍然没有信息系统，即使有信息系统也只是代替了纸质台账的作用，没有库存管理与控制的功能，这是普遍存在的问题。与此同时，我们也注意到，有的企业出现了一味追求全自动化的苗头。国内外的经验表明，公共仓储与第三方物流企业实施仓储设施的全自动化一定要慎重考虑三个因素（实施环境、客户关系、投入产出），切忌盲目发展。

1.3.2　我国仓储活动的发展对策

1)政府部门发展策略

政府部门发展策略的重点有三点:调整仓储业的税种与税率;调整与规范仓库建设用地的供应方式,合理规划仓储用地;制定仓储业的法规制度。为此,中国仓储与配送协会与其他相关协会应该通过调查研究与方案研讨,为政府部门提供决策依据。

2)仓储与配送协会发展策略

中国仓储与配送协会作为全国仓储行业的社团组织,将继续开展以下工作,促进行业自律,提高行业管理水平。

(1)仓储资源的深度整合与仓储网络优化

面对仓储资源供求的结构性矛盾,仓储业应优化网络、深度整合资源。其一,面对经济结构调整与物流需求的变化,优化仓库供应、增加市场急需的仓库设施,完善全国性的仓库骨干网络,优化城市共同配送与电商物流城市仓储网络。其二,针对现有仓库资源在结构与地区分布上的不均衡,整合、改造与利用各类仓储资源,包括各类园区仓库之间的资源共享与业务合作,保税仓库与非保税仓库之间的资源整合与业务衔接,枢纽性仓库、节点性仓库与分拨性仓库之间的网络性整合,供应链物流及合同式物流仓库与专线零担、快递等分拨仓库的仓间货位整合,以充分发挥各类仓储资源效益。其三,面对分散的仓储资源与集约化的供应链物流之间的矛盾,促进仓储企业之间以及仓储企业与运输、货代、零担、快递企业之间重组整合,包括国有企业之间的重组,国企与外企、民企的重组,同业之间的兼并重组和跨业态之间的企业重组。

(2)仓储业信息化与电商仓储

在国家"互联网+"发展战略的推动下,积极推进仓储业信息化。其一,有序推进以"中仓网""城市共同配送互联互通平台"为主的行业综合平台应用,以形成网上订仓、网上支付及其质量认证、风险保障的仓储互联网运营平台;推进以"担保存货管理公共信息平台""中药材物流信息公共管理系统"为主的专业仓储平台应用,使越来越多专业监管企业使用统一的 WMS,以防范存货融资风险,保障中药材物流信息的全程追溯。其二,有序推进《电子商务物流服务规范》行业标准的实施,扩大浙江省地方标准《电子商务仓储管理与服务规范》的示范带动作用,促进电商平台、品牌电商以及实体零售企业与专业电商仓储企业在电商专用仓库建设、库内智能设备技术的应用、仓储管理与服务水平提升等方面加大投资、整合资源、优化网络与流程;促进跨境电商在海外仓的布局、保税仓等方面进行商业模式创新。其三,推进移动互联网与物联网等技术的应用,促进仓储信息化与电商仓储的融合发展,促进仓储互联网平台与各类商品电子交易平台的对接、仓储 O2O 与商品交易 O2O 的融合。

(3)全面开展仓储从业人员的培训工作

以《仓储从业人员职业资质》国家标准为依据,立足现代仓储业的需要,引进国外成熟的知识体系,联合业内相关机构共同组织开展仓储经理与仓储管理员的培训认证工作,逐步提高仓储管理人员在仓储规划、库存管理、增值服务以及信息系统开发应用等方面的技能。

3)仓储企业发展策略

(1)合理规划

我国各类仓库设施建设仍有较大空间,建议根据市场的多样化需求,合理规划、有序建设现代仓库。根据冷链物流规划与商贸物流规划,未来 5 年我国要建设 1 000 万 t 的冷库储存能力、1 亿 m^2 的通用立体仓库。用 5 年时间建设这样大规模的仓储设施,任务确实很艰巨,但从我国经济发展的需要出发,并参照发达国家的水平,考虑我国仓储设施的差距,这也确实是必要的。目前的关键是如何贯彻实施这两个规划,在哪里建设仓库,建设什么样的仓库。

①仓库布局。仓库数量与总面积应该与一个区域、一个城市的 GDP(特别是工农业产值)、人口、社会商品零售总额以及交通位置相适应,要以一个区域(城市)当前及未来的仓库需求量、现有仓库的总量、结构、市场饱和度(出租率)等因素为依据,不能盲目跟风建仓库。尤其是 2014 年 12 月,中央经济工作会议强调重点实施"一带一路"倡议、京津冀协同发展和长江经济带战略。国家批准在广东、天津、福建再设立 3 个自由贸易试验区。这些区域发展战略的实施将会产生新的物流需求,同时对仓储布局提出新的要求。"一带一路"倡议强调交通基础设施,打通缺失路段、畅通瓶颈路段,仓储设施应随着交通、贸易辐射的规模进行配套规划并逐步建设;京津冀战略需要处理好物流枢纽设施与城市配送中心的衔接关系,实现地区仓储设施互通互联;长江经济带战略在加快综合交通枢纽建设的同时,应将仓储设施规划建设合理嵌入综合交通运输体系内。

②仓库的具体选址。要么靠近生产区域(便于发运),要么靠近零售门店(便于配送),要么靠近交通枢纽点(便于中转)。城市内的仓库必然会逐步被规划拆迁,仓库向城郊接合部、近郊甚至远郊发展是不以人的意愿为转移的。当前很热的"物流园区"迟早是要降温的,国家不会长期允许如此"圈地",入驻园区也不代表就有"集约效益"。仓库还是应该尽可能地靠近客户或服务对象,不宜过分集中,不能太扎堆。

③各类批发市场、现货交易市场是仓库选址的重要依据,但也不能绝对化。随着我国

流通体系的不断完善,批发市场的份额肯定会下降,农产品是如此,工业品与原材料更是如此。所谓"市场"型的"物流园区"也只有中国才有,这种布局与模式未来也许会有一个较大的调整、完善与优化的过程。

④基于现代仓储作业的需求,立体仓库的发展是一个趋势,但也不能绝对化,在中国这样一个发展中国家,平房库、楼房库也是有较大需求的,关键是看存什么货、货物的进出频率是多少。自动化仓库可以极大地提高作业效率,但需要相应的运作环境,公共仓储企业建设自动化仓库一定要慎重。货架、叉车加上信息系统应该是我国仓储企业普遍使用的设施。

⑤冷库与危险品仓库发展建设的潜力还较大。冷库的类型与技术更是复杂,要依据地区(产地或销地)、货物特点(单品种或多品种,单温度带或多温度带)、使用者(公共或自用)、功能(储存型或配送型)等多种因素规划设计。我国冷库建设将向多品种、低温化、宽温带方面发展,公用型冷库和多功能的冷链物流配送中心建设将进一步加强。我国市场配套冷库的分格式、分散管理模式必然要被货架式、集中管理模式所替代。危险品仓库的建设,既要考虑化工生产园区的需求,也要考虑广大危化品生产、经营(交易市场)甚至消费者的经常性需求,目前最缺的是满足后者需求的仓库。国家将对危险品仓储实行专项许可制度。

(2)变革经营方式

国家"互联网+"战略,要求仓储企业变革经营方式。首先是适应线上线下融合发展的物流需求。批发企业、零售企业和电商企业要开放仓储资源,调整网上批发市场与零售门店的服务功能,合理布局商品库存,建立适应线上线下融合发展的社会化仓储配送网络;仓储企业要兼顾线上线下物流需求,完善服务功能,优化作业流程,创新经营方式。其次是适应跨境电商的物流需求。海外仓布局与境外本土化运营将是重大挑战,保税仓储需不断完善服务功能,创新经营方式。

(3)专业化发展

仓储服务的专业化,还有很大潜力。综合、通用的仓储服务可以做出规模;专业化、个性化的仓储服务也可以做出规模、做出品牌,甚至取得更好的经济效益。原材料、零部(配)件的仓储(如 VMI)、医药与服装的公共仓储、电子商务的仓储、为零售商店服务的公共配送中心、共同化配送中心等,目前在我国还有很大的市场空间,这需要仓储从业者从根本上转变经营理念,提高人员素质,融入市场、贴近客户。

(4)提供更多增值服务

库存控制与增值服务,是现代仓储区别于传统仓储的根本特征,应成为广大仓储企业追求的基本方向。研究与熟悉生产流通企业的供应链特点与商业模式,是实施库存控制的前提,完善的信息系统是实施库存管理与控制的基本手段。增值服务的性质是增加商品的价值、增加货主的价值。仓储企业最基本的增值服务是流通加工，是为货主企业提高商品市值提供服务，应该根据需要配备相应的加工包装设施，使加工包装服务成为服务的常态。越库作业也能增值，有利于加速商品周转，为货主企业节省资金占用成本。货物质押监管有利于帮助货主企业融资，提高其生产经营规模。商品配送应该定位于货主售后服务的组成部分，只有全覆盖才能使末端客户满意，只有规模化才能产生效益，只有多货主、多品种与多门店的送货才是规模化的"配送"；仓储企业的服务功能是订单处理、分拣包装与组配，并协调组织相关业者共同实施，不一定要自己购车、管车。另外，仓储企业应做好仓配一体化服务，将配送作为仓储的延伸服务、增值服务，通过仓配一体化增强其核心竞争力。

(5)精益化管理

仓储的精益化管理，应该提上日程并持之以恒。近年来，仓储业虽然得到发展，但相对于物流其他相关企业，其经济效益并不理想，除了增值服务太少外，最基本的原因是管理不到位。精益化管理的目的是改善服务质量、提高作业绩效、节省运作成本。实施仓储精益化管理的重点：①要优化库区的设施布局与仓库内的功能区域布局，改善货物动线。②配套货架、托盘等库内设施，提高仓库空间利用率与单位面积效益。③科学测算与比较机械和人工作业的投入产出比，控制与节省运作成本。④不断优化作业流程、完善作业规范、加强绩效考核，提高作业效率。⑤应用与不断完善信息系统，提高存货管理、出入库与配送的准确率。⑥实行多样化的计费方式，促使货物加快周转，既节省货主成本又提高仓储企业效益。

总之，仓储业既是传统产业，也是现代服务业，其作用与潜力有待于深入挖掘。我国仓储业虽然得到重视与发展，但仍存在许多深层次的政策问题、行业问题与企业经营管理的问题。仓储业的现代化任重而道远。

［案例导入］ 海尔物流：以时间消灭空间

"海尔"已享誉世界，"海尔物流"也成为中国物流业的一个"闪光点"。因为中国第一个"物流示范基地"在这里，更准确些说，海尔在物流管理、物流技术和物流理念的创造性实践，为正在兴起的中国物流业树立了一个里程碑式的典范和楷模。中国物流与采购联合会在2002年就授予海尔"中国物流示范基地"的称号。

(1)"海尔物流"无处不在

进入海尔工业园，不时地有"海尔物流"醒目标志的大型厢式货车来往穿梭。无需打听，也知是海尔与外部世界进行着"原材料—产品"的交换。海尔的现代化立体仓库已更名为"青岛物流中心"，建成于1999年8月。仓库占地面积7 200 m²，使用面积5 400 m²，仓库高 16 m,货架高 13 m,共有 9 618 个货位,为国内同类型第一大库。据说,该仓库相当于过去 8 万 m² 的平面库,仅仓储费用一项每年可为集团节约 1 500 万元。

立体库全部采用机械化叉车搬运,极大地提高了工作效率。过去同规模的平面库至少需要 200 人,而目前仓库只有 28 个人。这里的管理采用了世界最先进的资源管理集成系统 SAP/R3,它可以实时监控整个中心每一种物料的库存情况,从而保证整个物流中心的物资不是像水库,而是像一条河流一样不停地在流动。它可以将库存资金占用从 15 亿元降至 6 亿元,降幅达 60%,杜绝了呆滞物资的产生。

与立体库相关的业务流程是这样的,从市场信息的收集转换成产品事业部的生产计划,通过 SAP 系统自动运行生成物料采购清单,通过网上下达给分供方执行。分供方按照订单上的时间、地点、数量的要求提前检验后,运送到立体库,由立体库入库员在现场通过条码扫描进行收货。整个审核订单的过程是通过自动程序完成的。与此同时,系统自动分配货位,小叉车和高架叉车通过扫描托盘号进行操作,将货物放到指定的货位并加以确认,完成收货操作。

出库系统是按照产品事业部生产计划的要求,通过共享的 SAP 系统自动分配物料下架指令,无线传输给高架叉车进行取货,再通过小叉车的扫描分拣完成出库指令,提前 4 小时配送到生产线工位。无线扫描系统的运用使整个库区操作指令实现了无纸化办公。

库区内宛如一排排高楼脚手架的货架有 29 个巷道,10 部高架叉车来往其间取货,就像大机器的零部件动作一样准确无误。据说,这种德国产的林德叉车每部价值达 100 万元人民币之多。7 部小叉车又称平衡叉车,在货架周边的空间活动,其活动指令是通过叉车上的无线接收终端来获取的。而“传达”指令的装置分别位于立体库两端的建筑物上,它们可以保证覆盖在库区及周边地区活动的叉车和相关装置。库内还配备有自动感应式的喷淋消防装置。

(2)“海尔物流”打造核心竞争力

海尔曾提出“消灭库存”的理念,但海尔除建造了这样的立体库外,还建造了更先进的自动化立体库。当有人就这个看似矛盾的现象提出质疑时,海尔集团 CEO 张瑞敏指出:海尔实行的是“过站式”物流管理模式,仓库已不再是传统意义上的物资“水库”,而是一条流动的河流,是“车站”,是物流作业的一个节点。产生这一变化的根本原因就是,海尔是按订单来进行采购、制造、配送的,物品是按订单信息要求而流动的,从而消除了呆滞物资,也就消灭了“库存”。这与传统意义上的为“库存”而生产,生产出来的产品进入库存,而后再等待订单的概念是根本不同的。

由市场信息转化而来的订单,实实在在成为海尔活动的中心。1999 年,海尔开始进行以“市场链”为纽带的业务流程再造,创造了富有海尔特色的“一流三网”的同步物流模式。“一流”是以订单信息网为中心;“三网”分别是全球供应资源网络、全球配送资源网络和计算机网络。"同步"即"三网"同步运行,为订单信息流的增值提供支持。

海尔进行的以"一流三网"为主要标志的物流革命,其核心就是以订单信息流为中心对仓库进行革命,通过同步模式以高效物流运作实现"与用户零距离"的战略目标,使海尔通过现代物流一只手抓住用户的需求,另一只手抓住可以满足用户需求的全球供应链,获得企业核心竞争力。

实施了采购 JIT。海尔物流整合的第一步是整合采购,将集团的采购活动全部集中,在全球范围内采购质优价廉的零部件。海尔一年的采购费用约 150 亿元,有 1.5 万个品种,有 2 000 多个供应商。通过整合采购,海尔将供应商的数目减少到 900 家,世界 500 强企业中有 44 家为海尔的供应商,集团采购人员优化掉 1/3,成本每年同比降低 4.5% 以上。

实施了原材料配送 JIT。在立体库建立之前,海尔的平均库存时间为 30 天,仅海尔工业园企业的外租仓库就达 20 余万 m^2。两个立体库建成后,平均库存周转时间已经减至 12 天,整个集团仓库占地仅为 2.6 万 m^2,即以原仓储面积 1/10 的空间承担起原仓储的全部功能。对订单的响应速度从原来的 36 天降低到目前的不到 10 天。

实施了成品分拨物流 JIT。海尔在采购整合后,又整合了全球配送网络,将产品及时按要求送到用户手中。目前,海尔与 300 多家运输公司建立了紧密的合作关系,全国可调配的车辆达 1.6 万辆。目前可做到中心城市 6~8 小时配送到位,区域配送 24 小时到位,全国主干线分配配送平均 4 天,形成全国最大的分拨物流体系。海尔还在德国的汉堡港等地建立了物流中心,向欧洲客户供货的时间也因此缩短了一半以上。值得一提的是,海尔物流运用已有的配送网络和资源,借助较完备的信息系统,积极拓展社会化物流业务。目前已成为日本美宝集团、乐百氏集团的物流代理商,同时与 ABB 公司、雀巢公司、万家香酱园、伊利奶粉的物流及配送业务也在顺利开展。

(资料来源:仲联.海尔物流:以时间消灭空间[J].现代物流报,2017-03-27)

≫案例讨论

1.说明海尔立体仓库业务流程。

2.海尔是如何消灭库存的?

3.海尔是如何有效利用 JIT 技术打造自身的核心竞争力的?

4.海尔物流对我们的启示是什么?

≫复习思考题

1.考察一个仓库,分析说明其主要功能。

2.说明仓储在物流系统中的地位和作用。

3.仓储管理的基本内容包含哪些? 它们分别属于战略层次、战术层次和运作层次中的哪个层次?

4.举例说明不同行业对仓储管理的不同要求。

5.考察一仓库,并说明其仓储流程。

第 **2** 章

仓储设备

本章导读：

- 了解仓储设备的概念、分类,深入了解仓储设备的特点及选择原则,对仓储设备有个总体把握。
- 了解货架的概念、基本功能、特点及选择时应考虑的因素,深入了解各类货架的结构、特点及适用情况。
- 了解装卸设备的种类,深入了解各装卸搬运设备的特点及适用情况,了解装卸搬运设备的配置模型,对装卸搬运设备的选择有个总体把握。
- 了解分拣设备的特点、组成及配置模型,了解托盘的定义、种类和选择方法。

2.1 仓储设备概述

2.1.1 仓储设备的概念

仓储设备的配置是仓储系统规划的重要内容,关系到仓库建设成本和运营费用,更关系到仓库的生产效率和效益。仓储设备是指仓储业务所需的所有技术装置与机具,即仓库进行生产作业或辅助生产作业,以及保证仓库及作业安全所必需的各种机械设备的总称。根据设备的主要用途和特征,可以分为存货、取货设备,分拣、配货设备,验货、养护设备,防火、防盗设备,流通加工设备,控制、管理设备及配套设施等。仓储设备的分类如表2.1所示。

表 2.1 仓储设备的分类

功能要求	设备类型
存货、取货	货架、叉车、堆垛机械、起重运输机械等
分拣、配货	分拣机、托盘、搬运车、传输机械等
验货、养护	检验仪器、工具、养护设施等
防火、防盗	温度监视器、防火报警器、监视器、防盗报警设施等
流通加工	所需的作业机械、工具等
控制、管理	计算机及辅助设备等
配套设施	站台、轨道、道路、场地等

2.1.2 仓储设备的特点与选择原则

1) 仓储设备的特点

仓储设备是完成货物进库、出库和储存的设备。从仓储设备的作业过程看,仓储设备具有起重、装卸、搬运、储存和堆码的功能。尽管仓储设备从外形到功能差别很大,但由于它是为在特定的作业环境完成特定的物料搬运作业而设计的,因而具有以下一些共性。

（1）搬运要求较高,但对速度的考虑较低

由于仓储设备主要作用于货物的移动和起升,因此其作业范围相对较小,对货物的搬运要求较高,但对速度上的考虑较低。

（2）运动线路较固定

由于作业场所的限制,且作业场所较固定,因此仓储设备的运动线路也比较固定。

（3）专业化程度高

仓储作业由一系列实现特定功能的作业环节或工序组成,但各工序的功能较单一,而工序间的功能差别一般较大,为提高工作效率,使得仓储设备的专业化程度越来越高。

（4）标准化程度高

一方面,商品流通各环节对商品的外观和包装提出了标准化要求;另一方面,商品包装的标准化也促进了物流设备包括仓储设备的标准化。

（5）机械化、自动化程度高

随着条码技术、光学字符识别技术、磁编码识别技术、无线电射频识别技术、自动认证技术、自动称重技术和计数技术的广泛应用,现代仓储设备的自动化程度大大提高。

（6）节能性和经济性要求高

仓储过程作为流通领域或企业物流必不可少的环节,为实现商品的价值起到了极其重要的作用,因此为了控制仓储成本,在设计和选用仓储设备时,必须考虑其节能性和经济性。

（7）环保性要求

仓储设备由于作业环境的特殊性,必须严格控制其对环境的污染程度。

（8）安全性要求

在仓储作业过程中,要在复杂的环境和有限的空间中保证人员、设备和货物的安全,对仓储设备的安全性要求很高。

2）仓储设备选择的原则

在选择仓储设备时,应对仓储设备的技术经济指标进行综合评价,通常要遵循以下原则。

（1）系统化原则

系统化就是在仓储设备配置、选择中用系统的观点和方法,对仓储中设备运行所涉及的各环节进行系统分析,使之改善各个环节的机能,使仓储设备能发挥最大的效能,并使物流系统整体效益最优。

（2）仓储设备的型号应与仓储作业量、出入库作业频率相适应

仓储设备的型号和数量应与仓库的日吞吐量相对应，仓库的日吞吐量与仓储设备的额定起重量、水平运行速度、起升和下降速度以及设备的数量有关，应根据具体的情况进行选择；同时，仓储设备的型号应与仓库的出入库频率相适应。例如，对于综合性仓库，其吞吐量不大，但是其收发作业频繁，作业量和作业时间很不均衡。这时，应该考虑选用起重载荷相对较小、工作繁忙程度较高的仓储设备。对于专用性仓库，其吞吐量大，但是其收发作业并不频繁，作业量和作业时间均衡。这时，应该考虑选用起重载荷相对较大、工作繁忙程度较小的仓储设备。

（3）计量和搬运作业同时完成

有些仓库，需要大量的计量作业，如果搬运作业和计量作业不同时进行，势必要增加装卸搬运的次数，降低了生产效率，所以搬运和计量作业应同时完成。例如，在皮带输送机上安装计量感应装置，就可在输送的过程中同时完成计量工作。

（4）可靠性和安全性原则

可靠性是指物流机械设备在规定的使用时间和条件下，完成规定功能的能力。安全性是指物流机械设备在使用过程中保证人身和货物安全以及环境免遭危害的能力。随着物流作业现代化水平的提高，可靠性和安全性日益成为衡量设备质量好坏的重要因素。

（5）一机多用原则

一机多用是指仓储设备具有多种功能，能适应多种作业的能力。配置一机多用的仓储设备，可以实现一机同时适应多种作业环境，进而实现作业的连续性，这样有利于减少作业环节，提高作业效率，并减少仓储设备台数，便于仓储设备的管理。

（6）选用自动化程度高的设备

要提高仓储作业效率，应从货物和作业设备两个方面着手。从货物的角度来考虑，要选择合适的货架和托盘。托盘的运用大大提高了出入库作业的效率，选择合适的货架同样能使出入库作业的效率提高。从设备的角度来考虑，应提高设备的自动化程度，以提高仓储作业的效率。

（7）注意仓储设备的经济性

选择装卸搬运设备时，企业应根据仓储作业的特点，运用系统的思想，在坚持技术先进、经济合理、操作方便的原则下，结合自身的条件和特点，对设备进行经济性评估，选择合适的机械设备。

2.2 货　架

2.2.1　货架的内涵

1)货架的定义

货架是用立柱、隔板或横梁等组成的立体储存物品的设施。货架在批发、零售业务量大的仓库中起着很重要的作用,它既能够有效保护货物,方便货物的存取与进出业务,又能够提高仓库空间的利用率,扩大和延伸仓储面积。

2)货架的基本功能

货架的基本功能包括:货架能整理并分类储存物品,使物品一目了然,防止遗忘;能预订储存物品位置,方便管理;物品能立体储存,有效利用空间;可防止物品因多层叠放而压伤变形;可快速取出所需物品,而不必移乱其他物品;能配合搬运设备存取货品,节省人工及时间等。

3)选择货架时应考虑因素

(1)物品特性

货品的尺寸、外形包装、物品的重量都会影响储存单位及何种强度的货架的选用。

(2)存取性

货架提高储存密度的同时也牺牲了一定的存取便利性,因此,选择货架时需对各种因素折中、统筹考虑。

(3)出入库量

出入库量是选用储放设备形式时应重点考虑的。

(4)搬运设备

选用货架时应同时考虑搬运设备。

(5)厂房结构

库房有效高度,梁柱位置,地板承重强度、平整度,防火及照明设备都应列入考虑范围。

2.2.2　货架的种类

货架的种类很多,以满足各种不同的物品、储存单位、承载容器及存取方式的要求。按存取作业方式的不同,货架可以分为托盘式货架、驶入式货架、阁楼式货架、重力式货架、悬臂式货架、移动式货架、旋转式货架等。

1)托盘式货架

托盘式货架,俗称横梁式货架,或称货位式货架,是以托盘为单元货物的方式来保管货物的货架,通常为重型货架,在国内的各种仓储货架系统中最为常见。使用托盘式货架首先须进行集装单元化,即将货物包装及其重量等特性进行组盘,确定托盘的类型、规格、尺寸,以及单托载重量和堆高,然后由此确定单元货架的跨度、深度、层间距,根据仓库屋架下沿的有效高度和叉车的最大叉高决定货架的高度。单元货架跨度一般在 4 m 以内,深度在 1.5 m 以内,低、高位仓库货架高度一般在 12 m 以内,超高位仓库货架高度一般在 30 m 以内(此类仓库基本均为自动化仓库,货架总高由若干段 12 m 以内立柱构成)。此类仓库中,低、高位仓库大多用前移式电瓶叉车、平衡重电瓶叉车、三向叉车进行存取作业,货架较矮时也可用电动堆垛机、超高位仓库用堆垛机进行存取作业。此类货架在高位仓库和超高位仓库中应用最多(自动化仓库中货架大多用此类货架)。

(1)托盘式货架的分类

托盘式货架又分为单深式托盘货架、窄通道式托盘货架和倍深式托盘货架。

①单深式托盘货架(图 2.1):这种货架使用最普遍,是由金属立柱和横梁组成的简单结构。它能提供 100% 的存取性,拣选效率高。托盘货架要求货物具备容易堆叠的性质,而且也允许存放货物的高度与宽度各不相同。

②窄通道式托盘货架(图 2.2):这种货架的结构与单深式托盘货架相同,在保证各储位 100% 存取性的同时增加了存储密度,地板使用率达到 45%。窄通道式托盘货架在货物存取时必须借助于一些特殊的叉车或堆垛机等物料搬运设备。通道宽度略宽于搬运设备,叉车沿通道前后运行以存取货物,货叉在叉车前后运行的同时可左右转动。

③倍深式托盘货架(图 2.3):这种货架与一般托盘货架结构基本相同,只是把两排托盘货架结合起来增加储位。由此,储位密度增加一倍,地板使用率达到 60%。但存取性和出入库方便性略差,直接存取率只有 50%,无法严格实现先进先出原则,并且需要具有特殊伸缩装置的倍深式叉车配合使用。

图 2.1　单深式托盘货架　　　　图 2.2　窄通道式托盘货架　　　　图 2.3　倍深式托盘货架

（2）托盘式货架的特点及用途

托盘式货架的优点主要有：存取方便，拣取效率高，每一块托盘均能单独进行存取；可适应各种类型的货物，可按货物尺寸要求调整横梁高度；配套设备简单，成本低，能快速安装和拆除；货物存取较快，适用于整托盘出入库或手工拣选的场合；辅以计算机管理或控制，基本能达到现代化物流系统的要求。

托盘式货架的缺点主要有：库房利用率相对较低；货架高度有一定限制等。

托盘式货架既适用于多品种、小批量整托盘存放的物品，又适用于少品种、大批量整托盘存放的物品，但要求出入库货物不受先后顺序的影响。

2）驶入式货架

驶入式货架（图 2.4）又称通廊式货架、贯通式货架。此系统中，作为托盘单元货物的储存货位与叉车的作业通道是合一的、共同的，叉车驶入货架列中进行存取作业，托盘的存放由上到下，由里到外逐一进行。可见，系统货架排布密集，空间利用率极高，几乎是托盘式货架的两倍，但货物必须是少品种、大批量型，货物先进后出。而且，首先须进行集装单元化工作，确定托盘的规格、载重量及堆高。由此确定单元货架的跨度、深度、层间距，根据屋架下沿的有效高度确定货架的高度。靠墙区域的货架总深度最好控制在 6 个托盘深度以内，可两边进出的货架中间区域总深度最好控制在 12 个托盘深度以内，以提高叉车存取的效率和可靠性（此类货架系统中，叉车为持续"高举高打"作业方式，叉车易晃动而撞到货架，故稳定性的考虑充分与否至关重要）。此类仓储系统稳定性较弱，货架不宜过高，通常应控制在 10 m 以内，且为了加强整个货架系统的稳定性，除规格、选型要大一些外，还须加设拉固装置。单托货物不宜过大、过重，通常，重量控制在 1 500 kg 以内，托盘跨度不宜大于 1.5 m。常配叉车为前移式电瓶叉车或平衡重电瓶叉车。

（1）驶入式货架的特点

驶入式货架的优点有：库房利用率高；可适应于各种类型的货物，可按货物尺寸要求调整横梁高度；货架整体结构强度较好；单位货位成本较低。

驶入式货架的缺点有：适用于批量货品的存取，对先进先出要求较高、批量小、品种多的货品不适用；对叉车的选择有限制，一般要求叉车的宽度较小，行走垂直稳定性较好。

（2）驶入式货架的适用情况

驶入式货架主要适用于货品批量较大、进出量有很好预见性且地面空间利用率较高的场合,多用于乳品、饮料等食品行业,冷库等存储空间成本较高的地方也较为多见。

3）驶入/驶出式货架

驶入/驶出式货架(图 2.5)与驶入式货架基本结构完全相同,只是驶入/驶出式货架是通的,没有支撑封闭,前后均可安排存取,可做到先进先出。

图 2.4　驶入式货架　　　　　　　　图 2.5　驶入/驶出式货架

4）阁楼式货架

阁楼式货架(图 2.6)是在已有的工作场地或货架上建一个中间阁楼,以增加存储空间,可做两、三层阁楼,宜存取一些轻泡及中小件货物,适用于多品种、大批量或多品种、小批量且便于人工存取的货物,货物通常由叉车、液压升降台或货梯送至二楼、三楼,再由轻型小车或液压托盘车送至某一位置。

阁楼式货架通常利用中型搁板式货架或重型搁板式货架作为主体和楼面板的支撑(根据单元货架的总载重量来决定选用何种货架),楼面板通常选用冷轧型钢楼板、花纹钢楼板或钢格栅楼板。近几年多使用冷轧型钢楼板,它具有承载能力强、整体性好、承载均匀性好、精度高、表面平整、易锁定等优势,有多种类型可选,并且易匹配照明系统,存取、管理均较为方便。单元货架每层载重量通常在 500 kg 以内,楼层间距通常为 2.2~2.7 m,顶层货架高度一般为 2 m 左右,充分考虑人机操作的便利性。此类货架在汽车零部件领域、汽车 4S 店、轻工、电子等行业有较多应用。

阁楼式货架提高了仓储高度,增加了空间使用率,但其上层仅限轻量物品储放,不适合重型搬运设备行走,且上层物品搬运必须加装垂直输送设备。它适合各类型货品存放,但主要用来储存栈板、纸箱、包、散品类物品。

5）重力式货架

重力式货架(图 2.7)由托盘式货架演变而成,采用辊子式轨道或底轮式托盘,轨道呈一定坡度(3°左右),利用货物的自重,实现货物的先进先出,一边进另一边出,适用于大批量、同类货物的先进先出的存储作业,空间利用率很高,尤其适用于有一定质保期、不宜长期积压的货物。货架总深度(即导轨长度)不宜过大,否则不可利用的上下"死角"会较大,影响空间利用,且坡道过长,下滑的可控性会较差,下滑的冲力较大,易引起下滑不畅、阻住,导致托盘货物的倾翻。为使下滑流畅,如坡道较长,应在中间加设阻尼装置;为使托盘货物下滑至最底端时,不致因冲击力过大而倾翻,应在坡道最低处设缓冲装置和取货分隔装置,因此设计、制造、安装难度较大,成本较高。此类货架不宜过高,一般在 6 m 以内,单托货物,一般在 1 000 kg 以内,否则其可靠性和可操作性会降低。此类货架系统目前在国内应用不是很多。

(1)重力式货架的特点

重力式货架的优点主要有:库房利用率较高,每列纵深可以达到 8~10 个货位;利于货品先进先出;货架整体结构强度较好;选择叉车较容易。

重力式货架的缺点主要有:货架成本较高;对货架高度及承载力有限制;对清洁要求较高。

(2)重力式货架的适用情况

这种货架主要适用于有一定货品存量,对先进先出要求较高的仓库。

6)推回式货架

推回式货架(图 2.8)是利用货物本身的重量和叉车的推力,将原有货物由前方往储道内部后推,产生新空间以放置新货物;取货时从前方进行,由于货架滑轨向前方倾斜,所以后方的货物自动滑向前方,以待拣取。与一般托盘货架相比节省了近 1/3 空间,增加了存储密度,但存取性差,无法实现先进先出的管理。

| 图 2.6 阁楼式货架 | 图 2.7 重力式货架 | 图 2.8 推回式货架 |

(1)推回式货架的特点

推回式货架的优点有:库房利用率较高、货架整体结构强度较好。

推回式货架的主要缺点有:货架成本较高;对货架高度及承载力有限制;无法实现先进先出;对清洁要求较高。

（2）推回式货架的适用情况

这种货架主要适用于货品品种不多、整板进出货的仓库。

7）层架

层架由立柱、横梁和层板构成，层间用于存放货物。层架结构简单，适用范围非常广泛，还可以根据需要制作成层格式、抽屉式和橱柜式等形式，以便于存放规格复杂多样的小件货物或较贵重、怕尘土、怕潮湿的小件物品。

（1）按存放货物的重量分类

①轻型层架（图2.9）：一般高2.4 m以下，厚度为0.5 m以下。通常采用装配式，较灵活机动，结构简单，但承载能力较差，适于人工存取的轻型或小件货物，而且存放物资数量有限，它是人工作业仓库的主要储存设备。

②中型层架（图2.10）和重型层架：尺寸较大，其中重型层架的高度可达4.5 m，厚度达1.2 m，宽3 m。这两种层架一般采用固定式层架，坚固、结实，承载能力强，适用于储存大件或中、重型物资，需要配合叉车等使用。此类层架能充分利用仓容面积，提高仓储能力。

图2.9　轻型层架

图2.10　中型层架

（2）按层板安装方式分类

①层格式货架（图2.11）：某些层甚至是整个货架每层中间都用隔板分成若干个格，每格原则上只能放一种物品，不易混淆，主要用于规格复杂、多样，必须互相间隔开的物品。其缺点是层间光线暗，存放数量少。

②抽屉式货架（图2.12）：由重型托盘式货架演变而成，是组合装配、螺栓连接式货架结构，货架高度一般在2.5 m以下，除最上边几层外，其他层均可设计制作成抽屉式结构，安全可靠。这种货架主要用于存放中小型模具，通常每层承载重量小于500 kg；也可存放比较贵重或怕尘土、怕湿的小件物品。重型抽屉式货架可用于存放特重型模具和货物，可轻松抽出重达2 000 kg/层的货物，辅之以行车或葫芦吊，能轻松实现货物的存取作业。

图 2.11　层格式货架

图 2.12　抽屉式货架

8)穿梭板式货架

穿梭板式货架(图 2.13)是深巷式托盘穿梭存储系统,用于使托盘在特殊设计的货架结构中移动,这将极大地优化仓储容量。托盘穿梭系统由特殊的货架和移动的穿梭车组成。穿梭车是自供电的装置,在存储巷道中的导轨上自动运行来存取货物。它被一台叉车放置在巷道的最前端或者最末端的位置上。一旦穿梭车位于起始位置,它将执行存取托盘的任务而无须人工干预。这些任务将由叉车驾驶员使用遥控器来控制指令。任务完成后穿梭车就返回原位,然后等待被运送到下一个位置以完成新的任务。每台穿梭车配有可充电电池,可以通过叉车搬运到不同的存取巷道里来工作。穿梭板式货架可通过增加更多的穿梭车提高整个系统的工作效率。

9)悬臂式货架

悬臂式货架(图 2.14)又称悬臂式长形料架,为边开放式货架的一种,可在架子两边存放货物,主要用于存放长形物料,如型材、管材、板材、线缆等。立柱多采用 H 型钢或冷轧型钢,悬臂采用方管、冷轧型钢或 H 型钢,悬臂与立柱间采用插接式或螺栓连接式,底座与立柱间采用螺栓连接式,底座采用冷轧型钢或 H 型钢。货物存取由叉车、行车或人工进行。货架高度通常在 2.5 m 以内(如由叉车存取货则可高达 6 m),悬臂长度在 1.5 m 以内,每臂载重通常在 1 000 kg 以内。此类货架多用于机械制造行业和建材超市等。

图 2.13　穿梭板式货架

图 2.14　悬臂式货架

悬臂式货架的主要特点是:适用于长形物料或不规则物料的存放;适用于人力存取操作,一般不便于机械化作业,如需要可配合叉距较宽的搬运设备;高度受限,一般在 6 m 以下;空间利用率低,为35%~50%。

10)移动式货架

(1)移动式货架的分类

①轻、中型移动式货架(图2.15):也称密集架,由轻、中型搁板式货架演变而成,密集式结构,仅需设一个通道(1 m 宽左右),密封性好,美观实用,安全可靠,是空间利用率最高的一种货架,可以达到80%,分手动和电动两种类型。导轨可嵌入地面或安装于地面之上,货架底座沿导轨运行,货架安装于底座之上,通过链轮传动系统使每排货架轻松、平稳移动,货物由人工进行存取。为使货架系统运行中不致倾倒,通常设有防倾倒装置。这类货架主要用于档案馆、图书馆、银行、企业资料室、电子轻工等。

②重型移动式货架(图2.16):由重型托盘式货架演变而成,裸露式结构,每两排货架置于底座之上,底座设有行走轮,沿轨道运行,底盘内安装有电机及减速器、报警、传感装置等。系统仅需设 1~2 个通道,空间利用率极高。结构与轻、中型移动式货架类似,区别在于重型移动式货架一定是电动式的,货物由叉车进行整托存取,通道通常为 3 m 左右。这类货架主要用于一些仓库空间不是很大、要求最大限度地利用空间的场所,适用于机械制造等行业。

图2.15　轻、中型移动式货架

图2.16　重型移动式货架

(2)移动式货架的特点及用途

移动式货架的特点是减少了通道数,地面使用率达80%;存取方便,可先进先出;但建造成本较高,维护比较困难。这类货架主要适用于仓储面积有限,且存货量较多的仓库;或用于档案管理等重要或贵重物品的保管。

11)旋转式货架

旋转式货架又分为水平旋转式(图2.17)和垂直旋转式(图2.18)两种,均是较为特殊的货架。其自动化程度要求较高,密封性要求高,适用于轻小、昂贵且安全性要求较高的货物。单个货架系统规模较小,单体自动控制,独立性强,可等同于某种动力设备来看待。

此类货架造价较高,主要用于存放贵重物品,如刀具等。

存取货物时,把货物所在货格的编号由控制盘或按钮输入,该货格则以最近的距离自动旋转至拣货点停止。由于通过货架旋转改变货物的位置来代替拣选人员在仓库内的移动,能够大幅度降低拣选作业的劳动强度,而且货架旋转选择了最短路径,所以,采用旋转式货架可以大大提高拣货效率。

旋转式货架的特点是:可减少人力,并增加空间利用;出入口固定,货品不易失窃;可利用计算机快速检索、寻找指定的储位,适合拣货;需要使用电源,且维修费用高。

12) 自动货柜

自动货柜(图 2.19)是集声、光、电及计算机管理为一体的高度自动化的全封闭储存设备。它充分利用垂直空间,最大限度地优化存储管理,在一些场所中,自动货柜就是一个高效、便捷的小型立体仓库。

自动货柜通过计算机、条形码识别器等职能工具进行管理,使用非常方便,只要启动按键,内存货物即到进出平台,可自动统计、自动查找,特别适用于体积小、价值高的物品的储存管理,也适用于多品种、小批量的物品管理。

图 2.17 水平旋转式货架　　　图 2.18 垂直旋转式货架　　　图 2.19 自动货柜

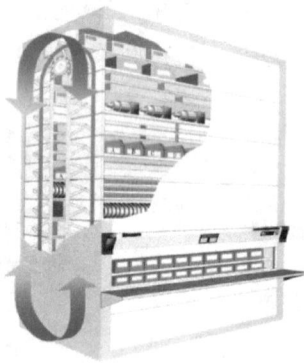

(1) 自动货柜的特点

自动货柜的优点有:仓库运作效率高,节省人力;可任意存取每一板的货品,没有顺序限制;全自动化操作,充分利用空间,大大节省时间,降低了生产供应和组织管理的成本;存储设备是全封闭的,保护所存储货物不受光线、灰尘侵害,同时可以做到防尘、防静电等多项要求;可以及时掌握货位利用率和库存信息。

自动货柜的缺点有:投资运作成本较高,且对货品的包装及码放要求严格。

(2) 自动货柜的适用情况

自动货柜广泛应用于工业及办公室,如可存放电子元器件、刀具、零备件、加工件、工具、手术器械、药品、资料、档案等。

13）主要货架特性的比较

储存设备因其设计的不同，其适用的特性也有很大差异，表 2.2 列出了一些货架特性之间的比较。

表 2.2　主要货架特性的比较

比较项目　　货架形式	托盘式	窄巷式	倍深式	驶入式	驶入/驶出式	流动棚	重力式	移动式	AS/RS
面积	大	中、大	中	小	小	小	中	小	小
储存密度	低	中	中	高	高	高	中	高	高
空间利用	普通	佳	佳	很好	很好	非常好	佳	非常好	很好
存取性	非常好	很好	普通	差	差	普通	普通	好	非常
先进先出	可	可	不可	不可	可	可	不可	可	可
通道数	多	多	中	少	少	少	少	少	多
开口储位数	1	1	2	15	10	15	10	1	2
堆栈高度/m	10	15	10	10	10	10	10	10	4
存取设备	配重式、跨立式堆垛机	跨立式堆垛机、有轨堆垛机	倍深式堆垛机	配重式、跨立式堆垛机					有轨堆垛机
入出库能力	中	中	中、小	小	小	大	小	小	大

2.3　装卸搬运设备

2.3.1　装卸搬运设备的内涵

1）装卸搬运的内涵

装卸是指物品在指定地点以人力或机械装入运输设备或从运输设备卸下的活动；搬

运则是指在同一场所内将物品进行水平移动为主的物流作业。

装卸搬运是伴随输送和保管而产生的必要的物流活动,但是与运输产生的空间效用和保管产生的时间效用不同,它本身不产生任何价值。然而,物流的主要环节是靠装卸搬运活动连接起来的,物流活动其他各阶段的转换也要通过装卸搬运联结起来。因此,装卸搬运在物流过程中占有重要地位。装卸搬运活动是否合理不仅影响运输和仓库系统的运作效率,而且影响企业整个系统的运作效率。

2)装卸搬运设备的定义

装卸搬运设备是用来搬移、升降、装卸和短距离输送货物或物料的机械,具有适应性强、工作能力强、机动性较差、安全性要求高和工作忙闲不均等工作特点。

装卸搬运设备是实现装卸搬运机械化、自动化的物质技术基础,是实现装卸搬运合理化、效率化、省力化的重要手段。其具体作用包括:提高装卸搬运效率,节约劳动力,减轻劳动强度,改善劳动条件;缩短作业时间,加速车辆周转,加快货物的送达和发出;提高装卸质量,保证货物的完整和运输安全;降低装卸搬运成本;充分利用货位,加速货位周转,减少堆码的场地面积。

3)装卸搬运设备选择的影响因素

(1)商品特性

不同的商品特性、单位质量与体积、包装尺寸与容器直接影响到设备的适用程度。例如,单位较轻的货物适于起重量较小的搬运设备,但也可能使感测器无法感应,设置皮带运输机因货物与皮带之间的摩擦力太小而无法运送货物。

(2)作业方式和作业量

通常作业量越大,设备的自动化程度配置越高,相应投资资本也就越高,产能也就越大,产出量也相应增加。而人工作业方式通常可以选用省力化、机械化设备来协同完成。

(3)环境条件

环境条件通常指温湿度条件等。例如,如果作业在高温或低温下进行时,需要配置相应的皮带、轴承、驱动装置和润滑系统,同时应当认真考虑影响健康和安全的因素。

(4)设备维护

对构造简单的设备,通常只要做定期检查,以保证正常运转;对较复杂的设备,则必须从设计阶段就把维护成本列入预算,并由供应商提供定期的维护和保养。

(5)成本与需求的平衡

设备需要投资成本,在选择设备时,必须考虑投资成本与作业需求之间的平衡,在满足作业需求的前提下,尽量降低成本。

4）装卸搬运设备的分类

装卸搬运机械的种类繁多，分类方法也很多，按作业方向可分为装卸机械、搬运机械和装卸搬运机械三类。其中装卸机械是以实现货物垂直方向位移为主的机械，如升降电梯等；搬运机械是以实现货物水平方向位移为主的机械，如搬运车辆、输送带等；装卸搬运机械具有装卸和搬运两种功能，如叉车、龙门起重机、跨运车等。

2.3.2　叉车

1）叉车的内涵

（1）叉车的定义

叉车是一种能把水平运输和垂直升降有效结合起来的装卸机械，有装卸、起重及运输等综合功能，具有工作效率高、操作使用方便、机动灵活等优点。其标准化和通用性很高，被广泛应用于机场、码头、仓库等场所。

（2）叉车的特点

叉车除了和其他起重运输设备一样，能减轻装卸工人的劳动强度，提高装卸效率，降低成本以外，还具有一些其自身的特点：

①机械化程度高。在使用各种自动的取物装置或在货叉与托盘配合使用的情况下，可以实现装卸工作的完全机械化，不需要工人的辅助体力劳动。

②机动灵活性好。叉车外形尺寸小，重量轻，能在作业区域任意调动，适应货物数量及货流方向的改变，可机动地与其他起重运输机械配合工作，提高机械的使用率。

③可以"一机多用"。在配备与使用各种工作属具如货叉、铲斗、臂架、串杆、货夹、抓取器、倾翻叉等以后，可以适应各种形状和大小货物的装卸作业，扩大对特定物料的装卸范围，并提高其装卸效率。

④能提高仓库容积的利用率，堆码高度一般可达3~5 m。

⑤有利于开展托盘成组运输和集装箱运输。

⑥与大型起重机械比较，它的成本低、投资少，能获得较好的经济效果。

（3）叉车的作用

叉车作业，仅依靠驾驶员的操作就能够使货物的装卸、堆垛、拆垛、搬运等作业过程机械化，而不需要装卸工人的辅助劳动。这不但保证了安全生产，而且占用的劳动力大大减少，劳动强度大大降低，作业效率大大提高，经济效益十分显著。具体表现如下：

①可使货物的堆垛高度大大增加（可达4~5 m），因此，船舱、车厢、仓库的空间位置得

到充分利用(利用系数可提高劳动效率30%~50%);

②可缩短装卸、搬运、堆码的作业时间,加速了车船周转;

③可减少货物破损,提高作业的安全程度,实现文明装卸;

④与大型装卸机械作业相比,具有成本低、投资少的优点。

所以,在各种运输方式中应优先选用叉车进行装卸作业。

2)叉车的分类

叉车的类型很多,按照其动力装置分类,可划分为电瓶和内燃机两大类(内燃机的燃料又分为汽油、柴油和天然气三种);按其基本构造分类,又可分为平衡重式叉车、前移式叉车、侧面式叉车等。

(1)平衡重式叉车

平衡重式叉车(图2.20),简称叉车,是在车体前方具有货叉和门架,而在车体尾部设有平衡重的装卸作业车辆。以内燃机为动力的平衡重式叉车,简称内燃叉车。其机动性好,是应用最广泛的叉车,占叉车总数的80%以上;且功率大,尤其是重、大吨位的叉车。叉车的前轮为驱动轮,后轮为转向轮。

(2)叉腿式叉车

叉腿式叉车(图2.21)的特点是叉车前方带有小轮子的支腿能与货叉一起伸入货垛,然后由货叉提升货物。由于货物中心位于前后车轮所包围的底面积之内,叉车的稳定性好。其结构也比较简单,自重和外形尺寸小,适合在狭窄的通道和室内作业,但速度低,行走直径小,对地面要求较高。

(3)侧面式叉车

货叉和门架位于车体侧面的装卸作业车辆,称侧面式叉车(图2.22)。当货叉叉取货物时,货叉沿门架上升到大于货物平台的高度后,门架沿着导轨缩回,降下货叉,货物便放在叉车的货物平台上。此种叉车适用于长大物料的装卸和搬运,同时,货物中心位于车轮支撑底面之内,叉车行驶时稳定性好、速度高、视野好。

图2.20　平衡重式叉车　　　图2.21　叉腿式叉车　　　图2.22　侧面式叉车

（4）前移式叉车

前移式叉车（图 2.23）的货叉可以沿叉车纵向前后移动。它有两条前伸的支腿，与叉腿式叉车相比，其前轮较大，支腿较高，作业时支腿不能插入货物底部。前移式叉车和叉腿式叉车一样，都是货物的重心落到车辆的支撑平面，因此稳定性很好。前移式叉车运行时门架后移，使货物重心位于前、后轮之间，运行稳定，且不需要平衡重，自重轻，降低直角通道宽和直角堆垛宽，但结构复杂。它适用于车间、仓库内工作。

（5）高位拣选叉车

高位拣选叉车（图 2.24）是操作台上的操作者可与装卸装置一起上下运动，并拣选储存在两侧货架内物品的叉车。它适用于多品种、少量入出库的特选式高层货架仓库。其起升高度一般为 4~6 m，最高可达 13 m，可大大提高仓库空间利用率。为保证安全，操作台起升时，只能微动运行。

（6）低位拣选叉车

低位拣选叉车（图 2.25）是操作者可乘立在上下车便利的平台上，驾驶搬运车和上下车拣选物料的搬运车。它适用于车间内各个工序间加工部件的搬运，可减轻操作者搬运、拣选作业的强度。其一般乘立平台离地高度仅为 200 mm 左右，支撑脚轮直径较小，仅适用于车间平坦路面上行驶。

图 2.23　前移式叉车　　　　图 2.24　高位拣选叉车　　　　图 2.25　低位拣选叉车

（7）集装箱叉车

集装箱叉车（图 2.26）是集装箱码头和堆场上常用的一种集装箱专用装卸机械，主要用作堆垛空集装箱等辅助性作业，也可在集装箱吞吐量不大（年低于 3 万标准箱）的综合性码头和堆场进行装卸与短距离搬运。

（8）集装箱正面吊

集装箱正面吊（图 2.27）是通过改变可伸缩动臂的长度和角度，实现集装箱装卸和堆垛作业的工业搬运车辆。与集装箱叉车相比,具有自重轻、视野好、机动性好、设备投资小等优点,广泛用于集装箱码头、公路集装箱枢纽站等处,也可以用于中小型堆场的堆垛作业及码头前沿与堆场间的短距离搬运作业。随着集装箱运输和公路集装箱枢纽站的发展,正面吊必将迅速发展。

图 2.26　集装箱叉车

图 2.27　集装箱正面吊

2.3.3　起重机

1)起重机的内涵

起重机是一种循环、间歇运动的装卸机械,主要用来实现货物的垂直升降运动,同时伴随着实现货物的水平移动,以满足货物的装卸、转载等作业要求。它是仓储作业实现机械化、自动化,改善物流装卸搬运条件,减轻工人劳动强度,提高装卸搬运效率不可或缺的重要设备。

起重机的作业通常带有重复循环性质,一个完整作业循环一般包括取物、起升、平移、下降、卸载,然后回到原处,如此周而复始。可见经常启动、制动、正向和反向运动是起重设备运作的基本特点。

2)起重机的分类

起重机按照其所具有的机构、动作繁简程度以及工作性质和用途,可以归纳为简单起重机械、通用起重机械和专用起重机械三种。简单起重机械一般只作升降运动或一个直线方向的运动,只需要具备一个运动机构,而且大多数是手动的,如绞车、葫芦吊等。通用起重机械除需要一个使物品升降的起升机构外,还需有使物品做水平方向的直线运动或旋转运动的机构。这类机械主要使用电力驱动。属于这类的起重机械主要包括:桥式起重机(图2.28)、门式起

图 2.28　桥式起重机

重机、固定旋转式起重机和行动旋转式起重机等。专用起重机械是专用于某些专业性的工作,构造比较复杂,如堆垛起重机、升降机械等。起重机械的分类见表2.3。

表 2.3　起重机械的分类

起重机械	简单起重机械	千斤顶、滑车、手动葫芦(手拉葫芦、手扳葫芦)、电动葫芦、液动葫芦、气动葫芦、卷扬机
	通用起重机械	梁式起重机、桥式起重机、门式起重机、装卸桥、冶金起重机
		固定式缆索起重机、摇摆式起重机、平移式起重机、辐射式起重机
		悬臂起重机(柱式起重机、壁式起重机、平衡起重机)、桅杆起重机、甲板起重机、塔式起重机、流动式起重机(汽车起重机、履带起重机、轮胎起重机、随车起重机)、门座式起重机、浮式起重机、铁路起重机
	专用起重机械	桥式堆垛起重机、巷道堆垛起重机
		电梯、液压升降台、通航升船机、启闭机

2.3.4　输送机

1)输送机的定义

输送机是一种连续搬运货物的机械,其特点是在工作时连续不断地沿同一方向输送散料或者重量不大的单件物品,装卸过程无须停车,因此生产率很高。其优点是:可以连续、稳定的流水方式搬运货物,使输送机械能够达到很高的生产率;沿固定的路线输送货物,动作单一,结构简单,便于实现自动控制。缺点是:一定类型的连续输送机只适合输送一定种类的物品,不适合搬运很热的物料或者形状不规则的单件货物;只能沿一定线路定向输送,大多数连续输送设备不能自行取货,因而需要相应的供货设备;具有积存性。因而输送机在使用上具有一定局限性。

2)输送机的分类

根据用途和所处理货物形状的不同,输送机可分为带式输送机、辊道输送机、链式输送机、螺旋式输送机、悬挂式输送机、垂直输送机、重力式辊道输送机、伸缩式辊道输送机、振动输送机、液体输送机等。此外,还有移动式输送机和固定式输送机、重力式输送机和电驱动式输送机等多种划分方法。

①带式输送机(图2.29):利用连续且有挠性的输送带连续地输送物料的输送机。多用于输送各种散状物料;在装配、检验、测试等生产线上输送单位质量不太大的成件物品。

②辊道输送机(图2.30):利用辊子的转动来输送成件物品的输送机。它可沿水平或曲线路径进行输送,其结构简单,安装、使用、维护方便,对不规则的物品可放在托盘或者托板上进行输送。

③链式输送机(图2.31):利用链条牵引、承载,或由链条上安装的板条、金属网、辊道等承载物料的输送机,特别适用于输送矩形条板箱或纸板箱。

图2.29 带式输送机　　　　图2.30 辊道输送机　　　　图2.31 链式输送机

④螺旋式输送机(图2.32):一种没有挠性牵引构件的输送机,它依靠带有螺旋叶片的转轴装在封闭的料槽内旋转,利用螺旋面的推力使散料沿轴向输送的一种连续输送机械。其优点是:结构简单、紧凑,横断面尺寸小,可在多点装卸货物;装卸点选取灵活、对环境污染小。缺点是:物料对螺旋的摩擦,在运送过程中阻力大,使单位功率消耗大,螺旋和料槽也容易磨损,物料也可能破碎。因此,螺旋式输送机适于运输距离不长、摩擦性较小的物料。

⑤悬挂式输送机(图2.33):属于链条(也可为钢索)牵引式的连续输送机。这种输送机是规模较大的工厂综合机械化输送设备,它广泛地应用于大量或者成批生产的工厂,作为车间之间和车间内部的机械化、自动化连续输送设备。在汽车、家电、服装、屠宰、邮政等行业得到了广泛应用。

⑥垂直输送机(图2.34):能连续地垂直输送物料,使不同高度上的连续输送机保持不间断的物料输送。也可以说,垂直输送机是把不同楼层间的输送机系统连接成一个更大的、连续的输送机系统的重要设备。

图2.32 螺旋式输送机　　　　图2.33 悬挂式输送机　　　　图2.34 垂直输送机

2.3.5 装卸搬运设备配置模型

设备配置问题模型一般采用整数规划模型、多目标规划模型和排队论模型3种模型。

1）整数规划模型

基于整数规划模型研究仓储设备配置时，多数以设备全生命周期成本或年运营成本最低为主要目标或二级目标，结合装卸作业时间标准化、最小化或设备综合效率最大化等目标构建整数规划模型，采用动态规划法等算法进行求解。

2）多目标规划模型

基于多目标规划模型研究仓储设备配置时，以时间（作业效率最大化、作业总时间最小化）、成本（运营成本最小化）、利用率（设施、设备利用率最大化）、质量（完好率）、服务（排队时间成本最小化、作业能力最大化）等为目标建立多目标规划模型，采用遗传算法、粒子群算法、仿真模拟技术等算法进行求解。

3）排队论模型

基于排队论模型研究物流园区的设备配置时，以等待时间最短、设备利用率最高、年运营成本最低为主要目标，建立设备配置的排队论模型，采用仿真技术、遗传算法、改进粒子群算法、多准则模糊决策技术等方法进行求解。

2.4 分拣、配货设备

2.4.1 自动分拣设备

1）分拣设备的内涵

（1）分拣设备的定义

分拣是指将物品按品种、出入库先后顺序进行分门别类堆放的作业。这项工作可以通过人工的方式进行，也可以用自动化设备进行处理。

分拣设备是完成仓库、配送中心拣选、分货、分发作业的自动化设备,是大型物流中心、配送中心进行分拣、配送作业的强有力的技术保证。目前,国内外出现的大容量仓库和配送中心里,几乎都配备有自动分拣机。自动分拣机具有很高的分拣能力,能处理各种各样的货物。

(2)自动分拣系统的主要特点

①能连续、大批量地分拣货物。由于采用流水线自动作业方式,自动分拣系统不受气候、时间、人的体力等的限制,可以连续运行,同时由于自动分拣系统单位时间分拣件数多,因此自动分拣系统的分拣能力是人工分拣系统无法比拟的。例如,目前世界上一般的自动分拣系统可以连续运行 100 小时以上,每小时可分拣 7 000 件包装商品,如用人工则每小时只能分拣 150 件左右,同时分拣人员也不能在这种劳动强度下连续工作 8 小时。

②分拣误差率极低。自动分拣系统的分拣误差率大小主要取决于所输入分拣信息的准确性大小,这又取决于分拣信息的输入机制,如果采用人工键盘或语音识别方式输入,则误差率在 3% 以上,如采用条形码扫描输入,除非条形码的印制本身有差错,否则不会出错。

③分拣作业基本实行无人化。建立自动分拣系统的目的之一就是减少人员的使用,减轻人员的劳动强度,提高人员的使用效率,因此自动分拣系统能最大限度地减少人员的使用,基本做到无人化。分拣作业本身并不需要使用人员,人员使用仅局限于以下工作:送货车辆抵达自动分拣线的进货端时,由人工接货;由人工控制分拣系统的运行;分拣线末端由人工将分拣出来的货物进行集载、装车;自动分拣系统经营、管理与维护。例如,一个配送中心面积为 10 万 m² 左右,每天可分拣近 40 万件商品,仅使用员工 400 名左右。

(3)自动分拣系统的组成

自动分拣系统一般由控制装置、分类装置、输送装置及分拣道口组成。控制装置的作用是识别、接收和处理分拣信号,根据分拣信号的要求指示分类装置、输送装置进行相应的作业。分类装置的作用是根据控制装置发出的分拣指令,当具有相同分拣信号的商品经过该装置时,该装置启动,以改变输送装置上的商品运行方向,使商品进入其他输送机或分拣道口。输送装置的主要组成部分是传送带或输送机,其主要作用是使待分拣商品鱼贯通过控制装置、分类装置,并沿固定线路运送商品。分拣道口是已分拣商品脱离主输送机(或主传送带)进入集货区域的通道。

2)自动分拣设备的分类

(1)分类

①摇臂式分拣机(图 2.35):被分拣的物品放置在钢带式或链板式输送机上,当到达分拣口时,摇臂转动,物品沿摇臂杆斜面滑到指定的目的地。此种分拣设备结构简单,价格

较低。

②轨道台车式分拣机(图2.36):被分拣的物品放置在沿轨道运行的小车托盘上,当到达分拣口时,台车托盘倾斜30°,物品被分拣到指定的目的地。其特点是:可三维立体布局;可靠耐用,易维修保养;适用于大批量产品的分拣,如报纸捆、米袋等。

图2.35 摇臂式分拣机

图2.36 轨道台车式分拣机

③辊子浮出式分拣机(图2.37):当转动着的斜导轮,在平行排列的主窄幅皮带间隙中浮上、下降时,达到商品分拣目的的分拣设备。其特点是:对商品冲击力小,分拣轻柔;分拣快速准确;分拣出口数量多;适应各类硬纸箱、塑料箱等平底面商品。

④推块式分拣机(图2.38):由链板式输送机和具有独特形状的滑块在链板间左右滑动进行商品分拣的推块等组成。其特点是:可适应不同大小、重量、形状的各种商品;分拣时轻柔、准确;可向左、右两侧分拣,占地空间小;分拣时所需商品间隙小,分拣能力高达18 000个/时;机身长,最长达110 m,出口多。

图2.37 辊子浮出式分拣机

图2.38 推块式分拣机

(2)各类分选机的性能比较

各类分选机的性能比较见表2.4。

表 2.4　各类分选机的性能比较

类型	适应范围	最大货重 /kg	最大速度 /(m·s⁻¹)	最大分选能力 /(件·h⁻¹)	费用	空间要求
横向货物分选	货物地面平整	20	2.5	15 000	高	合适
活动货盘分选	小件货物	约 5	2.5	15 000	一般	高
翻盘式分选	货物底面平整	50	2.5	12 000	一般	一般
直落式分选	扁平和不易碎品	5	1.5	12 000	一般	合适
辊子浮出式	平底和无包装带货物	50	2.5	7 000	一般	合适
推块式分拣机	无包装带货物	约 90	2.5	12 000	一般	一般
气缸侧推式	非易碎物品	约 50	1.8	1 500	合适	一般
摇臂式分拣机	非易碎及形状稳定物品	约 20	1.5	2 000	合适	高
皮带浮出式	适用于皮带运输的物品	50	1.5	3 000	合适	高

3）分拣设备配置方法

（1）EIQ-ABC 方法

在设计物流系统和配送中心系统,特别是在设计拣货系统时,往往采用 EIQ 分析法。采用 EIQ 分析可以正确选择拣货方式,计算拣货作业人员数量,合理选用物流设备,从而提高配送中心的生产率。

EIQ 中的 E、I、Q 分别表示一日或一月的订货件数、订货种类和各种类的订货数量,EQ 是每个用户订货量之和,EN 是订货种类数,IQ 是每种类的订货数量之和,IK 表示几家用户订货同种类货物的重复数,GEQ、GIQ、GEN、GIK 分别表示总数,GEQ＝GIQ。

通过 EIQ 分析,可以得出以下 6 个基本的要素:各个用户的订货量 EQ;各个用户的订货种类数 EN;各种类的发货数量 IQ;各种类的重复数 IK;订货量;订货图表。当数据量多时,则把订货单 E 的内容中类似的物品按 A、B、C 进行分类拣货。当订单内容中的物品形状、尺寸和重量区别很大时,则把它们大致分类,分别做成 EIQ 表。对一天的 EIQ 进行分析(最好用月内峰值发货量的那一天进行分析),就可知道配送中心的基本特性。根据

EIQ 分析,合理分布货物存区,对数量大或价值高的尺寸、形状和重量基本统一的物品实行机械化、信息化和智能化的拣货管理。这样,在保证分拣效率的前提下,可最大地减少物流设备成本。

（2）离散事件动态系统

DEDS(离散事件动态系统)模型和方法充分考虑动态、随机、不确定等因素,Petri 网是 DEDS 中的一种,非常适合于描述系统的随机、异步、同步、并发和冲突等特征,Petri 网不仅具有严格的数学基础,还具有直观的图形表示方法,是一种数学和图形兼用的工具。物流园区运营系统中也包含着多样的不确定性,可以考虑运用 DEDS 对物流园区作业流程进行建模分析。采用 Petri 网建立自动分拣系统的作业模型,并仿真分析该分拣模式,对各种类型分拣机的配置进行优化。

（3）聚类算法

根据自动分拣系统中品项的相似系数与分拣量有关,引入了品项分拣量,对相似系数进行改进,由于品项相似系数和与延迟时间具有相同的变化趋势,进一步把优化目标简化为减少各分区的品项相似系数和。然后,建立品项聚类分配模型,设计动态聚类算法和基于禁忌搜索算法的动态聚类算法实现品项分配,进而优化分拣系统的设备选型。

2.4.2　托盘

1）托盘的定义

托盘是为了使物品能有效地装卸、运输、保管,将其按一定数量组合放置于一定形状的台面上,并有供叉车从下部叉入并将台板托起的叉入口的集装器具。它是在物流领域中适应装卸机械化而发展起来的一种集装器具,与叉车发展同步。托盘的出现也促进了集装箱和其他集装方式的发展,现在,托盘已是和集装箱一样重要的集装方式,形成了集装系统的两大支柱。

2）托盘种类

托盘分为平托盘、箱式托盘、柱式托盘、轮式托盘、特种专用托盘等五种。

①平托盘（图 2.39）:几乎是托盘的代名词,只要一提托盘,一般都是指平托盘,因为平托盘使用范围最广,利用数量最大,通用性最好。平托盘又可以细分,根据台面可分为单面型、单面使用型、双面使用型和翼型 4 种;根据叉车叉入方式可分为单向叉入型、双向叉入型、四向叉入型 3 种;根据材料可分为木制平托盘、钢制平托盘、塑料制平托盘、复合材料平托盘以及纸制托盘 5 种。

②箱式托盘(图2.40):四面有侧板的托盘,有的箱体上有顶板,有的没有。箱板有固定式、折叠式、可卸下式3种。四周栏板有板式、栅式和网式。四周栏板为栅栏式的箱式托盘也称笼式托盘或仓库笼。箱式托盘防护能力强,可防止塌垛和货损;可装载异型、不能稳定堆码的货物,应用范围广。

图2.39 平托盘

图2.40 箱式托盘

③柱式托盘(图2.41):分为固定式和可卸式两种,其基本结构是托盘的4个角有钢制立柱,柱子上端可用横梁连接,形成框架型。柱式托盘的作用主要有两个:利用立柱支撑重量物,往高叠放;可防止托盘上放置的货物在运输和装卸过程中发生塌垛现象。

④轮式托盘(图2.42):与柱式托盘和箱式托盘相比,多了下部的小型轮子。因而,轮式托盘显示出能短距离移动、自行搬运或滚上滚下式的装卸等优势,用途广泛,适用性强。

图2.41 柱式托盘

图2.42 轮式托盘

⑤特种专用托盘:由于托盘作业效率高、安全稳定,尤其在一些要求快速作业的场合,突出利用托盘的重要性,因此各国纷纷研制了多种多样的专用托盘,如平板玻璃集装托盘、轮胎专用托盘、长尺寸物托盘、油桶专用托盘等。

3)进出货频率、种类及数量对存储容器选择的影响

存放货品的进出货频率、种类及数量都会影响对存储设备的选用(表2.5),它们可作为存储设备的选用参考。

表 2.5　进出货频率、种类及数量对存储容器选择的影响

容器种类	频率	种类	数量	储存设备的选用
托盘	高	多	大	较大规模的自动仓库
			中	中型自动仓库
		少	大	流动托盘货架
			中	小型自动仓库
			少	输送带等存储系统
	中	中	中	中型自动仓库
	少	多	大	托盘货架
	少	少	中	托盘货架
			少	地面堆放
箱	高	多	少	箱式货架
		少	大	箱式流动货架
			少	输送带等存储系统
	中	中	中	箱式货架
	少	多	大	箱式货架
			少	箱式货架
	少	少	大	箱式流动货架
			少	箱式货架
单品	高	多	少	轻型货架
		少	少	储物柜
	少	多	少	轻型货架

[案例导入]　吉利汽车××工厂电动叉车需求数量计算

　　浙江吉利控股集团(以下简称为"吉利")始建于 1986 年,1997 年进入汽车行业。刚开始进入汽车行业时,吉利采用低价策略,打出"造老百姓买得起的好车"的口号,通过老三样:优利欧、美日、豪情取得一定的市场份额。但随着外资、合资品牌向中低端市场的倾斜及消费群体的转变,一味的低价已无法满足发展的需求。从 2007 年开始,吉利立志要逆

市上扬,大刀阔斧地进行战略转型,细分帝豪、全球鹰、英伦3个子品牌,提出平台化生产的概念。然而,由于现有车型不足以支撑多品牌的分级,3个品牌之间的等级无法按照预想那样拉开,造成品牌之前相互竞争,多品牌战略带来的不是市场份额的激增,而是内耗的加剧。然而,由于EC-7车型在这次转型中的脱颖而出,帝豪品牌取得成功。因此,2013年,吉利集团又开始进行流程再造,将3个品牌取消,统一为帝豪一个品牌运营。××工厂即是这次流程再造之后的第一座新工厂,将承担帝豪品牌第一款中级车的生产任务。

××工厂是一个设计年产能10万台的全新工厂,而且是战略转型后的第一座新工厂,承担吉利第一款中级车的生产任务,其自动化程度均高于以往任何生产工厂,所有的物流活动均需从零开始规划。

(1)基本思路

叉车主要用于道口卸货、大件入库、少数大件供线、空器具整理/装车。分别计算每个环节的叉车需求数量,然后进行加总就是总的需求数量。

(2)基本参数

××工厂生产一种车型,年产能10万台,日产量330台,节拍30 JPH;总装零部件单车体积按经验值18 m³计算;大件地面堆操存储,小件高位货架存储。大、小件比例按7:3;叉车、牵引车、托盘车等车辆在厂区、仓库、车间内的行驶速度应符合安全作业要求,平均速度按5 km/h,即1.4 m/s计算;总装车间以尽量减少叉车使用为原则,除少数大件采用叉车配送,其他均采用牵引车配送。牵引车、叉车配送的零件所占体积比例按4:1;叉车平均单次供线作业量按1.8 m³,平均单次卸货入库作业量按2.76 m³(2个单元);按照吉利仓库一般布局,入库平均距离为60 m,配送上线平均距离为200 m。

(3)确定周期时间内总的作业量

卸货作业量=330台×18 m³/台=5 940 m³;

入库作业量=330台×18 m³/台×0.7=4 158 m³;

供线作业量=330台×18 m³/台×0.2=1 188 m³。

(4)确定周期时间内的作业次数

$$作业次数=\frac{周期时间内总的作业量}{单次作业量}。$$

$$卸货作业次数=\frac{5\ 940\ m^3}{2.76\ m^3/次}=2\ 152\ 次;$$

$$入库作业次数=\frac{4\ 158\ m^3}{2.76\ m^3/次}=1\ 507\ 次;$$

$$供线作业次数=\frac{1\ 188\ m^3}{1.8\ m^3/次}=660\ 次。$$

(5)确定周期时间内总的作业时间

单次卸货作业用时＝60 s；

单次入库作业用时＝60×2/1.4 m/s+20 s＝106 s；

单次供线作业用时＝200×2/1.4 m/s+20 s＝306 s；

总的作业时间＝叉车单次作业用时×作业次数＝60 s/次×2 152 次+106 s/次×1 507 次+306 s/次×660 次＝136 h。

(6)确定单台叉车可供作业时间

叉车可供作业时间指扣除中间吃饭休息、等待、故障停机、维修维护时间，一天按11 h计算。

(7)计算叉车需求量

$$叉车需求量＝\frac{总的作业时间}{单台叉车可供作业时间}＝\frac{136\ h}{11\ h/台}＝13\ 台。$$

另考虑叉车还用于空器具整理/装车、库区整理等作业，则另外配备1～2台叉车进行专门作业。

(资料来源:赵锐.吉利汽生××工厂总装物流仓库规划[D].杭州:浙江工商大学,2015)

≫案例讨论

1.叉车需求量计算方法有哪些？

2.吉利汽车××工厂电动叉车计算方法的优缺点是什么？

≫复习思考题

1.说明主要货架的优缺点及其适用对象。

2.说明装卸搬运设备的特点及适用情况。

3.说明装卸搬运设备配置模型的种类和用法。

4.主要的分拣配货设备有哪些？其主要的特点及适用情况有哪些？

5.对分拣设备配置模型进行简要说明。

第 ③ 章

仓库设施规划

本章导读：

- 深入了解仓库设施规划的概念、内容，了解仓库设施规划流程，对仓库设施规划有个总体把握。
- 深入了解物流网点规划的内涵，了解物流网点规划的模型。
- 了解仓库的概念和形式，以及仓库的结构、高度的选择和设计方法。
- 了解仓库库区规划的内涵、仓库容量和面积的确定方法，深入了解仓库作业区的构成及布局方法，了解仓库通道的设计方法。

3.1 仓库设施规划概述

进行仓库建设,必须要有一个总体规划。它是从空间和时间上,对仓库的新建、改建和扩建进行全面系统的规划。规划合理与否,对仓库的设计、施工与运用,对仓库作业质量和仓库安全,对仓储作业效率和保证供应,对节省投资和运行费用等,都会产生直接和深远的影响。

3.1.1 仓库设施规划的内涵

1)仓库设施规划的意义

仓库设施规划代表一个企业在赢得时间与地点效益方面所做出的努力,在一定程度上还是企业实力的一个标志。更为重要的是,建设规划的合理性还将对仓库的设计、施工和运用、仓库作业的质量和安全,以及所处地区或企业的物流合理化产生直接和深远的影响。

2)仓库设施规划的定义

仓库设施规划是指在一定区域或库区内,对仓库的数量、网点、规模、形式、库区布局、设备等要素进行科学的规划和整体设计。合理的仓库布局应该使货物在出入库时能实现单向和直线运动,避免逆向操作和大幅度变向的低效率运作;同时采用高效率的物料搬运设备及操作流程,以充分利用仓库的容积。

仓库设施规划与布局内容主要包括:物流网点规划、仓库设计、库区布局设计、仓库设备规划、仓库作业流程确定、仓库建设投资及运行费用的概算。

3)仓库设施规划的原则

(1)严肃性和预见性

仓库设施规划是对仓库建设方面的重大问题进行决策,一旦付诸实施,则很难加以改变。由于规划不合理带来的后遗症将长期对仓库所在地区的物流合理化产生影响,因此在进行规划时绝不能草率行事,既要满足当前的需要,又要考虑整个企业、地区今后的发展需要。

（2）适用性和经济性

仓库设施规划需要投入大量资金，所以必须从实际出发、满足实际需要、适合中转供应和仓储作业的要求，节省投资和运行费用。

（3）科学性和可行性

仓库设施规划必须符合科学原理，必须通过分析、计算、比较，提出最优方案，同时还要考虑资金、人员、技术、管理等各方面的可行性。

3.1.2　仓库设施规划的流程

图 3.1 是仓库设施规划流程图，其具体说明如下。

1）规划筹备与准备阶段

（1）计划开始与组成

在决定筹建仓库时，首先应该决定仓库建设项目的成员组成。

（2）基础规划资料的收集

收集资料的目的在于把握现状，根据掌握的资料，认识企业现有的物流状况。需要收集的信息包括：物流网络、信息网络、物流设备、人力资源、作业成本、投资效率、作业流程与前置时间等资料。其中物流网络资料是指与仓库有关的物流网点及服务区域、服务水准有关的资料。

（3）系统规划策略目标的制订

首先确立仓库的定位与策略功能，进而决定仓库的执行目标与限制。

①新营运方式的制订，如新增营运项目、扩大服务的地理范围、缩短补货时间，新的营运指标应该根据公司新的营运策略重新制订。

②计划预期时间表，包括配送中心何时开始正式运作，计划应适时排定，将来规划时应遵照日程逐步进行。

③最大营运量的设定，如仓库每日的最大吞吐量、最大存放量，必须作为设计仓库时的基准。

④决定使用年限，根据预定使用年限可以选用适当的建筑材料，并计算出每年的折旧等。

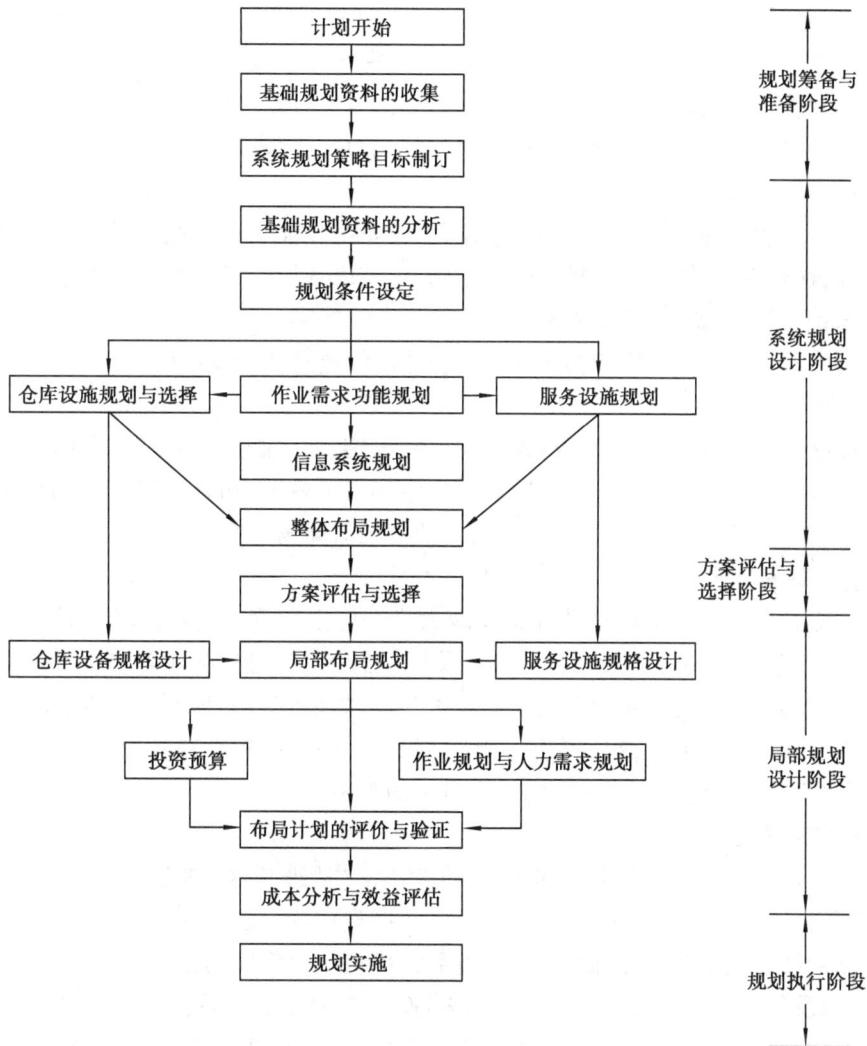

图 3.1 仓库设施规划流程

左侧流程：
计划开始 → 基础规划资料的收集 → 系统规划策略目标制订 → 基础规划资料的分析 → 规划条件设定 → 作业需求功能规划（与仓库设施规划与选择、服务设施规划并列）→ 信息系统规划 → 整体布局规划 → 方案评估与选择 → 局部布局规划（与仓库设备规格设计、服务设施规格设计并列）→ 投资预算、作业规划与人力需求规划 → 布局计划的评价与验证 → 成本分析与效益评估 → 规划实施

右侧阶段：
规划筹备与准备阶段
系统规划设计阶段
方案评估与选择阶段
局部规划设计阶段
规划执行阶段

2）系统规划设计阶段

（1）基础规划资料的分析

基础规划资料的分析包括现状分析、与同行业比较分析。其目的在于分析物流系统现状，发现问题。现状分析主要包括对环境、搬运状况等与商品品质有关的分析、交货快慢分析及手续简便性分析等；与同行业的比较包括实体条件比较、软件比较及企业形象比较等。

（2）规划条件设定

经过对现状问题的分析及与同业的比较后，原有物流系统的弱点已经充分掌握，新仓库的规划条件就可以设定了。一般包括增加营运能力，服务水准的提升，解决人力缺乏，应对多品种、小批量、多频率的物流环境，配合企业的营运策略等。

（3）作业需求功能规划

作业需求功能规划包括新仓库的作业流程、设备与作业场所的组合等，应逐一检查各项作业内容，在合理化、简单化与机械化的原则下，完成各作业阶段的需求规划。

（4）仓库设施需求规划与选用

仓库设施需求规划与选用包括仓储生产作业区的建筑物与设备规划。

（5）服务设施的规划

服务设施是指支援仓库作业系统连续运作的设施，除了配送中心所需要的动力间、配电室、设备维修间、器材室外，仓库规划时，还应注意以下各种设施的规划：空调设备、安全管理、通信设备、搬运设备停放区、办公室及其他员工活动场所的规划。

（6）信息系统规划

现代仓库管理的特点是信息处理量比较大。仓库中所管理的物品种类繁多，而且由于入库单、出库单、需求单等单据发生量大、关联信息多，查询和统计需求水平很高，管理起来有一定困难。为了避免差错和简化计算机工作，需要统一各种原始单据、账目和报表的格式。程序代码应标准化，软件要统一化，确保软件的可维护性和实用性。界面尽量简单化，做到实用、方便，满足企业中不同层次员工的需要。

（7）整体布局设计

整体布局设计主要是估算各作业区域的大小，包括进货区、储存区、拣货区、出货区等，并按照各作业区域的作业关系，来决定各区的摆设位置。由于仓库内部的设计与经营直接与商品的结构性质有关，因此，每一种商品都应该按照年度的销售量、需求的稳定性、重量、容积以及包装等进行分析。此外，还需要确定商品通过仓库进出的总规模、总容积以及订货处理的平均重量等。这些数据提供了必要信息，用以确定仓库的空间、设计和布局、搬运设备、作业程序以及作业控制等方面的要求。

3）方案评估与选择阶段

方案评估阶段中主要是做方案的评估与选择。通常，一般的规划都有备选方案，完成后应该根据原规划的基本方针，以及原规划的基准，如预算、可能完成的期限、效益等来评估，并选择最佳方案。最常用的评估法是计算各方案的投资金额以及经济效益，以数字作为选择的基础。

4)局部规划设计阶段

局部规划设计阶段的主要任务是在已经选定的建库地址上规划各项仓库设施设备等的实际方位和占地面积。当局部规划的结果改变了以上系统规划的内容时,必须返回前段程序,作出必要的修正后继续进行局部规划设计。

（1）计划预定的投资预算

投资预算在每个计划中是非常重要的考虑因素,规划设计时,必须在可应用的投资预算内完成。

（2）作业规划与人力需求规划

规划未来各部门所需的人员数,以评定用人成本,并评估自动化的程度,以决定未来的作业方式。

5)规划执行阶段

当各项成本和效益评估完成以后,如果企业或组织决定建设该仓库,则可以进入规划执行阶段。

3.2　物流网点规划

3.2.1　物流网点规划的内涵

1)物流网点规划的概念

（1）物流网点

物流网点即物流网络的节点,是物流网络中各条物流线路的连接点,指物资储运仓库、流通仓库、中转仓库等。物流网点是现代商品流通的载体和空间依托,也是商品物流的实施基础。商业物流配送中心的建设要立足物流园区发展,设在主要交通干线交汇处或铁路、高速路周围,并与批发市场建设统筹规划,应具备仓储、加工、配送、检验、信息管理和技术服务等功能。

随着物流行业的飞速发展,物流网点在物流网络中的地位也变得越来越重要,物流网点负责货物的接收和发送,并能够对货物进行一定时间的存储,物流网点关系着物流运输的服务质量与成本,因此合理布局区域物流网点,充分规划好物流网点的选址以及区域网点的规模大小,对实现物流系统的高效,保证贸易的顺利进行有着至关重要的作用。

(2)物流网点规划

物流网点规划是指各类仓库在一定体制下按照特定的组织形式在特定地域范围内的分布与组合。物流网点规划按网点数目的多少可以分成两类,一类是一元网点布局,整个地区就只设立一个物流网点;另一类是多元网点布局,在一个区域中要设立多个物流网点。

2)物流网点规划的原则

物流网点是为特定的企业或区域服务的,所以,物流网点规划必须依照以下原则来进行:

(1)统一性原则

在一定范围内物流网点的配置,必须进行统一规划、通盘考虑、统筹安排。

(2)一致性原则

物流网点规划必须与所在地区或服务对象的经济地理条件、生产力的布局、交通运输网的配置、物资流通管理体制等相一致。

(3)分散性原则

物流网点应是星罗棋布、分散配置,要避免过分集中。但分散配置并非平均配置,应有疏有密。

(4)服务性原则

仓库是为生产服务的,是为服务对象提供服务的,为了提高服务水平,规划人员应确定仓库合理的服务半径。

(5)合理性原则

物流网点的配置应充分考虑合理性,所提供的方案必须达到总体优化。

(6)经济性原则

物流网点规划主要包括建设费用及物流费用两部分,应考虑使总费用最低。同时,仓库建设会使大量成本和问题沉淀下来,对所属企业和所处地区产生长期影响,因而网点规划一定要建立在成本—收益比较的基础上。

(7)低损耗原则

我国各地气候条件不同,特别是温湿度有很大的不同。物流网点的配置应考虑良好的外部环境和条件,以减少物资的损耗。

以上原则,应综合考虑,并根据仓库的类型、规模、级别、层次的不同,灵活应用。

3)物流网点规划的主要内容

（1）单层一元物流网点规划

单层一元网点规划是指整个地区只设立一个物流网点，即地区已选定，仓库规模、供货范围已定，需要综合考虑距离、交通、成本、时间等多方面，从而在给定的区域内寻找出一个最佳位置设立该物流网点。

（2）单层多元物流网点规划

单层多元网点规划即在一个区域中设置几个物流网点，确定数量、位置、规模、供货范围、直达中转比例等，其目标为服务好、费用低、效益好。

（3）多层多元物流网点规划

多层多元物流网点规划是根据规模大小自上而下形成了层次鲜明的多个层级，而每一个层级内的物流网点的布局又符合单层多元物流网点布局。这就是现实中存在的多层多元物流网点布局问题较为复杂，若是仅仅采用单一的物流网点布局模型对其进行规划布局，必然会存在一系列的问题与困难。因此，针对多层多元物流网点布局问题，需要我们对原有的单层多元物流网点布局模型进行相应的改进，从而能够更好地解决多层多元物流网点布局问题。

3.2.2　物流网点规划的模型

1）单层一元物流网点布局模型

（1）模拟法——物流位图法

物流位图法中首先要确定等位线，具有同样高度点的连线——在平面图上表示高度。其次，物流从同一仓库出发，一些相同的物流成本所能达到的点，即构成了一条等成本曲线，而每个物流源有多个等成本曲线。

每个物流源对区域环境有一束等成本曲线，不同物流源在同一环境中等成本曲线束相交，但各交点到各物流源的成本之和不同。假设有 A、B、C 3 个点为物流源，总成本则是物流网点到 3 个物流源的成本之和，那么仓库应建在到各物流源的成本之和为最小的地方，找到存在的 P 点，使其到 A、B、C 3 个物流源的成本之和最小，则可设 P 点为物流网点。

（2）模拟法——重心法

重心法是另一种模拟法，一个经济区域中多个企业看成平面上的多个质点，把质点系统的重心作为物流网点，建立力学模型。

（3）评分法

评分法是通过专家评分决定物流网点选址方案的方法,通过相应的指标体系评估。其有 3 个特点:主观色彩、专家经验,既是优点也是缺点;综合考虑多因素,有些因素难以用数学模型表示,但是仍可综合考虑;简单易行,在企业中具有实用性。

（4）解析法

通过建立数学模型求解得到最优方案的方法,其中如果是基于成本的模型,则需要总成本最小;若是基于效益的模型,则应该考虑总效益最大。涉及的数学方法有算术运算法、微分法、规划法。通过算术运算法,比较各方案,选最低总成本方案,或运输时间最短、运输路程最短的方案。

2）单层多元物流网点布局模型

（1）多重心法

该方法与一元网点布局中的重心法相类似,并且以一元网点布局为基础,由此出发,并在给定的区域内选出两个以上的物流网点。

（2）运输规划法

运输问题是指某种物资由 m 个发送点（发点）运往 n 个接收点（收点）,已知各个发点的最大供给量（发量）、各个收点的需求量（收量）,以及各发点向各收点的单位运价,在各收点收量达到满足的条件下,求总运费最低的运输方案的问题。

运输问题总体来说仍属于线性规划问题,但较其他的线性规划问题,在模型结构上存在着显著的不同之处。一是系数矩阵的特殊性。运输问题的系数矩阵列数（变量个数）随着发点和收点个数呈积数态势增加,实践中一个稍具规模的运输问题,其系数矩阵便非常庞大。这必然会带来单纯形表格绘制的困难,同时严重影响着单纯形法的整体计算效率。同时,整个矩阵只有 0 和 1 两种元素,且每列均为两个 1,在各个资源约束条件均为等式的前提下,用单纯形法去进行求解时,必须要添加大量的人工变量,进一步增加了单纯形法的求解难度,求解效率也进一步被降低。另外,模型中的资源约束条件总数为 $m+n$ 个,但是在总发量等于总收量的前提下,其中有一个约束条件其实是多余的,因此系数矩阵的行向量之间其实是线性相关的,即:系数矩阵虽然是 $m+n$ 行,但系数矩阵基的维数也即系数矩阵的秩却是 $m+n-1$,这使得单纯形法求解时的难度与效率问题再次被加重。二是最优解存在形式上的特殊性。运输问题的特殊性还表现在最优解的存在形式上,运输问题的最优解存在形式只有唯一解和多重解两种,即至少存在一个最优解。

可见,若将运输问题视为普通的线性规划问题,在其模型的求解方面,便存在着求解难度大,求解效率低下的问题。因此,在运筹学的实践中,将在模型结构上具有前述特殊性的所有线性规划问题从线性规划中剥离出来,形成一支新的运筹学应用分支,即运输规划。其目的是针对这类线性规划模型结构上的特殊性,研究并构建适用于这类模型的,专门的、更加有效的求解方法。

(3)灵活配置法

灵活配置法是有 n 个地区的用户,每个用户的需求量已知。其中拟建立若干个配送中心,候选地有 m 个,问题是如何从这 m 个候选地点中选择 k 个地点作为配送中心,使得物流总费用最小。

(4)鲍摩-瓦尔夫模型

鲍摩-瓦尔夫模型是有 m 个工厂的产品,经配送中心发售给 n 个地区的用户,其中这些工厂的生产能力及每个用户的需求量已知。拟建立若干配送中心,配送中心设立费用为 V,仓储变动费用为 C,候选地有 s 个,问题是如何从 s 个候选配送中心选择若干地点修建配送中心,使得物流总费用最低。

3.3 仓库设计

3.3.1 仓库的概念

仓库是保管、储存物品的建筑物和场所的总称。一个国家、一个地区、一个企业的物流系统中需要有各种各样的仓库,它们的结构形态各异,服务范围和对象也有着较大的差别,因此,正确把握各种仓库的特点对仓储设施规划和仓储管理具有实际意义。

3.3.2 仓库的形式

仓库按不同的标准可进行不同的分类,一个企业或部门可以根据自身的条件选择建设或租用不同类型的仓库。

1)按营运形态分类

①营业仓库:仓库业者根据相关法律取得营业资格、向一般企业提供保管服务的仓库。

②自备仓库:各生产或流通企业,为了本企业物流业务的需要而修建的附属仓库,完全用于储存本企业的原材料、燃料、产成品等货物。

③公用仓库:属于公用服务的配套设施,归国家或地方政府所有、为社会物流服务的仓库,如粮食仓库,机场、港口、铁路的货场或库房等。

④出口监管仓库:经海关批准,在海关监管下存放已按规定领取了出口货物许可证或批件,已对外买断结汇并向海关办完全部出口海关手续的货物的专用仓库。

⑤保税仓库:依据关税法规在海关监管下专门保管尚未缴纳进口关税而入境或过境物品的仓库。

2)按储存商品的性能和技术条件分类

①普通仓库:用来存放无特殊保管要求物品的仓库,其设施、设备建造比较简单,适用范围较广。这类仓库备有一般性的保管场所和设施,按照通常的货物装卸和搬运方法进行作业。在物资流通行业的仓库中,这种通用仓库所占有的比重最大。

②专用仓库:专门用来储存某一类物品的仓库。或是某物品数量较多,或是由于物品本身的特殊性质,如对温湿度的特殊要求,或易对与之共同储存的物品产生不良影响,因此,要专库储存。例如,金属材料、机电产品或粮食仓库等。

③特种仓库:用来储存具有特殊性能的、要求特别保管条件的物品,如危险品、石油、冷藏物品等。这类仓库必须配备有防火、防爆、防虫等专门设备,其建筑构造、安全设施都与一般仓库不同。例如,冷冻货物仓库、石油仓库、化学危险品仓库等均属于这类仓库。

④冷冻仓库:用来存放要求保温、冷藏或恒湿恒温的物品的仓库。这种仓库可人为地调节温度和湿度,用来加工和保管食品、工业原料、生物制品以及医药品等。根据使用目的的不同,冷冻仓库又可细分为生产性冷冻仓库、配给性冷冻仓库及综合性冷冻仓库。

⑤石油仓库:接受、保管、配给石油和石油产品的仓库。商业性石油仓库主要保管石油产品。由于石油产品具有易燃易爆等特性,这类仓库便被指定为危险品仓库。根据惯例体制和服务性质不同,石油仓库又分为独立仓库和企业附属仓库。

⑥化学危险品仓库:负责保管化学工业原料、化学药品、农药以及医药品等的仓库。为了安全起见,应根据物品的特性和状态以及受外部因素影响的危险程度进行分类,分别储藏。

3)按建筑模式分类

①平面仓库:一般构造简单,建筑费用便宜,人工操作比较方便,但土地利用率低,在我国县城以下的广大地区都是这种仓库。

②多层仓库:两层楼以上的仓库,近年来,在我国大、中城市这类仓库较多。它可以减少土地占用面积,进出库作业可采用机械化或半机械化,但建筑成本及维护费用较高。

③立体仓库:高度超过 10 m,库内安装立体货架的仓库。它是当前世界工业发达国家

采用较多的一种先进仓库,我国也有少数这样的仓库。在作业方面,立体仓库主要使用电子计算机来控制,能实现机械化和自动化操作,而且空间利用率高,商品破损率低,但成本较高,储存物品长度、重量受货架的限制。

④罐式仓库:构造特殊,呈球形或柱形,看上去像一个大罐子,主要是用来储存石油、天然气和液体化工品等,大部分建在城郊比较偏的地方。

⑤简易仓库:构造简单、造价低廉,一般是在仓库不足而又不能及时建库的情况下采用的临时代用办法,包括一些固定或活动的简易货棚等。

⑥露天式仓库:俗称"货场",其最大优点是装卸作业极其方便,适宜存放较大型的货物。

4)按库内形态分类

①地面型仓库:一般仅为平地面的仓库,多使用非货架型的保管设备。

②货架型仓库:采用多层货架保管的仓库。在货架上放着货物和托盘,货物和托盘可在货架上滑动。使用的货架设备有流动式货架、移动式货架、后推式货架、驶入式货架、驶出式货架以及吊架式货架等几种形式。

③自动化立体仓库:出入库用装卸搬运机械存放、取出,用堆垛机等设备进行机械化、自动化作业的高层货架仓库。自动化立体仓库一般由高层货架、有轨巷道堆垛机、出入库输送机系统、自动化控制系统、计算机仓储管理系统及其周边设备组成,可对集装单元货物实现自动化存取和计算机管理的仓库。它的技术含量较高,资金投入较大。

④斜坡道型仓库:在多层仓库的层与层之间设置升降坡道的仓库。

5)按仓库功能分类

现代物流管理力求进货与发货同期化,使仓储管理从静态管理转变为动态管理。

①集货中心:将零星货物集中成批量货物称为"集货"。集货中心可设在生产点数量很多,每个生产点产量有限的地区。只要这一地区某些产品的总产量达到一定水平,就可以设置这种有"集货"作用的物流据点。

②分货中心:将大批量运到的货物分成批量较小的货物称为"分货",分货中心是主要从事分货工作的物流据点。企业可以采用大规模包装、集装货散装的方式将货物运到分货中心,然后按企业生产或销售的需要进行分装。利用分货中心可以降低运输费用。

③转运中心:主要工作是承担货物在不同运输方式间的转运。转运中心可以进行两种运输方式的转运,也可进行多种运输方式的转运,在名称上有的称为卡车转运中心,有的称为火车转运中心,还有的称为综合转运中心。

④加工中心:主要工作是进行流通加工。设置在供应地的加工中心主要进行以物流为

目的的加工,设置在消费地的加工中心主要进行实现销售、强化服务为目的的加工。

⑤储调中心:以储备为主要工作内容,其功能与传统仓库基本一致。

⑥配送中心:从事配送业务的物流场所或组织,它基本符合下列要求:主要为特定的用户服务;配送功能健全;完善的信息网络;辐射范围小;多品种、小批量;以配送为主,储存为辅。

⑦物流中心:从事物流活动的场所或组织,它基本符合下列要求:主要面向社会服务;物流功能健全;完善的信息网络,辐射范围大;少品种、大批量;存储、吞吐能力强;统一经营管理物流业务。例如,北方集散地的天津,华东的上海,华南的广州、深圳,西南的成都,以及香港地区等。

3.3.3　仓库的结构

仓库结构指仓库的结构形式、层数与长宽比、仓库的柱距选取。

1)仓库的结构形式

现代仓库根据使用功能,应具备跨度大、净高高等特性,结构形式以混凝土排架及钢结构门式刚架为主。

混凝土排架指的是每一榀钢筋混凝土梁柱自成刚性体系,同基础一起组成一个稳定的结构体系。每一榀之间通过梁进行铰接连接,组成整个结构。近年衍生出了一种改良的混凝土排架结构,即屋面梁采用钢梁及轻钢屋面的结构形式。

混凝土排架的优点是施工工艺成熟,结构耐久性高,防腐蚀及防火等方面存在一定的优势;但施工周期较长,土建成本较高,跟门式刚架相比能做的大跨度方面存在一定的劣势。

门式刚架是每一榀钢结构梁柱自成刚性体系,柱脚与基础连接根据是否考虑吊车运行可分别采用刚接和铰接。每一榀门式刚架之间通过钢梁(钢桁架)、柱间支撑进行连接,组成整个结构体系。

门式刚架的优点是受力原理简单、明确,自重较小,抗震能力强;跨度伸缩性大,根据需求一般在18~36 m内均宜选择;门式刚架施工周期短,工厂加工完成后直接现场组装,快捷且施工污染小,可反复回收利用;相对混凝土结构,造价及维修成本均较低。但门式刚架建筑耐久性及使用年限相对较低。

综上所述,除了特殊的存储条件(如冷库)要求外,近年来,仓库多选用门式刚架的结构体系。门式刚架结构一般跨度为18~36 m,按3M模数增减跨度,在有特殊要求的情况下可超出此跨度范围。

2）仓库的层数与长宽比

仓库的层数与仓库的楼面荷载、储存货物的种类及运输方式密切相关。如果设计楼面荷载较大，仓库采用 2 层或 3 层的楼库形式，势必造成梁柱截面巨大，土建成本激增；另一方面，如果储存的货物尺寸较大，无法通过货梯运输，势必需要建设室外运输车辆坡道，这会大大增加坡道的占地面积。即使货物尺寸较小，可以通过货梯运输，但其运输效率是相对较低的。综合以上因素，仓库宜建成单层形式，多层仓库在中国目前建得比较少。

仓库一般采用矩形平面形式，矩形平面对结构布置、结构计算来说是最合理、最经济的，而且对货架布置、物流运输来说也是最合理的形式。一般情况下，仓库的长宽比控制在 3 左右比较适宜，长宽不宜小于 60 m×30 m，不宜大于 180 m×60 m，但可根据货物的存储需要建成超大型仓库。

3）仓库的柱距

仓库的柱距是指沿仓库长边的柱子的间距。柱距选择是否合理，对物流仓库的建造成本、运转效率都有重要的影响。

对一般性的建筑来说，柱距主要是根据建筑的使用功能、层数、层高、楼面荷载等条件来确定。但土建成本最低的柱距，对物流仓库来说不一定是最佳柱距。例如，门式刚架结构的最经济柱距是 7.5 m 左右，但实际情况并非如此。

影响物流仓库柱距的因素有如下几方面。

（1）运输车辆规格

一般情况下，运输车辆停靠在仓库门口装卸货，一些特殊仓库，要求车辆进入仓库内装卸货物，这就需要根据运输车辆的规格来确定仓库柱距。

（2）托盘的尺寸

在以托盘为存储单元的仓库，为了提高货物的保管利用率，通常按照托盘尺寸来确定柱距。

（3）货架排布

在以多层货架存储货物的仓库，货架的尺寸、通道的宽度对柱距的确定起到决定性作用。

在相对合理的柱距范围内，确定最佳柱距，可以显著地提高仓库的保管效率和作业效率。在实际工程中，一般单层门式刚架结构仓库的柱距取 7.5 m、8 m、9 m、12 m 的居多，其中又以 12 m 最为适宜。

3.3.4　仓库的有效高度

　　仓库的有效高度也称为梁下高度,理论上是越高越好,但实际上受货物所能堆码的高度、叉车的扬程及货架高度等因素的制约,仓库太高有时反而会大大增加成本及降低仓库的层数,因此要合理设计仓库的有效高度。在进行仓库的有效高度设计时,应考虑以下三个方面的因素。

1)存储货物的形态、保管设备的形式及堆码方式

　　所存储货物的形态、所采用的保管设备形式及堆码方式均与高度有关。当采用托盘地面堆码和采用高层货架时,两者所需的堆码高度相差非常大;耐压的坚硬货物和不耐压的货物在采用托盘地面堆码时,两者对梁下有效高度的需求也有很大差异。因此,必须根据存储货物的形态、保管设备的形式及堆码方式来确定仓库的有效高度。

2)堆码搬运设备的种类

　　仓库内采用不同的作业设备,如各类叉车、吊车等,对梁下间隙有不同的要求,需要根据具体的堆码搬运设备的起升参数和梁下间隙进行计算。这里,梁下间隙是为了消防、空调、照明等因素必须预留的设备空间。

3)存储保管设备的高度

　　由于各种货架都有其基本设计高度,装设货架时必须达到此高度才能产生经济效益,因此仓库有效高度必须能够满足所采用的存储保管设备的基本高度要求。在工程实践中,采用单层门式刚架或混凝土排架结构的仓库净高取 8~10 m 为宜。

3.4　仓库库区规划

3.4.1　仓库库区规划概述

1)仓库库区规划内涵

　　仓库库区规划就是根据仓库建成后主要货物种类和存货量以及预测的各种货物的周

转率等条件,通过分析确定仓库的面积、仓库内所需的作业区、各作业区的面积、作业区在仓库内的布置和作业流程,确定仓库运作所需的人员及设备。在实施仓库布局前要了解仓库的基本作业流程,并在此基础上划分仓库各个功能区。仓库作业功能区规划指在仓库建成以后确定所需要具备的仓储功能区域,这是仓库布局规划的基础。一般情况下,仓库通常包含进货区、仓储区、流通加工区、理货区、库存区、拣货区、出货暂存区、退货处理区等,功能区规划就是根据货物的种类、货物作业需求和仓库的特殊要求来确定仓库建成后所需要包含的物流功能以及相应的功能区域。

2)仓库功能区布局设计的目标

仓库功能区布局设计的目标是适应仓库作业要求,保证仓库内业务顺利进行;最大限度地利用空间,充分利用资源以满足企业的存储需求;减少仓库内物料的搬运,降低搬运、保管费用;提高存储物品的流动速度,并保证存储物品的安全性;使仓库能适应市场的变化和储存物品流量的增长;改善仓库内作业条件,为仓库工作人员提供良好的工作环境并减轻其劳动强度。仓库功能区布局设计应尽可能减少储存物品和人员在仓库内的移动距离,充分利用仓库内的空间,优化作业流程提高作业效率,同时还要考虑到仓库未来的发展需要。

3.4.2 仓库容量和仓库面积的确定

1)仓库容量的确定

仓库规模主要取决于拟存货物的平均库存量。货物平均库存量是一个动态指标,它随货物的收发经常发生变化。作为流通领域的经营性仓库,其库存量难以计算,但可以确定一个最大吞吐量指标;作为制造企业内的仓库,可根据历史资料和生产的发展,大体估算出平均库存量,一般应考虑 5～10 年后预计达到的数量。库存量以实物形态的重量表示。

在库存量大体确定后,还要根据拟存货物的规格品种、体积、单位重量、形状和包装等确定每一个货物单元的尺寸和重量,以此作为仓库的存储单元。仓库存储单元一般以托盘或货箱为载体,每个货物单元的质量多为 200～500 kg,单元尺寸最好采用标准托盘尺寸。

对托盘货架仓库以托盘为单位的库存量就是库容量,它可用来确定库房面积。

2)仓库面积的确定

库房面积包括有效面积和辅助面积。其中有效面积指货架、料垛实际占用面积;辅助面积指收发、分拣作业场地、通道、办公室和卫生间等需要的面积。

面积计算方法一般有直接计算法和荷重计算法两种。直接计算法是直接计算出货架、堆垛所占的面积和辅助面积等,然后相加求出总面积。直接计算法对面积的计算与库内货物存储方式、存取策略、空间利用、装卸搬运机械的类型以及通道等有关,在设计时应根据实际情况具体计算。荷重计算法是一种经验算法,它根据库存量、储备期和单位面积的荷重能力来确定仓库面积,在我国计划经济时代应用较多,但因为现在储备期时间大为缩短,以及采用货架、托盘后货物的单位面积荷重能力数据大为改变,所以应用较少。

面积较难计算时,还可以类比同类仓库面积,比较类推出所需面积。

3.4.3　仓库作业区的规划

仓库作业区布置要求以主要库房和货场为中心,对各个作业区域进行合理布置。如何合理地安排各个区域,力求最短的作业路线,减少库内运输距离和道路占用面积,以降低作业费用和提高面积利用率,是仓库作业区布置的主要任务。

1)基本作业区域

(1)信息中心

信息中心指挥和管理着整个仓库,它是仓库的中枢神经。它的功能是:对外负责收集和汇总各种信息,包括门店的销售、订货信息,以及与部分直接供应商联网的信息,并根据这些信息作出相应的决策;对内负责协调、组织各种活动,指挥调度各部门的人员,共同完成仓储任务。信息中心一般是和办公室结合在一起的。

(2)验货区

在验货区内,工作人员须完成接收货物的任务和货物入库之前的准备工作,如卸货、检验等工作。因货物在接货区停留的时间不太长,并处于流动状态,因此接货区的面积相对来说都不算太大。它的主要设施有:验货用的电脑、验货场区和卸货工具。

(3)储存区

在储存区里分类储存着验收后的货物。储存区一般分为暂时储存区和常规储存区。由于货物需要在这个区域内停留一段时间,并要占据一定位置,因此相对而言,储存区所占的面积比较大。在储存区一般都建有专用的仓库,并配置各种设备,其中包括各种货架、叉车、起堆机等设备。从位置上看,有的储存区与接货区联在一起,有的与接货区分开。

(4)理货区

理货区是仓库人员进行拣货和配货作业的场所,其面积大小因客户的类型不同而异。

一般来说,拣选货和配货工作量大的仓库,其理货区面积较大。如负责对便利店进行配送的仓库,按便利店的特点要求不但要对货物进行拆零,还要完成向多家门店以少批量、多批次的方式进行配送,所以这类仓库的拣货和配货区域的面积较大。与其他作业区一样,在理货区内也配置着许多专用设备和设施。如果是以人工完成拣选任务的,一般有手推货车、货架等;如果采用自动拣选装置,其设施包括重力式货架、皮带机、传送装置、自动分拣装置、升降机等。

(5)配装区

由于种种原因,有些分拣出来并配备好的货物不能立即发送,而是需要集中在某一场所等待统一发货,这种放置和处理待发货物的场所就是配装区。在配装区内,工作人员要根据每个门店的位置、货物数量进行分放、配车和选择以单独装运还是以混载同运。因在配装区内货物停留时间不长,所以货位所占的面积不大,配装区的面积比存储区小得多。需要注意的是,有一些仓库的配装区与发货区合在一起,称为分类区,因此,配装作业常融合于其他相关的工序中。此外,配装作业主要是分放货物、组配货物和安排车辆等,因此,在这个作业区除了配装计算工具和小型装卸机械、运输工具以外,没有什么特殊的大型专用设备。

(6)发货区

发货区是工作人员将组配好的货物装车外运的作业区域。其中,配货区和发货区往往是可以共用的。收、发货区的位置应靠近库门和运输通道,可设在库房的两端或适中的位置,并要考虑到收货、发货互不干扰。收发货区面积的大小,则应根据一次收发批量的大小、物品规格品种的多少、供货方和用户的数量、收发作业效率的高低、仓库的设备情况、收发货的均衡性、发货方式等情况确定。

(7)加工区

有很多从事加工作业的仓库,在结构上除了设置一般性的作业区外,还设有配送货物的加工区,如对蔬菜去除老叶、清洗等,对鱼类食品进行剖腹、去鱼鳞等。和储存区一样,加工区所占的面积也比较大,尤其是煤炭、水泥、木材等生产资料加工区。

2) 作业区的布局形式

由于仓库的作用已由储存转向周转,因此,仓库作业区布局的优先原则是商品的快速移动,即布局时,必须尽量缩短收货、储存、拣货、发货各步骤之间的移动距离,使移动过程尽可能通畅连续。

一般商品的流动有三种形式:直线形流动、U 形流动和 T 形流动(分别见图 3.2、图 3.3、图 3.4)。直线形布局是收发货作业区的方向不同,多用于临近工厂货物的接收或收发货车辆的类型不同时的情况。U 形布局是在仓库一侧设置相邻的两个收发货站台,收发货站台可根据需要作为收货站台或发货站台,必要时可以向仓库的两个方向发展。这种布局形式易于控制和做安全防范,且环境保护问题也较小。T 形布局是在直线形布局基础上增加了存货区域功能,以满足快速流转和储存两个功能,并可根据需要增加储存面积,此种仓库使用的范围较广。

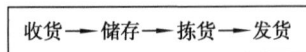

图 3.2　直线形布局

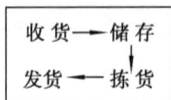

图 3.3　U 形布局

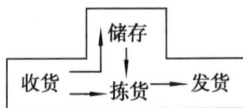

图 3.4　T 形布局

3)作业区布局的方法

仓储设施布置方法源于工厂车间布局设计,伴随布局设计研究的不断深入,仓储设施布局也参照性地选择了一些方法,有工程图表法、流程图法,现代数理上的优化法、近似法等,如 SLP 法、CORELAP 法、ALDEP 法、CRAFT 法和 MultiPLE 法等,可以主要概括为以下几个大类。

(1)传统图解的方式

①摆样法:利用二维平面比例模拟方法,按一定比例制成的样片在同一比例的平面图上表示系统的组成、设施、机器或活动,通过相关的分析,调整样片位置可得到较好的布置方案。这种布局方法人为因素较大,适用于较简单的仓储布局设计。

②图解法:产生于 20 世纪 50 年代,有螺线规划法、简化布置规划法及运输形成图等。其优点是将摆样法与数学模型结合起来,但在实践中较少应用。

(2)数学模型法

运用运筹学、系统工程中的模型优化技术(如线性规划、随机规划、多目标规划、运输问题、排队论等)研究最优布局方案,通过数学模型提高系统布置的精确性和效率。但是用数学模型解决布局问题有两大困难:一是当问题的条件过于复杂时,数学模型很难得到符合实际要求的准确结果;二是布局设计最终希望得到布局图,但是用数学模型得不到。利用数学模型和 CAD 相结合的系统布局软件是解决问题的一种好方法。

(3)计算机辅助设计

①自动布置设计程序(Automated Layout Design Program,ALDEP)法:基于凑合法的布置设计的算法,工作原理是按照物流系统作业单元之间的关联程度等级进行平面布置。ALDEP 是一个构造程序,等于从一张空白的设计纸开始,在所有作业单元中,随机挑选第一个作业单元到空白的设计图中,然后根据作业单元的关联程度,先摆放关联程度高的作业单元,然后再选择关联程度稍低的作业单元摆放,直到所有作业单元都摆放完毕为止。

②计算机化关系布局规划(Computerized Relationship Layout Programing,CORELAP)

法:与 ALDEP 法一样,也是根据作业单元间的密切程度来选择和摆放作业单元。CORELAP 用长方形的作业单元构造布局,根据对作业单元密切程度的权重赋值,来计算每个作业单元总密切程度等级 TCR,TCR 表示一个作业单元与另一个作业单元之间的彼此可接受性。CORELAP 也是从一张白纸开始,先将 TCR 最大值的作业单元 A 放在纸上,然后扫描各作业单元密切程度表,将与 A 有密切关系的作业单元再放在边上,接着再选择其他有密切关系的作业单元摆放,直到应该摆放的作业单元都摆放完毕。与 ALDEP 方法不同的是,CORELAP 使用了摆放等级和边界长度参数决定作业单元的摆放位置。

③定量布局程序(CRAFT)法:与基于密切程度等级的 ALDEP 和 CORELAP 法相反,CRAFT 是用物流信息或从制表上累加而得出的作业单元物流强度。CRAFT 被称为定量布置程序,而前两个方法被称为定性布置程序。CRAFT 是一种改进程序,接受一项初始布置设计并用顺序方式成对交换作业单元的位置,试图做出改进。几个设计方案相互比较时,CRAFT 用物品搬移或运输成本作为评价标准,这个成本用移动距离的线性函数来表示。

④多层设施定量布置程序(MultiPLE)法:CRAFT 的改进型,它可以用于多层楼房设施布置设计,也可以用于单层设施设计。MultiPLE 与 CRAFT 一样,是用物流量信息、目标函数和搜索程序,用优化程序产生改进的布置方案。MultiPLE 允许任何作业单元位置作双向交换,主要特征是采用空间填充曲线,用来构造布置以及用来表示作业单元布置的空间。

(4)系统布局规划设计法(SLP)

系统布局规划设计法最初由 Richard Muther 在 1961 年提出,其提出的是作业单元相互关系的密级表示法,形成了一种以大量的图表分析为手段,以物流费用最小为目标,物流关系分析与非物流关系分析相结合,求得合理的设施布置方案。

以上各种方法中,SLP 方法使平面布置设计从定性阶段发展到了定量阶段;LEE 等提出的 CORELAP 优化算法,在已知物流设施作业面积需求和设施间关系等级的基础上,使设施之间的密切度最大;ALDEP 法与 CORELAP 法相似,只是在具体指标的选择和优先性上有所不同;Buffa 等人提出的 CRAFT 法是在已知物流设施间的货物流量的基础上,对已有布局进行调整,使物流节点内的搬运费用最小的方法;MultiPLE 法是对 CRAFT 法的改进,只是调整方法不同。

3.4.4　仓库货区布局

仓库货区布局的目的一方面是提高仓库平面和空间利用率,另一方面是提高物品保管质量,方便进出库作业,从而降低物品的仓储作业成本。仓库货区布局分为平面布局和空间布局。

1）平面布局

平面布局是指对货区内的货垛、通道、垛间距、收发货区等进行合理的规划，并正确处理它们的相对位置。平面布局的形式可以概括为垂直式布局和倾斜式布局。

（1）垂直式布局

垂直式布局是指货垛或货架的排列与仓库的侧墙互相垂直或平行，具体包括横列式布局、纵列式布局和纵横式布局。

横列式布局是指货垛或货架的长度方向与仓库的侧墙互相垂直（图3.5）。这种布局的主要优点是：主通道长且宽，副通道短，整齐美观，便于存取查点，如果用于库房布局，还有利于通风和采光。

纵列式布局是指货垛或货架的长度方向与仓库侧墙平行（图3.6）。这种布局的优点主要是可以根据库存物品在库时间的不同和进出频繁程度安排货位：在库时间短、进出频繁的物品放置在主通道两侧；在库时间长、进库不频繁的物品放置在里侧。

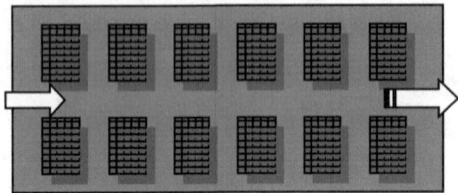

图3.5　仓库横列式布局　　　　　　　　图3.6　仓库纵列式布局

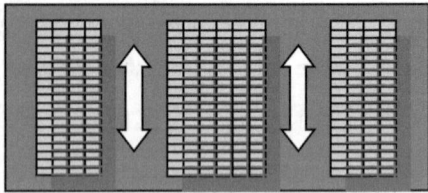

纵横式布局是指在同一保管场所内，横列式布局和纵列式布局兼而有之，可以综合利用两种布局的优点（图3.7）。

（2）倾斜式布局

倾斜式布局是指货垛或货架与仓库侧墙或主通道成60°、45°或30°夹角，具体包括货垛倾斜式布局和通道倾斜式布局。

货垛倾斜式布局是横列式布局的变形，它是为了便于叉车作业、缩小叉车的回转角度、提高作业效率而采用的布局方式（图3.8）。

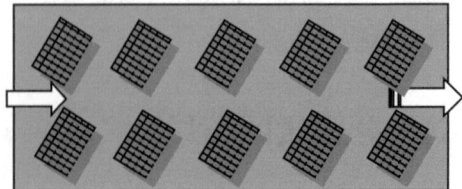

图3.7　纵横式布局　　　　　　　　　图3.8　货垛倾斜式布局

通道倾斜式布局是指仓库的通道斜穿保管区,把仓库划分为具有不同作业特点,如大量存储和少量存储的保管区等,以便进行综合利用。这种布局形式复杂,货位和进出库路径较多(图 3.9)。

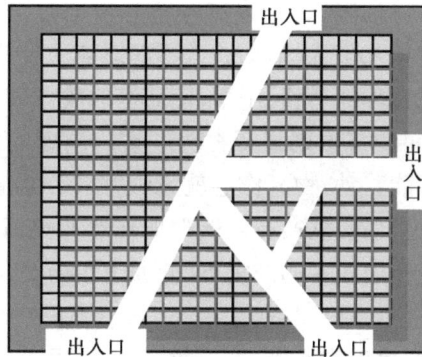

图 3.9　通道倾斜式布局

2) 空间布局

空间布局是指库存物品在仓库立体空间上布局,其目的在于充分有效地利用仓库空间。空间布局的主要形式有就地堆码、上货架存放、架上平台、空中悬挂等。

其中使用货架存放物品有很多优点,概括起来主要包括:

①便于充分利用仓库空间,提高库容利用率,扩大存储能力;

②物品在货架里互不挤压,有利于保证物品本身和其包装完整无损;

③货架各层中的物品可随时自由存取,便于做到先进先出;

④物品存入货架,可防潮、防尘,某些专用货架还能起到防损伤、防盗、防破坏等作用。

3.4.5　仓库通道设计

通道不直接属于任一作业区域,但是通道的合理设置与宽度设计是影响物流效率的关键。一般厂房布置规划必先划定通道的位置,而后分配各作业区域。通道的设计应能方便产品和货物的存取、装卸设备的进出及必要的服务区间。通道还分为库房内通道和厂区道路。

1) 库房内通道

一般库房内通道应设有纵向或横向的进出库通道,大型库房还应同时设纵向和横向进出库通道。库房内各作业区之间还应留有作业通道,通道的宽窄应根据装卸搬运机械的类型确定。

（1）通道设计原则

流向原则是在物流园区仓库通道内，人员与货物的移动方向要形成固定的流通路线；安全原则是通道必须随时保持通畅，遇到火灾等紧急情况时，人员能及时疏散；交通互利原则是仓库内各类通道不应相互干扰，辅助通道不能影响主要通道的作业；空间经济原则是以功能和流量为设计依据，提高空间利用率，使通道的效益最大化。

在上述设计原则中，空间经济原则显得尤为关键。仓库内的货物流动完全依靠通道来完成，没有通道，货物就不能移动，物流作业就无法完成。通道设置过多，有效仓储面积减小，仓库利用率就低。通道设置过少，有可能造成作业冲突，降低物流效率。因此，通道设计的关键就是在保证物流作业效率的前提下，使通道布局更合理，面积更经济。

（2）库房内通道的宽度

一般来说，库房内通道包含工作通道、人行通道、电梯通道和其他通道。

①工作通道：生产及物流作业及出入厂房作业的通道，又包括主通道及辅助通道。主通道通常连接厂房的进出门口至各作业区域，道路也最宽；辅助通道为连接主通道至各作业区域内的通道，通常垂直或平行于主通道。

主通道供装卸搬运设备在库内行走，其宽度主要取决于装卸搬运设备的外形尺寸和单元装载的大小。主通道的宽度一般为 3.5~6 m。如果使用叉车作业，其通道宽度可以通过计算求得。当单元装载的宽度不太大时，可利用公式 $A=P+D+L+C$ 计算，其中 A 为通道宽度，P 为叉车外侧转向半径，D 为货物至叉车驱动轴中心线的间距，L 货物长度，C 为转向轮滑行的操作余量。

辅助通道是供作业人员存取搬运物品的走行通道，其宽度取决于作业方式和货物的大小。当通道内只有一人作业时，其宽度可按公式 $a=b+l+2c$ 计算，其中 a 代表辅助通道的宽度，b 代表作业人员身体的厚度，l 代表货物的最大长度，c 代表作业人员活动余量。一般情况下，辅助通道的宽度为 3 m 左右。

②人行通道：只用于员工进出特殊区域的场合，如供仓储管理人员检查库存物品的数量及质量走行的通道，其宽度只要能使检查人员自由通行即可，一般为 0.7~1 m。

③电梯通道：提供出入电梯的通道，不应受任何通道阻碍。通常此通道宽度至少与电梯宽度相同，一般距离主要工作通道 3~4.5 m。

④其他通道：包括公共设施、防火设备或紧急逃生所需的进出通道。

2）厂区道路

厂区道路是联系生产工艺过程及其工厂内外交通运输的线路，按其用途可分为主干道、次干道、辅助道路、车间引道和人行道 5 类。

（1）厂区道路设计原则

厂区道路设计除了需要满足流向、安全、交通互利和空间经济这4个基础的原则之外，还应满足以下原则。

①节约土地原则：在满足园区现有需要、充分考虑未来道路扩展的可行性基础上，充分利用现有土地，避免面子工程，浪费土地资源。

②符合国家和地方相关规定原则：道路布置要满足国家和地方现行法规、规范的要求，处理好防火、防毒、防爆的要求，保证生产安全。

③与其他设施协同建设原则：道路的建设应该和相关地下管线、绿化、路灯、人行道等道路附属设施同步实施，避免拆改造成的不必要浪费。

④合理分配路权原则：为保障各种客货车辆、非机动车辆及行人的交通安全，园区道路设计时，应根据道路类别及服务主体的不同，有序、合理、公平地分配各种交通基础设施的使用权限，尽量做到人车分流，各行其道。

⑤体现园区整体风貌原则：道路设计应结合园区自身特点，结合建筑空间、立面风格等因素进行总体考虑。在对道路材质选择、道路两侧的路灯设计、景观绿化设计等设计要素进行推敲时，应使道路与周边建筑互相呼应，体现物流园区的整体风貌。

（2）厂区道路的宽度

主干道一般为主要出入口道路，是工厂物流的主通道。大、中、小型厂区主干道一般宽度分别为7～9 m、6～7 m和4.5～6 m。次干道为车间与车间、车间与仓库、车间与厂内码头等主要交通运输的道路。大、中、小型厂区次干道一般宽度分别为6～7 m、4.5～6 m和3～4.5 m。辅助道路是车辆和行人通行都较少的道路（如专供通往厂内水泵站、变电所等的道路）及消防道路等。辅助道路一般宽度为3～4.5 m。车间引道是建筑物出入口与主干道、次干道、辅助道路相连接的道路。人行道包括单独的只能供人行走和自行车行驶的道路以及汽车道路两边的人行道。

［案例导入］ 中铁快运物流网点布局

中铁快运股份有限公司隶属于中国铁路总公司的现代物流企业，中铁快运注册资28.92亿元，总部设在北京，在全国设有18个区域分公司、13个省市分公司（中心营业7个控股子公司，在全国1 564个县级以上城市设有3 200多个营业机构，"门到门"络覆盖所有的市、县。

截至2017年年底，中铁快运共拥有3 258个物流网点，这些物流网点覆盖全国31个省级行政区划单位，共包括2 906个市和县。中铁快运物流网络中最基础基本的要素就是由这些网点组成，这些网点承担着物流运输的任务。

（1）中铁快运物流节点布局

中铁快运在公路干线交汇的城市布局的主要是区域转运中心,完成货物的集中与分散等多种目的是其具备的基本功能。目前中铁快运物流网络中的区域转运中心共31个,它们共分为两个等级。其中8个属于一级区域转运中心,分别为沈阳区域转运中心、成都区域转运中心、广州区域转运中心、北京区域转运中心、无锡区域转运中心、郑州区域转运中心、西安区域转运中心、武汉区域转运中心,其余的隶属于这8个一级区域转运中心。区域转运中心的从属关系见表3.1。

表 3.1　区域转运中心的从属关系

一级区域转运中心	二级区域转运中心
沈阳区域转运中心	哈尔滨区域转运中心、长春区域转运中心
北京区域转运中心	呼和浩特区域转运中心、天津区域转运中心、石家庄区域转运中心
郑州区域转运中心	济南区域转运中心
西安区域转运中心	太原分拨中心、兰州区域转运中心、西宁区域转运中心、乌鲁木齐区域转运中心
无锡区域转运中心	上海区域转运中心、合肥区域转运中心、福州区域转运中心、厦门区域转运中心
武汉区域转运中心	南昌区域转运中心、长沙区域转运中心
成都区域转运中心	昆明区域转运中心、贵阳区域转运中心
广州区域转运中心	海口区域转运中心

可见,中铁快运的一级区域转运中心主要布局在物流网点密集的极区,且相互之间基本都直接进行联系,并且主要与其周围邻近的区域转运中心相连接,而其余的二级区域转运中心可以直接或间接与其产生联系。

中铁快运在分公司经营区域内,并且在支线运输线路交汇的城市布局了城市中转场,其功能是实现货物在区域转运中心和服务门店之间的转接。城市中转场的设立及公路运输线路的增加,使货物中转的效率得以提高,货物全程运输的时效也得到了一定的提高。目前,中铁快运物流网络主要在以下几个城市布局城市中转场,这些城市包括合肥、福州、长春、西安、南京、天津、杭州、石家庄、长沙等。

中铁快运设立的配送中心也可以归属于城市中转场,是中铁快运物流网络中一种专门从事到达货物配送的物流网点,主要设置目的是进一步减短货物的配送时间。目前,中铁物流网络在哈尔滨、北京、广州和上海分布了规模较大的配送中心,因此物流的运输效率得到整体提高。

（2）中铁快运物流运输通道

中铁快运物流运输通道主要是由各类车型组成的铁路运输线路，还有公路运输干支线和航空运输线路组成了中铁快运现有的物流网络运输线路。公路运输方式可以起到完善铁路运输的重要作用，可以开拓铁路运输线路未触及的地区。公路运输方式也是一种可以"门到门"地运送货物的方式。

全国各个铁路局运行的2 200多列多种类型的火车可直接为中铁快运所用，因而一个覆盖全国1 300多座车站，同时也覆盖我国主要大中城市的运输网络就基本形成了。区域转运中心之间主要是依靠铁路运输方式，同时辅助以公路运输，而城市中转场之间主要依靠公路运输完成，将货物"门到门"地进行运送服务也还是由公路运输方式完成的。

中铁快运近年来的运输线路信息如下。

2004年，中铁快运在重新组合以前开行公路运输线路仅74条，总计约达到26 000 km的运输里程。根据中铁快运内部的划分，包含了6条干线公路运输线路，约6 500 km的运输里程；还有31条跨区域公路运输线路和7条跨省公路运输路线，分别约达到12 000 km和7 300 km的运输里程。同年，共计63条航空运输线路被中铁快运开辟使用，共计87条航空和公路联运线路同时被开辟使用，14个管理分公司共同管理这些运输线路，但仅覆盖到了35个城市。

2006年，在中铁快运合并重组之后，共开行公路干线19条，公路支线31条，公路干支线网络覆盖城市共计达到87个。其中，公路干线分别是北京—郑州（经停石家庄）、北京—长春（经停沈阳）、北京—无锡（经停济南）、北京—太原（经停石家庄）、郑州—无锡（经停商丘、开封）、武汉—上海（经停合肥、南京、无锡）、长沙—西安（经停郑州、三门峡）、武汉—郑州（经停漯河、驻马店、信阳、孝感）、南昌—武汉（经停九江、黄石）、南昌—长沙、长沙—深圳（广州）、太原—大同、太原—西安（经停临汾、侯马、运城）、合肥—郑州（经停蚌埠、阜阳）、合肥—济南（经停蚌埠、徐州）、北京—天津、北京—呼和浩特、无锡—福州、武汉—长沙。

2011年，中铁快运增加了北京—武汉、石家庄—保定、石家庄-邢台-邯郸这3条运输干线；增加了包括南昌往返萍乡，赣州往返龙岩，福州往返漳州和广州往返武汉等的运输支线。

2014年，中铁快运采用公路运输方式通行的线路分别包括了50条干线和114条支线，因此连接全国140个城市的公路运输网络得以初步成形。

2017年，中铁快运拥有达到412条的铁路运输线路，共有824列可用列车；货运列车线路33条，共有65列可用列车；公路干线达到27条，共有干线运输可用的汽车55辆；公路支线达到176条，共有运输支线可用的汽车350辆。

铁路运输是中铁快运采用的主要方式，并以公路、航空运输等多种运输方式为补充完善，共同建构起了中铁快运一张综合型的运输网络。通过综合运输网络的不断发展建设，中铁快运的物流运输通道随之不断完善，物流运输效率也将有所提高。

（资料来源：蒋蕾蕾."中铁快运"快递网络的空间分析［D］.上海：上海师范大学,2018.）

≫案例讨论

1.中铁快运物流节点布局的优缺点是什么？

2.根据所学知识，如何优化中铁快运物流节点布局？

≫复习思考题

1.假设你将为你所在的城市建一个农产品配送中心，请利用物流网点规划知识进行合理规划。

2.假设你将为你所在的城市建一个农产品配送中心，请利用仓库规划理论说明农副产品配送中心规划流程。

3.调研你所在城市的主导产业，分析各主导产业分别适合哪些类仓储形式。

4.参观一个仓库，分析其库区规划是否合理。

5.仓库货区布局有几种形式？它们的优缺点各是什么？

第 4 章

仓储规范性文件

本章导读：

- 深入了解仓储合同的内涵，了解仓储合同的订立过程，深入了解存货人和保管人的义务，对仓储合同有个总体认识。
- 了解仓单的概念、性质、制作过程及转让等内容，对仓单有所了解。
- 了解供应链金融的内涵和主体，深入了解供应链金融的模式，对供应链金融有个总体的把握。
- 了解物流标准化的内涵和我国物流标准化现状。

4.1 仓储合同

4.1.1 仓储合同的内涵

1)仓储合同的概念

仓储合同,又称仓储保管合同,是指当事人双方约定由保管人为存货人保管储存的货物,存货人为此支付报酬的合同。合同双方的当事人分别称为保管人和存货人,合同的标的物称为仓储物。

仓储营业是一种专为他人储藏、保管货物的商业营业活动,它发端于中世纪西方的一些沿海城市,随着国际和地区贸易的不断发展,仓库营业的作用日渐重要。在现代,仓库营业已经成为社会化大生产和国际、国内商品流转中一个不可或缺的环节。在我国社会主义市场经济条件下,商品的储存、运输、原材料的采购、中转等几乎都离不开仓库营业服务,仓储业务对加速物资流通,减少仓储保管货物的损耗,节省仓库基建投资,提高仓库的利用率,增强经济效益,无不具有重要意义。仓储合同实际上是一种特殊的保管合同,在性质上应属商事合同。关于仓库营业和仓储合同的立法体例,大致有以下 3 种:其一是规定在商法典中,大陆法系中民商分立立法体例的国家,如日本、德国采用此种方式;其二是规定在民法典中,大陆法系中民商合一立法体例的国家,如瑞士采用此种方式;其三是制定有关单行法规,英美法系国家采用此种方式。我国民事立法是采取民商合一立法体例,因此在归属于民法的《中华人民共和国合同法》中规定仓储合同。我国关于仓储合同的立法除了《中华人民共和国合同法》以外,还有《仓储保管合同实施细则》,不过在此规定中对保管合同与仓储合同并未进行区分。

有关仓储合同的重点法条包括:

①《中华人民共和国合同法》第三百八十一条规定:"仓储合同是保管人储存存货人交付的仓储物,存货人支付仓储费的合同。"

②《中华人民共和国合同法》第三百八十五条规定:"存货人交付仓储物的,保管人应当给付仓单。"

③《中华人民共和国合同法》第三百八十六条规定:"保管人应当在仓单上签字或者盖章。"仓单包括的事项有:存货人的名称或者姓名和住所;仓储物的品种、数量、质量、包装、

件数和标记;仓储物的损耗标准;储存场所;储存期间;仓储费;仓储物已经办理保险的,其保险金额、期间以及保险人的名称;填发人、填发地和填发日期。

2)仓储合同的法律特征

仓储合同具有以下法律特征:

(1)保管人须是有仓储设备并专门从事仓储保管业务的主体

这是仓储合同主体上的重要特征。仓储合同的保管人应当具备一定的资格,即具有仓储设备,专门从事仓储保管业务。所谓仓储设备是指能够满足储藏和保管物品需要的设施,既包括有房屋、有锁之门等外在表征的设备,也包括可供堆放木材、石料等原材料的地面。所谓专事仓储保管业务,是指经过仓储营业登记专营或兼营仓储保管业务。

(2)仓储合同的保管对象为动产

依仓储合同规定,保管人应当保管存货人交付的仓储物,存货人交付保管人保管的只能是动产,所以存货人不能以不动产为保管对象而订立仓储合同。

(3)仓储合同为诺成合同

仓储合同不同于保管合同,保管合同是实践性合同,而仓储合同是诺成性合同,这是由仓储合同属于商事合同的特性决定的。仓储合同的当事人中的保管人是专门从事仓储保管业务的民事主体,其营业目的就是从仓储保管营业中牟利。保管人具有专业性和营利性,在保管的物品入库前,保管人必然要做出一定的履行合同准备,支出一定的费用。若认定仓储合同为实践合同,就意味着一旦存货人在交付货物前改变交易的意愿,不向保管人交存货物,保管人就其所受到的损失只能依缔约过失责任或侵权责任向存货人主张损害赔偿,这对保管人极为不利。因此,承认仓储合同为诺成合同,有助于保管人在前述情况下,可以基于违约责任主张损害赔偿责任。同时在仓储合同中存货人一般也为营利性法人,若认仓储合同为实践合同,在存货人交存货物前合同不成立,如在其交存货物时保管人拒绝储存,存货人也不能依违约责任请求损害赔偿,这对存货人也是不利的。

(4)仓储合同为双务合同、有偿合同、不要式合同

仓储合同的当事人在合同成立后,双方互负给付义务:保管人须提供仓储服务,存货人须给付报酬和其他费用,双方的义务具有对应性和对价性,所以仓储合同为双务、有偿合同。对仓储合同是否为要式合同,有不同的看法:有人认为仓储合同为要式合同,应当采取书面形式;有人认为仓储合同并不要求具备特定的形式,因而为不要式合同。我们认为,认定仓储合同为要式合同是没有根据的,现行法律上也并未规定仓储合同应当采用特定形式。虽然仓储合同的保管人于接受储存的货物时应当给付存货人仓单或其他凭证,但开具仓单是保管人合同义务的履行,仓单并非合同的书面形式。所以仓储合同应为不要式合同。

（5）存货方主张货物已交付或行使返还请求权以仓单为凭证

这是仓储合同的另一重要特征。仓单是表示一定数量的货物已交付的法律文书，属于有价证券的一种，其性质为记名的物权证券。仓储合同的存货人凭仓单提取储存的货物，存货人或者仓单持有人以背书方式并经保管人签字或盖章，可以将仓单上所载明的物品所有权移转给他人。

3）仓储合同当事人

仓储合同当事人包括存货人和保管人。存货人是指有仓储物处分权的人，包括货主（仓储物所有人）、承运人（仓储权利占有人）和对没收的货物、无主货物拥有所有权的准所有人或拟似所有人（如法院、行政机关）；保管人是指必须具有仓储设备的所有权或经营使用权的、取得经营资格、进行工商登记、获得工商营业执照的人。

4）仓储合同的标的和标的物

仓储合同的标的是指仓储保管行为，即存货人按时交付货物、支付仓储费，保管人给予养护、保管，期满完整归还的行为。标的物即仓储物是标的的载体和表现，如仓储货物的质量、数量完好，说明保管人保管行为良好。

4.1.2　仓储合同的订立

仓储合同的订立包括询盘、发盘、还盘、接受、签订合同和合同履行 6 个环节，其中发盘和接受是必不可少的 2 个基本环节。

1）询盘

询盘是指交易的一方准备购买或出售某种商品，向对方询问买卖该商品的有关交易条件。询盘的内容可涉及价格、规格、品质、数量、包装、装运以及索取样品等，而多数只是询问价格。所以，业务上常把询盘称作询价。

在国际贸易业务中，有时一方发出的询盘表达了与对方进行交易的愿望，希望对方接到询盘后及时发出有效的发盘，以便考虑接受与否。也有的询盘只是想探询一下市价，询问的对象也不限于一人，发出询盘的一方希望对方开出估价单。这种估价单不具备发盘的条件，所报出的价格也仅供参考。

2）发盘

在国际贸易实务中，发盘也称报盘、发价、报价。法律上称之为"要约"。发盘可以是应对方询盘的要求发出,也可以是在没有询盘的情况下,直接向对方发出。发盘一般是由卖方发出的,但也可以由买方发出,业务上称其为"递盘"。

(1)发盘的定义及具备的条件

根据《联合国国际货物销售合同公约》(以下简称《公约》)第十四条第一款对发盘的解释为:"向一个或一个以上特定的人提出的订立合同的建议,如果十分确定并且表明发盘人在得到接受时随约束的意旨,即构成发盘。一个建议如果写明货物并且明示或暗示地规定数量和价格或规定如何确定数量和价格,即为十分确定。"对于这个宣言,可以看出一个发盘的构成必须具备4个条件:

①一个或一个以上的特定人提出。

②表明订立合同的意思,发盘必须表明严肃的订约意思,即发盘应该表明发盘人在得到接受时,将按发盘条件承担与受盘人订立合同的法律责任。

③发盘内容必须十分确定。

④送达受盘人。

(2)发盘的撤回和撤销

《公约》第十五条对发盘生效时间作了明确规定:发盘于送达被受盘人时生效。那么,发盘在未被送达受盘人之前,如发盘人改变主意,或情况发生变化,这就必然会产生发盘的撤回和撤销的问题,在法律上,"撤回"和"撤销"属于两个不同的概念。撤回是指发盘尚未生效时,发盘人采取行动,阻止它的生效。而撤销是指发盘已生效后,发盘人以一定方式解除发盘的效力。

《公约》第十五条第二款规定:一项发盘,即使是不可撤销的,得予撤回,如果撤回通知于发盘送达被发盘人之前或同时,送达被发盘人。

根据《公约》的规定,发盘可以撤销,其条件是:发盘人撤销的通知必须在受盘人发出接受通知之前传达到受盘人。但是,在下列情况下,发盘不能再撤销:

①发盘中注明了有效期,或以其他方式表示发盘是不可撤销的。

②受盘人有理由信赖该发盘是不可撤销的,并且已本着对该发盘的信赖行事。

这一款规定了不可撤销的两种情况:首先是发盘人规定了有效期,即在有效期内不能撤销。如果没有规定有效期,但以其他方式表示发盘不可撤销,如在发盘中使用了"不可撤销"字样,那么在合理时间内也不能撤销。其次是受盘人有理由信赖该发盘是不可撤销的,并采取了一定的行动。

关于发盘失效问题,《公约》第十七条规定:一项发盘,即使是不可撤销的,于拒绝通知送达发盘人时终止。这就是说,当受盘人不接受发盘的内容,并将拒绝的通知送到发盘人手中时,原发盘就失去效力,发盘人不再受其约束。

此外,在贸易实务中还有三种情况会造成发盘的失效:发盘人在受盘人接受之前撤销该发盘;发盘中规定的有效期届满;其他方面的问题造成发盘失效,这包括政府发布禁令或限制措施造成发盘失效,另外还包括发盘人死亡、法人破产等特殊情况。

3)还盘

受盘人在接到发盘后,不能完全同意发盘的内容,为了进一步磋商交易,对发盘提出修改意见,用口头或书面形式表示出来,就构成还盘。

还盘的形式可有不同,有的明确使用"还盘"字样,有的则不使用,在内容中表示出对发盘的修改也构成还盘。

还盘是对发盘的拒绝。还盘一经做出,原发盘即失去效力,发盘人不再受其约束。

4)接受

所谓接受,就是交易的一方在接到对方的发盘或还盘后,以声明或行为向对方表示同意。法律上将接受称作承诺。接受和发盘一样,既属于商业行为,也属于法律行为。对有关接受,问题在《公约》中也作了较明确的规定。

根据《公约》的解释,构成有效的接受要具备以下4个条件:

①接受必须是由受盘人做出。

②受盘人表示接受,要采取声明的方式即以口头、书面的声明或行为向发盘人明确表示出来。

③接受的内容要与发盘的内容相符。

④接受的通知要在发盘的有效期内送达发盘人才能生效。

在国际贸易中,由于各种原因,导致受盘的接受通知有时晚于发盘人规定的有效期送达,这在法律上称为"迟到的接受"。对这种迟到的接受,发盘人不受其约束,不具法律效力,但也有例外的情况。《公约》第二十一条规定过期的接受在两种情况下仍具有效力:

①如果发盘人毫不迟延地用口头或书面的形式将此种意思通知受盘人。

②如果载有逾期接受的信件或其他书面文件表明,它在传递正常的情况下是能够及时送达发盘人的,那么这项逾期接受仍具有接受的效力,除非发盘人毫不迟延地用口头或书面方式通知受盘人:他认为发盘已经失效。

5)签订合同

经过交易磋商,一方的发盘或还盘被对方有效地接受后,就认为达成了交易,双方之间就建立了合同关系。在业务中,一般还要用一定形式将双方的权力、义务明文规定下来,便于执行。根据我国的法律规定,我国的合同形式主要有3种:一是口头形式,即当事人只用语言为意思表示订立合同,不用文字表达协议内容的合同形式;二是书面形式,即当事人以文字表现协议内容的合同形式；三是推定形式，如行为表示、格式合同等。当事人未用语言、文字表达其意思，仅用行为向对方发出要约，对方接受要约，以作出一定或指定的行为作承诺，合同成立。其中，书面合同是合同的主要形式，其内容可分为3个部分。

①约首：包括合同名称，订约双方当事人的名称和地址。有的合同还用序言形式说明定约意图并放在约首。

②本文：合同的中心部分，具体列明交易的条件、条款，规定双方当事人的权利和义务。本文包括合同的标的、质量和数量、价款或酬金、合同的履行期限、合同的履行地点和方式、违约责任、解决争议的方法等。

③约尾：说明合同的份数，使用的方案以及效力，订约时间、地点，以及生效时间。

6) 合同的履行

买卖双方经过交易磋商、达成协议后要签订书面合同，作为约束双方权利和义务的依据。在国际贸易中，买卖合同一经依法有效成立，有关当事人必须履行合同规定的义务。所以，履行合同是当事人双方共同的责任。

4.1.3 保管人和存货人的义务

1) 保管人的义务

(1) 给付仓单义务

保管人(仓库营业人)应当向存货人给付仓单，这是保管人的一项合同义务。从其他国家和地区的立法看，关于仓单有3种立法主义：其一为以法国为代表的两单主义，又称复券主义。采取这种立法主义的，仓库营业人应同时填发两仓单，一为提取仓单，用以提取保管物，并可转让；另一为出质仓单，可用为担保。其二为以德国商法为代表的一单主义。采取一单主义，仓库营业人仅填发一仓单，该仓单既可用以转让，又可用于出质。其三为以日本商法为代表的两单与一单并用主义。采此种立法主义的，仓库营业人应存货人的请求填发两单或者一单。我国法律上采取一单主义的立法主张。保管人应存货人的请求一般仅填发一仓单。

(2) 接收和验收仓储物义务

保管人应按合同的约定，接受存货人交付储存的仓储物。保管人不能按合同约定的时间、品名(品类)、数量接受仓储物入库的，应承担违约责任。《中华人民共和国合同法》第三百八十四条规定，保管人在接受存货人交存仓储物入库时，应当按照合同的约定对入库仓储物进行验收。保管人验收时发现入库仓储物与约定不符合的，应当及时通知存货人。验收包括实物验查和样本验查。保管物有包装的,验收时应以外包装或仓储物标记为准;无标记的,以存货人提供的验收资料为准。保管人未按规定的项目、方法、期限验收或验收不准确的,应负责承担由此造成的实际损失。在双方交接仓储物中发现有问题的保管物,保管人应妥善暂存,并在有效验收期间内通知存货人处理,暂存期间所发生的一切损失和费用由存货人负担。仓储物验收时保管人未提出异议的,视为存货人交付的仓储物符合合同约定的条件。保管人验收后,发生仓储物的品种、数量、质量不符合约定的,保管人应当承担损害赔偿责任。

(3)通知义务

在储存的仓储物出现危险时,保管人有义务及时通知存货人或者仓单持有人。所谓仓储物出现危险,主要包括仓储物有变质或有其他损坏,如发现仓储物出现异状、仓储物发生减少或价值减少的变化,保管人应及时通知存货人或者仓单持有人。对外包装或仓储物标记上标明或者合同中申明了有效期的仓储物,保管人应当提前通知失效期。遇有第三人对保管人提起诉讼或者对保管物申请扣押时,保管人也应及时通知存货人或者仓单持有人。保管人对入库仓储物发现有变质或者其他损坏,危及其他仓储物的安全和正常保管的,应当催告存货人或者仓单持有人做出必要的处置。因情况紧急,保管人可以做出必要的处置,但事后应当将该情况及时通知存货人或仓单持有人。

(4)妥善保管义务

保管人应当按照合同约定的储存条件和保管要求,妥善保管保管物。这是保管人应负担的主合同义务。保管人储存易燃、易爆、有毒、有腐蚀性、有放射性等危险物品的,应当具备相应的保管条件,应当按照国家或合同规定的要求操作和储存;在储存保管过程中不得损坏货物的包装物,如因保管或操作不当使包装发生毁损的,保管人应当负责修复或按价赔偿。因保管人保管不善而非因不可抗力、自然因素或货物(包括包装)本身的性质而发生储存的货物灭失、短少、变质、损坏、污染的,保管人均应承担损害赔偿责任。因仓储物的性质、包装不符合约定或者超过有效仓储期造成仓储物变质、损坏的,保管人不承担损害赔偿责任。

(5)容忍义务

保管人根据存货人或仓单持有人的要求,应当同意其检查仓储物或者提取样品,这就是保管人的容忍义务。所谓检查仓储物,实际上就是仓储物的检点,存货人或仓单持有人可以进行何种程度的检查,应根据仓库的状况及习惯决定。存货人或仓单持有人请求样品的提取时,保管人可以请求其交付证明书或请求相当的担保。在存货人或仓单持有人请求对仓储物进行一定的保存行为时,保管人除非有正当理由,否则一律应予允许。

2）存货人的义务

（1）支付仓储费义务

仓储合同为有偿合同，除非当事人之间另有约定，存货人应负担向保管人支付仓储费的义务。关于仓储费支付的具体规则，适用于保管合同相关规定。

（2）说明义务

储存易燃、易爆、有毒、有放射性等危险物品或者易腐等特殊货物的，根据《中华人民共和国合同法》第三百八十三条的规定，存货人应当向保管人说明货物的性质和预防危险、腐烂的方法，提供有关的保管、运输等技术资料，并采取相应的防范措施。存货人违反该义务的，保管人有权拒收该货物；保管人因接受该货物造成损害的，存货人应承担损害赔偿责任。

（3）提取仓储物义务

当事人对储存期间没有约定或者约定不明确的，存货人或者仓单持有人可以随时提取仓储物，保管人也可以随时要求存货人或仓单持有人提取仓储物，但应当给予必要的准备时间。合同中约定有储存期间的，存货人或仓单持有人应当按照合同的约定及时提取仓储物。逾期提取的，应当加收仓储费。在仓储合同期限届满前，保管人不得要求返还或要求由存货人或仓单持有人取回保管物。在存货人或仓单持有人要求返还时，保管人不得拒绝返还，但不减收仓储费。存货人或仓单持有人对临近失效期或有异状的货物，应当及时提取或予以处理。于合同约定的期限届满，或者在未约定期限而收到保管人合理的货物出库通知时，存货人或仓单持有人应及时办理货物的提取。存货人或仓单持有人提取货物时须提示仓单并交回仓单。由于存货人或仓单持有人的原因不能使货物如期出库造成压库时，存货人或仓单持有人应负违约责任。

4.1.4　仓单

1）仓单的概念和性质

《中华人民共和国合同法》第三百八十五条规定："存货人交付仓储物的，保管人应当给付仓单。"所谓仓单，是指由保管人在收到仓储物时向存货人签发的表示已经收到一定数量的仓储物的法律文书。

仓单是存货人已经交付仓储物的凭证，又是存货人或者持单人提取仓储物的凭证，因此，仓单实际上是仓储物所有权的一种凭证。同时，仓单在经过存货人的背书和保管人的签署后可以转让，任何持仓单的人都拥有向保管人请求给付仓储物的权利，因此，仓单实际上又是一种以给付一定物品为标的有价证券。

由于仓单上所记载的权利义务与仓单密不可分,因此仓单有如下效力:

(1)受领仓储物的效力

保管人一经签发仓单,不管仓单是否为存货人持有,持单人均可凭仓单受领仓储物,保管人不得对此提出异议。

(2)转移仓储物所有权的效力

仓单上所记载的仓储物,只要存货人在仓单上背书并经保管人签字或者盖章,提取仓储物的权利即可发生转让。

2)仓单的制作

仓单作为收取仓储物的凭证和提取仓储物的凭证,依据法律规定还具有转让或出质的记名物权证券的流动属性,它应当具备一定形式,其记载事项必须符合《中华人民共和国合同法》及物权凭证的要求,使仓单关系人明确自己的权利并适当行使自己的权利。根据《中华人民共和国合同法》第三百八十六条之规定,保管人应当在仓单上签字或者盖章,仓单应当包括的事项有:

①仓单上必须有保管人的签字或者盖章,否则不产生仓单法律效力。

②仓单是记名证券,应当明确记载存货人的名称及住所。

③仓单应明确详细记载仓储的品种、数量、质量、包装、件数和标记等物品状况,以便作为物权凭证,代物流通。

④仓单上应记载仓储物的损耗标准。损耗标准的确定对提取仓储物和转让仓储物中当事人的物质利益至关重要,也是处理和避免仓储物数量、质量争议的必要环节。

⑤仓单上应明确记载储存场所和储存期间,以便仓单持有人及时提取仓储物,明确仓单利益的具体状况。

⑥仓单上应记载仓储费及仓储费的支付与结算事项,以使仓单持有人明确仓储费用的支付义务的归属及数额。

⑦若仓储物已经办理保险的,仓单中应写明保险金额、保险期间及保险公司的名称,以便明确仓单持有人的保险情况。

⑧仓单应符合物权凭证的基本要求,记载仓单的填发人、填发地和填发时间。

3)仓单的转让

仓单的最重要特征是作为物权凭证的有价证券,具有流通性。《中华人民共和国合同法》第三百八十七条规定:"仓单是提取仓储物的凭证。存货人或者仓单持有人在仓单上背书并经保管人签字或者盖章的,可以转让提取仓储物的权利。"这一规定表明了仓单的可转让性及其法律要求。

(1)仓单作为有价证券,可以流通

流通的方式可以是转让仓单所记载仓储物的所有权,即转让仓单;还可以是按照《中华人民共和国担保法》的规定,以仓单出质,即以仓单设定权利质押,使质权人在一定条件下享有提取仓单所记载的仓储物的权利。

(2)仓单转让或者仓单出质,均须符合法律规定的形式,才能产生相应的法律效力

存货人转让仓单必须在仓单上背书并经保管人签字或者盖章,若只在仓单上背书但没有保管人签字或者盖章,即使交付了仓单,转让行为也不能生效。因此,背书与保管人签章是仓单转让的必要的形式条件,缺一不可。背书是指存货人在仓单的背面或者粘单上记载被背书人(即受让人)的名称或姓名、住所等有关事项的行为。保管人的签字或盖章则是确保仓单及仓单利益,明确转让仓单过程中法律责任的手段。存货人以仓单出质,应当与质权人签订质押合同,在仓单上背书并经保管人签字或者盖章,将仓单交付质权人,质押合同生效。当债务人不履行被担保债务时,质权人就享有提取仓储物的权利。

4.2 供应链金融

4.2.1 供应链金融的内涵

1)供应链金融的定义

供应链金融的产生最早可以追溯到公元前 2400 年的美索不达米亚地区,当时该地区的农业十分发达,一些存储的设施以及分级系统已经很常见,为了方便进行交易,当时就已经出现了"谷物仓单"以及以该仓单为标的的相应配套借贷行为,这可以说是历史上最早的供应链金融。现代供应链金融起源于 20 世纪 80 年代,是在国际大型企业全球布局供应链、中小企业融资开始出现瓶颈、金融机构的产品创新以及物流业快速发展的大背景下产生的。目前各国的学者和机构对其从不同角度有不同的看法,并没有统一的定义。

国内关于供应链金融定义的普遍观点认为供应链金融重新梳理了核心企业和中小企业之间的关系,并形成了"1+N"的供应链融资模式。这里的"1"是指供应链上的核心企业,"N"是指供应链上为核心企业做配套的中小企业,包括供应商、经销商等。作为"1"的核心企业资本实力强、规模大,在行业中竞争力强、信贷违约风险小,因此银行视此类客户

为优质客户,乐于向其提供大规模的资金支持;而作为"N"的众多中小企业,其规模较小、实力不强,若作为单一的贷款主体,通常因不能满足银行的财务指标要求而不能获得资金支持。"1+N"模式即将核心企业和中小配套企业统一起来,着眼于整个供应链,从核心企业出发,剔选出与其具有真实贸易背景、合作稳定的中小企业,将核心企业和中小企业捆绑起来,成为利益共同体,并将核心企业的信用输入整个供应链,使原本不符合银行授信要求的中小企业能够获得贷款。供应链金融也使得资金不再过度流向核心企业,而是更加合理地流向整个供应链的上中下游,使得为核心企业服务的中小企业也能得到信贷支持。

2)供应链金融的特点

供应链金融是在供应链当中寻找一个规模大、信用水平高的核心企业,然后将核心企业的信用引入整个供应链,为上下游中小企业提供融资服务。

(1)主要服务对象是供应链中与核心企业有稳定业务往来的中小企业

供应链金融是以供应链为基础,根据供应链的特点为供应链成员提供包括贷款、结算、财务管理等相关的金融服务。相对于大型的企业而言,中小企业规模较小、资信程度较低、自有资金较少,但融资需求较强、融资成本较高、获取资金的渠道也较少,通过借用核心企业的信用,以及与核心企业的真实贸易为背景,运用供应链金融的服务,能有效帮助中小企业以相对低廉的成本获得所需贷款,缓解资金流动性差的问题。一般而言,核心企业自身资信好,实力雄厚,资金来源广,是银行等金融机构所追捧的客户,自身并没有融资困难的问题。因此,供应链金融的主要服务对象是供应链上下游的中小企业。

(2)将银行的信用引入供应链的商业合作中,提高了供应链的运作效率和竞争能力

将银行的信用引入供应链的商业合作中,增强了整个供应链的商业信用和稳定性,促使上下游中小企业与核心企业建立起长期稳定的战略合作关系,提高了整条供应链的运作效率和竞争能力。

(3)改变了对中小企业授信的风险评估方式

传统授信模式中,银行是以融资企业的主体信用水平、资产水平、经营规模、盈利能力等作为授信考查指标,一般供应链中的中小企业很难达到银行的标准,因此很难通过传统融资方式获得贷款。而在供应链金融模式中,银行等金融机构考查的对象不再是单个融资企业自身情况,而是把整个供应链及其交易的风险等情况作为考查对象,考查的内容包括核心企业的资金实力、规模大小、信用等级,以及中小企业与核心企业贸易的真实性和稳定性等。

(4)具有贸易自偿性,还款有保证

自偿性贸易强调贸易背景真实、交易对手实力雄厚、资信良好、贸易活动连续且稳定,是以企业未来相对确定的销售或者贸易收入作为直接的还款来源。银行通过设置封闭的贷款操作流程以及单据控制来保证资金运用到指定的方向,并对整个贸易过程进行资金流、信息流、信物流的全方位的控制。

4.2.2　供应链金融的主体

供应链金融的资金来源呈现出多元化的特征,主要包括商业银行主导、核心企业主导、物流企业主导3种模式。

1)商业银行主导模式

商业银行主导模式是一种常见且传统的形式。银行得到了供应链总核心企业的信用支持,为上下游的中小企业提供资金支持。在供应链交易的各个环节,商业银行可以根据预付账款、存货、应收账款等动产设计相应针对上下游中小企业的供应链金融模式。

商业银行主导模式有以下几个明显的优势。首先,银行具有稳定、低成本、大规模获取资金的能力,有丰富的客户资源。其次,商业银行有着丰富的风险管理经验,有着较强的风险控制能力,有能力提供跨行业的供应链金融服务。最后,银行的专业性确保了银行可以深入产业链的底层。这些专业人才将会为银行提供较为准确的贸易信息,以便银行开展金融业务。

然而商业银行主导模式同时也存在着一些局限。第一,对于商业银行来讲,这一模式的最大局限在于银行对整条供应链缺乏实际掌控力,不能准确实时地掌握供应链贸易的物流、商流、资金流和信息流,因此银行不能成为供应链的核心,掌握的数据也较为被动。第二,由于供应链上的中小企业较多,其需求也不尽相同,而商业银行并不能满足不同中小企业的不同需求。第三,商业银行有一系列的审批流程,时间较长,也较为复杂,因此有时也并不能满足供应链对资金的需求速度。

商业银行主导模式的代表是平安银行(原深圳发展银行)。在2003年,平安银行提出了当时较为创新的"1+N"供应链金融业务模式;经过三年的摸索与发展,在2006年,平安银行正式推出了"供应链金融"服务;2008年,名为"赢动力"的供应链金融产品问世;2012年12月全新推出"供应链金融2.0"模式;2014年6月平安银行橙e网正式上线,打造成为服务经销商、物流企业、中小企业的一体化综合金融服务平台。根据橙e网最新披露,目前网站入驻的企业用户有33.4万家,注册用户56.5万人,引入保理商150多家,计划三年内为中小企业应用电子商务提供互联网金融专项融资扶持2 000亿元。

2）核心企业主导模式

供应链作为一个整体，上下游中小企业的融资难的问题都会给该供应链的核心企业带来不稳定的因素，由此，核心企业也在尝试着供应链金融的业务。核心企业主导模式是指核心企业利用所掌握的上游供应商和下游销售商的信息流、物流、资金流等详细信息，以及由长期业务合作和资金往来掌握的上下游企业的经营状况，通过下设的商业保理公司、融资租赁公司、小额贷款公司等为上下游企业提供供应链金融相关业务服务，而商业银行或者 P2P 平台则直接对接核心企业，为核心企业提供资金支持或者其他的金融业务服务。

核心企业主导模式有以下三点优势：第一，由于核心企业长期处于该产业链，积累了大量的行业经验和真实的交易数据，所以在一定程度上规避了信息的不对称性，使其开展的供应链金融业务的精确度更高，效率也更高。第二，由于长期的业务往来和贸易资金往来，核心企业对上游的供应商和下游的销售商的经营规模和经营状况相对熟悉，这也大大降低了对中小企业融资的前期风控的成本。第三，核心企业一般是较大的企业，有着较为丰富的产业经验，通过有效的财务运作，使其能够具有融资优势，并且贷款的门槛较低。

凡事均有两面性，该主导模式有相对明显的优势，也有较为显而易见的缺点。首先，由于核心企业长期处于产业链中，企业内部缺少供应链金融的专业人士，缺少信贷风险控制的相关经验，这使得核心企业在开展供应链金融业务时具有相当大的操作风险。其次是资金来源问题。核心企业开展供应链金融服务的前期资金来源主要是自由资金和商业银行的授信，所以规模相对受限。而后期随着系统的建立和运营，需要大量的资金支持，核心企业需要在未来引入专业金融服务公司或对接引入 P2P 平台等多元化的资金来源。

目前我国如海尔集团等纷纷建立了保理子公司、融资租赁公司、投融资平台等。海尔集团作为全球知名和技术领先的家电制造商，长期以来积累了大量的客户资源，自由资金也相对丰富，海尔集团成立了互联网投资理财平台"海融易"。目前已经与海尔集团 2 万多家网点建立起全国协同网络，线上交易量超过了 35 亿元，注册用户将近 145 万。"海融易"平台上的供应链金融业务占到平台交易量的一半以上。到目前为止，"海融易"平台已经推出优选计划"融易发"、票据理财"小金票"、产业链投资"海赚"、产业链债权转让"小金链"、新客专享、预付款理财、VIP 专区七大理财类产品。

3）物流企业主导模式

物流是线下闭环中的最为重要的一个环节。物流企业对整个供应链来讲起着至关重要的作用，对整个供应链的平稳发展至关重要。物流企业主导模式是指物流企业在精确控制抵押物的基础上，为上下游企业提供融资服务，与此同时，获得物流服务收入与金融服务收益。物流企业通过下设商业保理公司、融资租赁公司、小额贷款公司为上下游企业提供供应链金融相关业务服务，而商业银行或者 P2P 平台则直接对接物流企业，为物流企业提供资金支持或者其他的金融业务服务。这与核心企业主导模式很相似。

物流企业主导模式的优势有两个：一是物流企业对整个供应链有着完整的控货能力，尤其是在以存货质押为主要形式的供应链金融中具有绝对的优势。二是物流企业切入供应链金融领域开辟了新的增值业务，例如质押物担保授信等，带来了新的利润增加空间，同时也搭建了银行和企业之间的合作桥梁。

物流企业主导模式也具有以下几个局限性：首先，我国在物流行业并没有标准的运输和库存规范，而物流企业的规模参差不齐。其次，物流企业对资金流和信息流的掌握力较弱，而四流合成的闭合需要强大的资源整合能力和资金实力。最后，中国大多数物流公司的配送网络还不完善，难以满足商业银行对货物等的实时监管、快速反应的严格要求。

与核心企业不同，虽然物流企业也越来越多地充当供应链金融的资金管理者的角色，但这很大程度上依赖物流企业的规模和实力，也对物流企业的配送体系、仓储、信息管理体系、资金运行能力等要求严格。我国的物流行业环境复杂混乱，实力雄厚的物流企业毕竟为少数，其他的中小物流企业的网络系统不完善、资金不足等局限。因此，随着物流企业主导模式的发展，会使得中小物流公司在业务发展方面受到排挤，使其市场空间受到挤压，竞争压力也越来越大。

4）三种主导模式的对比分析

（1）运作优势

物流企业主导模式中，依靠其强大的物流网以及实时准确的物流信息和货物状态，作为供应链的协调者，能够充分了解客户对资金的需求并灵活调整信贷额度。另一方面，该模式与客户结算后交出货物的控制权，这也有效地避免了赊账的风险。核心企业主导模式中，其依靠丰富的行业经验和客户源，提供具有竞争力的融资利率。而商业银行具有稳定、低成本、大规模获取资金的能力，有强大的信息平台，在资金运作方面有专业的金融人才更容易掌握风险。

（2）信息掌握

物流企业模式中，物流企业实时掌握着物流信息，而商业银行相对掌握的信息就较为被动，并不能积极和实时有效地掌握物流、信息流、资金流，因此商业银行主导模式信息掌握的能力相对较弱。核心企业主导模式中，由于核心企业有着中间纽带的作用，所以能够掌握准确的贸易数据和信息。

（3）主要适用对象

由于商业银行有着灵活的资金和强大的服务平台，经验较为丰富，风控能力较强，所以商业银行主导模式适用的对象较为广泛,如各个领域的大型公司、有竞争优势的中小型企业。而核心企业主导模式和物流企业主导模式适用对象较窄,一方面是由于这两种模式的资金链并没有商业银行成熟;另一方面,受到业务范围的限制,这两种模式一般适用于供应链上下游企业和在其领域内长期合作的企业。

4.2.3 供应链金融的模式

依据中小企业在不同的阶段对融资的不同需求,供应链金融主要有 3 种融资模式:应收账款融资模式、存货质押融资模式、预付账款融资模式,为中小企业解决不同阶段的资金流动性不足的问题。

1) 应收账款融资模式

企业将生产的产品对外出售时,由于下游核心企业具有较强实力,延迟付款,从而产生大量应收账款。流动资金中应收账款占比较高,而且下一环节生产投资需要支付,因此企业资金出现缺口。此时,企业可以将应收账款等流动资产作为担保,同时下游核心企业提供反担保,在中小企业不能及时还款时,承担相应的还款责任,在这一融资模式下金融机构的贷款风险将大大降低。

应收账款融资模式的参与主体有上游中小供应商,其作为债权企业;核心企业,其作为债务企业;以及银行。核心企业在长期的合作中,对中小企业有所了解,愿意为中小企业提供信用担保,并向银行承诺履行到期付款的义务;银行在核心企业的信用担保之下,以应收账款的债权作质押物,为中小企业提供融资服务;中小企业按期向核心企业提供保质保量的产品,提前获得企业生产经营所需流动资金,保证生产经营顺利进行以及供应链持续稳定地运转,并且将核心企业延期付款的风险转嫁给了银行。在这种模式下,由于核心企业对中小企业提供了担保,因此,如果中小企业到期无法按约定还款,银行将对核心企业进行追偿,核心企业对银行的损失负有责任。虽然核心企业承担了一定的风险,但帮助中小企业解决融资瓶颈问题,促进中小企业的发展,能提高整条供应链的运营效率,提高核心企业的市场竞争力,是核心企业最终想达到的目的。该模式下,商业银行通过与核心企业上下游企业提供金融服务,间接与核心企业建立关系,为日后与核心企业直接提供金融服务打下基础。在核心企业的担保下,商业银行为中小企业贷款的风险降低了,以前不愿意贷款的中小企业如果与核心企业有长期稳定的合作关系,商业银行也能为其提供贷款,扩大了商业银行的客户群。

2) 存货质押融资模式

一般发生在企业向原材料供应商结清货款和采购原材料进行生产半成品和产成品期

间。生产期间,企业资产大部分以存货形式存在,占用大量流动资金,出现流动资金短缺现象。因此,中小企业可以将持有的原材料、产成品等存货向银行等金融机构作质押,借助核心企业担保,获取资金支持。

在存货押融资模式下核心企业的参与并不是必需的,核心企业可以选择为中小企业进行担保,同时也可以不为中小企业提供担保。在核心企业提供担保的模式下,银行以核心企业信用为基础,为需要融资的企业提供贷款;在核心企业不提供担保的情况下,银行以融资企业的物权为基础,为需要融资的企业提供资金支持。当然,有核心企业的担保,中小企业获得银行的贷款的可能性更大且融资成本更低。

在供应链的背景下,存货融资模式为中小企业融资开辟了新渠道,中小企业可以将以前银行不太愿意接受的动产转变为质押物,通过第三方监管从银行获得贷款。这一融资模式,融资数量灵活,门槛低,融资金额与按质押率折算后的存货价值相等,能有效解决中小企业融资难的问题,有助于提高中小企业资金利用率。虽然存货交于第三方物流监管要支付一定的管理费用,但第三方物流的监管能减少企业的管理和失窃损失,而且专业物流公司的管理水平比一般中小企业的仓储管理水平高,能提高中小企业物流管理水平。这一模式还为物流企业创造了新的利润来源,物流企业除了传统的货运、仓储业务外,还参与到了银行融资业务中来,扩大了业务范围,在帮助企业获得银行贷款的过程中,加强了与企业的合作,为日后开展新业务提供了便利。银行在与第三方物流合作的过程中,解决了质押物监管困难的问题,有助于实现信贷风险控制的目标,并且能够通过第三方物流公司的信息在物流公司的客户群中选择潜在客户,开拓新客户。

3)预付账款融资模式

企业根据提前制订的生产计划,购买生产所需要的各种原材料时,上游的供应商依据自身对原材料的优势地位,进而要求企业尽快给予付款,而此时由于企业自有的资金十分有限,并不能满足原材料采购所需要预先支付的金额要求,就可以采用预付账款的融资模式。凭借预付账款项目下的在途物资以及库存商品,请求核心企业提供担保,并承诺如果出现违约情形,上游的核心企业将会对货物进行回购。第三方物流企业根据实际情况负责评估监管的抵押或质押货物,金融机构根据下游的中小企业销售回款情况逐步通知第三方物流企业释放抵押或质押货物,最终融资企业通过多次付款多次提货,进而缓解一次性支付全部货款的压力。

在预付账款融资模式下,下游中小企业凭借与核心企业签订的购销合同向银行申请专门用于支付核心企业货款的贷款,银行对核心企业及供应链进行资信审核和风险评估,通过评估后,银行与核心企业签署回购协议,确保下游中小企业无法还款的情况下,核心企业可以通过回购货物偿还贷款。同时,银行需要与第三方物流企业签署仓储监管协议,委托第三方物流监管预付款购买的货物,配合银行和中小企业进行融资,确保货物仓储期间的质量和数量,以及分批发货等事项。该模式下中小企业不必一次性全额付款给核心企业,可以分批向银行还款,分批提取货物,有效缓解了中小企业资金压力,以及仓储问题。核心企业虽然承担了回购的义务,但是通过这种方式扩大了产品的销售规模,加深了与下游分销商的合作;商业银行在这种模式下使用的承兑汇票有核心企业承担连带责任并以物权为保证,进一步降低了银行的风险。

4.3　物流标准化

4.3.1　物流标准化的内涵

1)物流标准化的定义

物流标准化是指在包装、装卸、运输、储存、保管、流通加工、资源回收及信息管理等环节中,对重复性事物和概念通过制定发布和实施各类标准,达到协调统一,以获得最佳秩序和社会效益的目的。

2)物流标准化的作用

(1)物流标准化是实现物流管理现代化的重要手段

物流系统从生产的原料供应,生产出产品,经流通到消费,直到回收再生,是一个综合的大系统,分工越来越细,要求这个系统高度社会化。因此,要使整个物流系统形成一个统一的有机整体,从技术和管理的角度来看,物流标准化起着纽带作用。只要在物流系统的各个环节制定标准,并严格贯彻执行,就能实现整个物流系统的高度协调统一,提高系统的管理水平。经国务院批准发布的国家标准《全国主要产品分类与代码　第1部分:可运输产品》(GB/T 7635.1—2002),使全国产品名称及其表示代码有了统一的依据。过去统一物品在生产领域和流通领域的名称及计算方法互不统一,现在有了统一的标准,则有利于建立全国性的经济联系,为物流系统的信息交换提供了必要条件。集装箱是提高物流效益的重要手段,它与运载车辆、船舶,甚至飞机都有关,也与装卸工具有关,还与被装运的物品规格大小有关,只有与它相关的机具相互配套,并制定相关标准,才能使集装箱发挥应用。

（2）物流标准化是物资在流通中的质量保证

物流活动的重要任务是把工厂生产的合格产品保质保量并及时地送到用户手中。物流标准化对运输、包装、装卸、搬运、仓储、配送等各个子系统都制定了相应标准,形成了物流的质量保证体系,只要严格执行这些标准,就能将合格的物资送到用户手中。

（3）物流标准化是消除壁垒,促进国际贸易发展的重要保障

在国际贸易中,由于各国或地区标准不一致,已成为重要的技术壁垒,影响了一个国家的进口或出口。因此,必须在运输工具、包装、装卸器具、仓库、信息,甚至资金结算等方面采用国际标准,实现国际统一化,才能使国际贸易得到更快的发展。例如,集装箱的尺寸规格与国际上不一致,就会产生与国外的物流设施、设备、机具不配套,使运输、装卸、仓储都发生困难,从而影响物资的出口。又如"无纸张贸易"将商品销售与生产厂家之间的一系列活动的时空减小到最低限度,没有标准化作保证,则"无纸张贸易"是很难实现的。

（4）物流标准化是降低物流成本、提高经济效益的有效途径

整个物流实现标准化以后可以实现一贯到户式的物流,可以加快运输、装卸搬运的速度,降低暂存费用,减少中间损失,提高工作效率,因而可获得直接的或间接的经济效益,否则就会造成经济损失。例如,我国铁路与公路两个交通部门由于集装箱没有实现统一标准,双方在运输转换时要增加一项倒箱工作,为此每吨货物要增加 1 元的费用,相当于火车 30 千米以上的运费。从全国范围来讲,损失是巨大的。可见物流标准化的经济效益非常显著。

（5）物流标准化是我国物流企业进军国际物流市场的通行证

物流标准化已是全球物流企业提高国际竞争力的有力武器。我国物流企业在物流标准化方面仍十分落后,面临加入 WTO 带来的物流国际化挑战,实现物流标准的国际化已成为我国物流企业开展国际竞争的必备资格和条件。

3) 物流标准化的特点

物流标准化指的是以物流为一个大系统的标准化体系,包括系统设施、机械专用工具等各个分系统的技术标准;系统内各分领域如包装、装卸、运输等方面的工作标准;以系统为出发点,各分系统与分领域中技术标准与工作标准的配合性,按配合性要求,统一整个物流系统的标准;物流系统与其他相关系统的衔接与配合;等等。

物流标准化的特点主要有以下几个方面。

（1）涉及面广,对象多样

和一般标准化系统不同,物流系统的标准化涉及面更为广泛,其对象也不像一般标准化系统那样单一,而是包括了机电、建筑、工具、工作方法等许多种类。虽然处于一个大系统中,但缺乏共性,从而造成标准种类繁多,标准内容复杂,也给标准的统一性及配合性带

来很大困难。

（2）属于二次系统

物流标准化系统是属于二次系统,这是由于物流及物流管理思想诞生较晚,组成物流大系统的各个分系统,过去在没有归入物流系统之前,早已分别实现了本系统的标准化。并且经多年的应用,不断发展和巩固,已很难改变。在推行物流标准化时,必须以此为依据,个别情况固然可将有关旧标准化体系推翻,按物流系统所提出的要求建立新的标准化体系,但通常还是在各个分系统标准化基础上建立物流标准化系统。这就必然从适应及协调角度建立新的物流标准化系统,而不可能全部创新。

（3）物流标准化要求体现科学性、民主性和经济性

科学性、民主性和经济性,是标准的"三性",由于物流标准化的特殊性,必须非常突出地体现这三性,才能搞好这一标准化。科学性的要求,是要体现现代科技成果,以科学实验为基础,在物流中,则还要求与物流的现代化(包括现代技术及管理)相适应。

4.3.2　我国物流标准化的现状

为了做好标准的应用和推广工作,让标准的使用方了解标准,中国物流与采购联合会标准工作部、全国物流标准化技术委员会秘书处完成 2018 版《物流标准目录手册》的编制和更新工作。《物流标准目录手册》收集了我国 2018 年 6 月 30 日前已颁布的现行物流国家标准、行业标准和地方标准目录共计 1 093 项。按其内容分为基础性标准、公用类标准、专业类标准和标准化指导性文件四大部分,在每部分中又按基础性标准、物流装备、物流技术、物流服务及管理、物流信息进行分类。

1）基础性物流标准

基础性物流标准包括物流术语、导则、物流标识与标志等标准。

（1）39 个物流术语

物流术语包含物流活动中的物流基础术语、物流作业服务术语、物流技术与设施设备术语、物流信息术语、物流管理术语、国际物流术语及其定义。

（2）7 个导则

导则包括信息分类和编码的基本原则与方法、管理体系审核指南、卓越绩效评价准则实施指南、物流公共信息平台应用开发指南(第 1 部分:基础术语)、物流公共信息平台应用开发指南(第 2 部分:体系架构)、物流管理信息系统应用开发指南和质量管理体系要求。

（3）14 个物流图形符号与标志

物流图形符号与标志包括危险货物包装标志、包装储运图示标志、运输包装收发标志、标志用公共信息图形符号（第 3 部分：客运与货运）、包装图样要求、道路运输危险货物车辆标志、化学品分类和危险性公示通则、国际贸易用标准运输标志、包装回收标志、铁路车辆标志、仓单要素与格式规范、航空货运设备集装器操作系统图形符号、货物航空运输标记的标志、多式联运运载单元标记。

2）公用类物流标准

（1）37 个综合类标准

综合类标准包括 5 个分类相关标准、6 个评价相关标准、5 个指标体系相关标准、2 个物流从业人员职业能力要求标准、4 个质量相关标准、2 个等级相关标准、大宗商品电子交易规范、企业物流成本构成与计算、物流中心作业通用规范、供应链管理（第 1 部分：综述与基本原理）、企业现场管理准则、物流服务合同准则、企业诚信管理体系、物联网标准化工作指南、港口危险货物经营企业安全生产标准化规范、民航国内货运简化联运开账数据规范、流通企业食品安全预警体系、商贸物流园区建设与运营服务规范。

（2）物流设施设备标准

物流设施设备标准包括 16 个货架相关标准、10 个仓库相关标准、3 个货运场站相关标准、30 个托盘相关标准、6 个叉车相关标准、22 个集装箱袋相关标准、20 个装卸搬运设备相关标准、14 个搬运设备相关标准、28 个包装设备相关标准、19 个运输设备相关标准。

（3）物流技术、作业与管理标准

物流技术、作业与管理标准包括 6 个仓储相关标准、14 个装卸搬运设备相关标准、18 个包装设备相关标准、22 个运输相关标准。

（4）物流信息标准

物流信息标准包括 21 个单证相关标准、57 个编码相关标准、33 个信息系统相关标准、65 个报文相关标准、15 个信息交换相关标准。

3）专业类物流标准

专业类物流标准包括农副产品/食品冷链物流标准、其他农副产品/食品物流标准、汽车物流标准、医药物流标准、家电物流标准、煤炭物流标准、粮油物流标准、邮政物流标准、出版物物流标准、烟草物流标准、木材物流标准、进出口物流标准、化工和危险货物物流标准、酒类物流标准、钢铁类物流标准、应急物流标准、棉花物流标准、其他物流标准等相关标准。

4）标准化工作指导性文件

标准化工作指导性文件包括11个标准化工作相关标准，5个标准编写规则相关标准，2个标准中特定内容的起草相关标准，4个图形符号相关标准，4个服务业组织标准化工作指南相关标准，3个统计学词汇及符号相关标准，4个术语工作相关标准，4个服务标准相关指南，有关量、单位和符号的一般原则，标准体系构建原则和要求，企业标准体系表编制指南，技术文件用图形符号表示规则，标准中融入可持续性的指南。

［案例导入］ 顺丰的供应链金融模式

顺丰是目前国内领先的快递物流综合服务商，其基于物流、融通金融、流通商业而发展服务，涉及快递服务、冷运服务、仓储服务、财富管理、资产管理等业务。顺丰自成立之日起，除了为客户提供基本的物流快递业务外，还不断地挖掘潜在客户，了解不同层次的客户需求，利用其丰富的客户资源，为客户提供多样的、一体化的综合物流服务。与此同时，顺丰还是一家具有独特网络规模优势的智能物流运营商。顺丰的物流网络，遍及全球，形成了"天网+地网+信息网"三网合一的物流服务网络。

2015年，顺丰集团组建了金融服务事业群。在顺丰庞大的物流系统中，主要成员分别有顺丰速运、顺丰仓配、顺丰供应链以及顺丰家。信息流和资金流也是不可或缺的。其中，构成信息流和资金流系统的主要包括过往的交易数据、支付交易数据、物流系统信息以及征信引入的数据。商流也是其重要组成部分。商流包括顺丰优选、顺丰海淘等。物流、信息流、资金流、商流的整合，为顺丰发展供应链金融奠定了良好的基础。目前，顺丰的供应链金融模式已基本形成，包括仓储融资、保理融资、订单融资和顺小贷4种模式。

（1）基于货权的仓储融资

2015年3月，顺丰正式推出仓储融资服务。顺丰的仓储融资服务是指在对客户进行信用评级的基础上，将客户存放在顺丰仓和监管仓中的商品作为抵押，以此获得质押贷款。这种方式在某种程度上解决了客户的临时借款之需，让客户在分仓备货的同时享有灵活的信贷额度，操作过程简便，随借随还，增加了商品的流动性。根据企业的规模、发展情况、信用度和商品的品质等情况，顺丰给予商家的贷款额度为100万~3 000万元。

（2）基于应收账款的保理融资

顺丰在应收账款的保理融资方面，主要是针对顺丰的上游供应商而言的。具体是指以顺丰控股与供应商签订的货物购销合同为基础，将供应商对顺丰控股的应收账款全部买断，为上游供应商提供资金支持的融资服务。应收账款保理融资一方面可以缓解上游供应商融资难的状况；另一方面也解决了供应商应收账款周期太长的问题。

（3）基于客户经营条件与合约的订单融资

顺丰订单融资的主要对象是与顺丰多次合作、信用度高的长期客户。具体是指当客户方订单生成之后，客户会将订单信息上传到顺丰融资平台，顺丰控股会代办材料采购、资金支付结算、仓储以及交货等全部业务。也就是说，顺丰控股是客户提交订单后，订单的主要控制人，根据订单信息，为客户提供全面、便捷的服务。顺丰的这种供应链金融模式通过与客户进行合作，结合不同的风险缓释手段，解决了客户流动资金不足、不敢接单的问题，给客户提供了新的发展机会。

（4）基于客户信用的顺小贷

根据融资客户以往的信用记录和经营情况，顺丰为从事商品销售的实体经销商、电商等客户提供范围为 5 万~100 万元的信用贷款服务，解决客户短期的资金周转问题。

（5）总结

根据以上分析，4 种供应链金融模式在服务对象、服务条件以及贷款额度方面存在着不同之处，为顺丰与供应商、顺丰与客户提供了新的合作方式，也是顺丰紧跟大方向的必然选择。

（资料来源：张文娟，卢长利.顺丰的供应链金融模式与风险控制［J］.市场周刊，2018（8）：15-16.）

≫案例讨论

1.顺丰的供应链金融模式与 UPS 供应链金融模式的异同点有哪些？

2.顺丰开展供应链金融服务的风险有哪些？如何防范？

≫复习思考题

1.找一个仓库，了解仓库储存的商品及仓储合同，说明仓储合同的适当性。

2.调研一家已开展供应链金融业务的 3PL 企业，分析其供应链金融的主要模式和服务对象。

3.对比物流发达国家的标准化现状，分析我国物流标准化的主要问题及解决对策。

第 5 章

库存控制

本章导读:

- 深入了解传统库存控制策略及模型,并可解决实际问题。
- 了解供应链环境下的库存控制模型,对供应链下的库存控制模型有个总体的认识。

库存往往占用大量的资金,持有这些库存每年耗费的成本占产品价值的 20%~40%,因此,尽可能有效和精确地对库存进行控制具有重要的经济意义。不同的库存系统甚至对同一仓库的不同货物可能会采取不同的库存控制方法。库存控制重点集中于 3 个问题:采取何种订货策略(确定如何订货)、订购量的确定及何时订货。

5.1　传统库存控制策略与决策模型

5.1.1　基本库存控制策略

对库存控制而言,决定何时补货,以及决定每次补货数量的策略称为库存策略。目前,广泛采用的主要有以下几种补货策略。

1)定量订货库存控制方法[(s,S)策略)]

所谓定量订货控制方法是指当库存量下降到预定的最低库存数量(我们称之为订货点)时,按确定数量(该数量的计算在此后各章节中将予以介绍)进行订货补充的一种库存管理方式。我们有时将定量订货库存控制方法称为(s,S)库存控制策略,即对库存进行连续盘点,每当剩余库存量 x 下降至 s 时,则立即进行订货,补货量 $Q=S-x$,使其库存水平达到 S。其中,s 称为订货点(或称为最低库存量),S 称为最大库存水平。

定量订货库存控制方法的再订货点和订货量都是事先确定的,而检查时刻是连续的,需求量是可变的。

定量订货库存控制方法的主要缺点是它必须不断连续核查仓库的库存量,并且由于一种货物的订货可能在任何时刻发生,这种情况就使之难以把若干种货物合并到同一次订货中,由同一供应商来供应从而产生一定的费用节省。

定量订货库存控制方法的主要优点是库存控制的手段和方法相对清晰和简单,并且可对高价值货物的库存费用进行精确控制。

2)定期订货库存控制方法(t 循环策略)

另一种常用的库存控制方法就是定期订货库存控制方法。在定量订货控制方法中,订货间隔期是变化的,而每次订货数量保持不变;在定期订货库存控制方法中,却正好相反,即每次订货数量变化而订货间隔期不变,即每隔 t 时间补充货物,使库存水平达到 S。

定期订货控制方法常用于以下几种情况。

（1）生产或销售的需要

如有的超市固定商品的进货及商品上货架时间为每天早晨营业前的 90 分钟至 30 分钟。而在正常的营业期间，因为没有专门的人员进行商品的接收及验货，即使商品出现缺货，也需等到第二天早晨才能进货。于是对该超市商品的补货周期来讲是固定的，为一整天的时间。

（2）企业未建立自动化的库存连续盘点制度

在这类企业中，主要是由仓储管理员定期用手工操作方法检查各种存货的库存数量，以确定哪些存货库存已达到最低限额。

在定量库存控制下，补充订货在库存水平刚降到订货点时便进行订货，需要连续地和独立地处理库存物品。在定期库存控制系统下，往往是在同一时间对不同产品的剩余库存量进行检查，是不连续地和相关地对库存量进行控制。于是，对货物的补货即可同时进行，联合订购显然具有一些优点：因为不同物品可在一次订货中处理，于是可以降低订购成本；当购买总量超过一定的金额时，供应商可提供折扣；小件物品的联合运送可以降低运输成本。

3）定期定量订货库存控制方法

在多周期的订货模型中最常采用的就是 (t,s,S) 订货策略。所谓 (t,s,S) 订货策略就是每经过 t 时间检查剩余库存量 x，当剩余库存量 $x>s$ 时不补充，当剩余量 $x \leqslant s$ 时补充库存，补充量 $Q=S-x$，使其库存水平达到 S。其中，s 为最低库存量，S 为最高库存量。

我们注意到，无论采取以上哪种补货策略，都需要确定出各级仓库的最优期初库存水平 s 及 S，而根据当前的剩余库存量便能容易确定出最优的具体补货量 Q。定量与定期库存控制是库存控制的主要问题，在后面的内容中将进行详细讨论。

4）需求特性

需求随时间变化的特点在很大程度上决定了我们控制库存的方法。对需求特点的分类首先可分为确定性需求和随机性需求，其次可分为持久性需求和一次性需求。

所谓确定性需求是指未来需求可看作确定的，或需求速度为一常数。虽然该假设条件相对苛刻和绝对，但事实上，在很多种情形下中断对产品的需求是可看作近似满足该条件的，如市场对日常用品的需求及产量、相对恒定的流水线对配件的需求等。在确定需求的假设下，对最优进货量的计算相对要简单，一些著名的库存控制模型就是基于确定性需求的假设。

而随机性需求是指未来的需求是随机的、可变的。如考察一家电商场空调的销售量，可能某一天销售量为 5 台, 也可能是 8 台或 1 台也没有售出。从绝对意义讲, 任一产品未来市场的需求都是不确定的, 若其需求的波动性不可忽视, 则我们就需按随机性需求来处理。若需求量服从或近似服从某些已知的概率分布, 我们仍然可以分析研究其需求的规律, 进而确定合理的库存控制策略。

从另外一个角度分析需求的特点, 其中最常见的就是永远不断持续下去的需求, 即所谓持久性需求(Perpetual Demand)。尽管多数产品在生命周期的不同阶段需求都会有涨有落, 但很多产品的销售期都非常长, 从计划角度足以被看成是无限期的。

另一方面, 某些产品的需求特点有很强的季节性或呈现出一次性或尖峰性特征。例如, 报纸、宣传活动用品的需求就具有这种需求特点。

5.1.2 确定性需求的库存决策模型

所谓确定性需求是指需求量是确定的, 在本节中为简便计算, 假设需求速度为常量。对确定性需求的库存决策根据需求及供给的限制, 以下分几个不同的模型进行讨论。

1) 经济订购批量(EOQ)模型

本模型采用 t 循环策略, 并假设:

①用户的需求是连续均匀的, 需求速度 R 可看作常数;

②单位时间单位货物的库存费用为 C_1;

③不允许缺货, 即缺货费用 C_2 为无穷大;

④当存储量降至零时, 一经订货, 所订货可瞬间到货(即补货提前期很短, 可忽略不计);

⑤每次的订货量 Q 不变;

⑥订货费为常量 C_3。

经济订购批量(EOQ)模型库存决策的核心问题是决定每次补货的最优数量 Q。

库存量的变化情况见图 5.1。显然, 需求速度 R 越快, 每次的订货量应越大; 同样, 订货费用越高, 一次订货量越大越省。但库存费用的存在却要求平均库存(期初库存或订货量)越低越好。所以, 最优补货数量 Q^* 是根据需求速度求得的订货费用与库存费用之间的平衡。

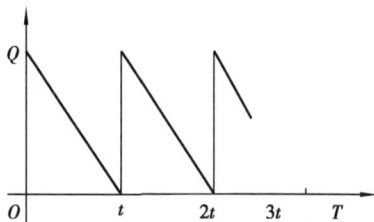

图 5.1 存储量的变化规律

不难看出, 该模型应每隔一相同时间 t(定期)来定购相同数量 Q(定量)的货物, 且有

$Q=Rt$。不妨取第一周期的库存费用来进行分析,在该模型中,因为不会出现缺货,故不必考虑缺货损失,设这里考虑的总费用由订货费、货物成本费(设单位货物成本为 K)与库存费所组成。费用曲线见图5.2。

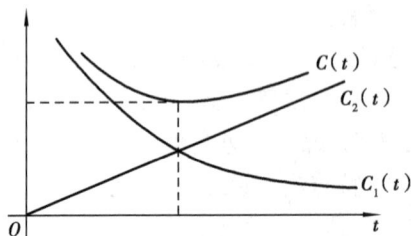

图 5.2　费用曲线

①t 时间内的平均订货费$C_1(t) = \dfrac{C_3}{t}$

②t 时间内的平均货物成本$C_2(t) = \dfrac{KQ}{t} = KR$

③t 时间内的平均库存费$C_3(t) = \dfrac{C_1 \cdot Rt \cdot t}{2t} = \dfrac{C_1 Rt}{2}$

所以,在 t 时间内的平均总费用为

$$C(t) = C_1(t) + C_2(t) + C_3(t) = \frac{C_3}{t} + KR + \frac{C_1 Rt}{2}$$

对上式求导,得

$$\frac{\mathrm{d}C(t)}{\mathrm{d}t} = -\frac{C_3}{t^2} + \frac{C_1 R}{2}$$

令$\dfrac{\mathrm{d}C(t)}{\mathrm{d}t} = 0$,于是有

$$t^* = \sqrt{\frac{2C_3}{C_1 R}}$$

即每隔t^*时间订货一次,可使平均总费用最为节省。t^*称为最佳订货周期。而最佳订货批量为

$$Q^* = R t^* = \sqrt{\frac{2C_3 R}{C_1}}$$

上式即为 1913 年由福特·哈里斯(F. W. Harris)提出的众所周知的基本经济订货批量(Economic Ordering Quantity,EOQ)公式。目前,在实践中广泛应用的许多库存控制决策方法都是以此公式为基础的。可注意到,最佳订货周期t^*和最佳订货批量Q^*是与 k 无关

的。所以，在以后的费用函数中一般不必考虑货物的成本。

2）经济生产批量模型

在 EOQ 模型中，当存储量降至零时订货，所订所有货物非瞬间到货（即补货提前期为零），而是开始生产，设生产速度 P 为常数（$P>R$），则最优生产批量为经济生产批量。

设到货持续时间为 T（图 5.3），在 $[0,T]$ 时间区间内，库存以 $(P-R)$ 的速度增加，在 $[T, t]$ 时间区间内，库存以 R 的速度递减，直至库存为零。在此，显然有

$$(P - R)T = R(t - T)$$

于是得

$$T = \frac{R}{P}t$$

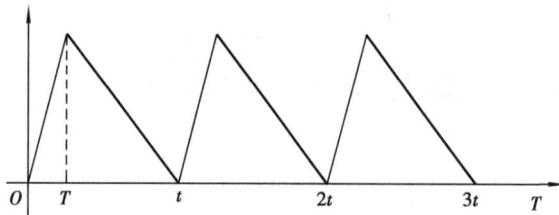

图 5.3　存储量的变化规律

经济生产批量模型不再考虑货物成本费，而 t 时间内的平均订货费 $C_1(t) = \dfrac{C_3}{t}$，平均库存费为

$$C_3(t) = \frac{\dfrac{1}{2}C_1(P - R)Tt}{t}$$

所以，在 t 时间内的平均总费用为

$$C(t) = C_1(t) + C_3(t) = \frac{C_3}{t} + \frac{C_1(P - R)Rt}{2P}$$

对上式求导，并令 $\dfrac{\mathrm{d}C(t)}{\mathrm{d}t} = -\dfrac{S}{t^2} + \dfrac{hD}{2}$，于是有

$$t^* = \sqrt{\frac{2C_3P}{C_1R(P - R)}}$$

t^* 为最佳订货周期。而最佳订货批量为

$$Q^* = Rt^* = \sqrt{\frac{2C_3RP}{C_1(P - D)}}$$

3）允许缺货模型

在经济生产批量模型中，若允许缺货，单位货物缺货费为C_2，同样设生产速度P为常数（$P>R$），现求最优订购周期及最优生产批量（见图5.4）。

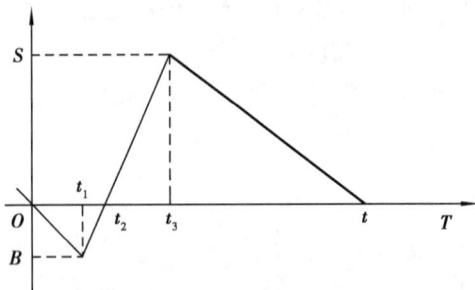

图5.4　存储量的变化规律

在$[0,t_1]$时间区间内，最大缺货量$B=Rt_1$，而在$[t_1,t_2]$时间区间内，最大缺货量$B=(P-R)(t_2-t_1)$，故不难由此解得

$$t_1 = \frac{(P-R)}{P}t_2$$

同样，在$[t_2,t_3]$时间区间内，最大存储量$S=(P-R)(t_3-t_2)$，而在$[t_3,t]$时间区间内，最大存储量$S=R(t-t_3)$，故不难由此解得

$$t_3 - t_2 = \frac{R}{P}(t-t_2)$$

故在一个周期$[0,t]$内：

① t时间内的平均订货费为$C_1(t)=\dfrac{C_3}{t}$；

② t时间内的平均缺货费为$C_2(t)=\dfrac{C_2Rt_1t_2}{2}$；

③ t时间内的平均库存费为$C_3(t)=\dfrac{C_1(P-R)(t_3-t_2)(t-t_2)}{2t}$。

所以，在t时间内的平均总费用为

$$C(t,t_2) = \frac{(P-R)R}{2P}\left[C_1t - 2C_1t_2 + (C_1+C_2)\frac{t_2^2}{t}\right] + \frac{C_3}{t}$$

令

$$\begin{cases} \dfrac{\partial C(t, t_2)}{\partial t} = 0 \\[3mm] \dfrac{\partial C(t, t_2)}{\partial t_2} = 0 \end{cases}$$

由此可解得

$$\begin{cases} t^* = \sqrt{\dfrac{2C_3}{C_1 R}} \cdot \sqrt{\dfrac{P}{P - R}} \cdot \sqrt{\dfrac{C_1 + C_2}{C_2}} \\[4mm] t_2^* = \left(\dfrac{C_1}{C_1 + C_2} \right) t^* \end{cases}$$

于是最佳订货周期为

$$t^* = \sqrt{\dfrac{2C_3}{C_1 R}} \cdot \sqrt{\dfrac{P}{P - R}} \cdot \sqrt{\dfrac{C_1 + C_2}{C_2}}$$

最佳订货批量为

$$Q^* = R t^* = \sqrt{\dfrac{2C_3 R}{C_1}} \cdot \sqrt{\dfrac{P}{P - R}} \cdot \sqrt{\dfrac{C_1 + C_2}{C_2}}$$

5.1.3　随机性需求的库存决策模型

在很多情况下对库存的实际需求并不是固定不变的常量,例如,某商场某型号冰箱一天的销售量可能是 10 台、5 台,也可能一台都卖不出去。显然,若准备的期初库存量正好等于需求量则最为理想,若期初库存量小于实际需求量则会造成失销费用,若期初库存量大于实际需求量则会造成商品价值损失或库存费用。虽然需求量是不确定的,但可以通过历史数据来统计分析其取值的分布规律,于是,可以借助于随机变量来描述及分析这种模型。

所谓随机性需求就是指需求量是随机的,其概率分布已知。在该情况下,在确定性需求假设条件下得到的模型已不再适用。若每天销售量所服从的规律是已知的,该如何制订库存控制策略,决定何时补充库存,补货量控制为多少等成为新的讨论课题。所以,需要研究在基于随机需求的条件下,库存量变化的新特点及建立新的模型。随机性库存策略的优劣,通常以库存费用期望值大小作为衡量的标准,追求的目标是该期望费用值的最小化。

对随机性需求的库存决策模型主要讨论一次性订货模型。一次性订货的特点是货物在该次订货后,不管销售期末的剩余库存为多少,都要全部处理掉,而不留待后期作为起始库存。许多实际存在的库存问题往往涉及时鲜产品或者一次性需求产品,如报纸、时装、新鲜水果、蔬菜、鲜花等。因为这些商品在销售期内市场的需求量通常是无法准确预测的,若进货量太少,显然很可能会丧失销售机会,但进货量太多,这些商品过期就要销毁或降价处理。为满足此类订购需求,需要根据其需求规律事先确定一次性最优订购数量。

1) 离散需求一次性订货模型

(1) 例 1:报童问题

报童每天销售报纸数量是一个随机变量,设销售量 r 的概率 $P(r)$ 根据以往的经验是已知的。另设报童每卖出一份报纸赚 k 元,如报纸未能售出,每份赔 h 元,问报童每天最好准备多少份报纸?

该问题即求报童的一次性订购报纸的最优数量,以使其一天的损失期望值最小(或求赢利的期望值最大)。

解:设报童订购的数量为 Q 份,根据市场的实际需求量情况,分别对以下两种情况进行讨论。

①市场的实际需求量小于或等于 Q(供大于求),则当天不能售出的报纸只能处理掉,其损失的期望值为

$$\sum_{r=0}^{Q} h(Q-r)P(r)$$

②市场的实际需求量大于 Q(供不应求),这是会因缺货而失去销售机会,造成缺货成本,其损失的期望值为

$$\sum_{r=Q+1}^{\infty} k(r-Q)P(r)$$

综合以上两种情况,故当报童订购的数量为 Q 时,损失的期望值为

$$C(Q) = \sum_{r=0}^{Q} h(Q-r)P(r) + \sum_{r=Q+1}^{\infty} k(r-Q)P(r)$$

要确定使上式取得最小值的最优订货量 Q^*,只需注意到 Q^* 的取值是离散的且应有以下两式成立

$$\begin{cases} C(Q^*) \leqslant C(Q^*+1) & (5.1) \\ C(Q^*) \leqslant C(Q^*-1) & (5.2) \end{cases}$$

由式(5.1)有

$$\sum_{r=0}^{Q^*} h(Q^*-r)P(r) + \sum_{r=Q^*+1}^{\infty} k(r-Q^*)P(r) \leqslant$$
$$\sum_{r=0}^{Q^*+1} h(Q^*+1-r)P(r) + \sum_{r=Q^*+2}^{\infty} k(r-Q^*-1)P(r)$$

将不等式两端的相同项约去,得

$$kP(Q^* + 1) \leqslant \sum_{r=0}^{Q^*} hP(r) - \sum_{r=Q^*+2}^{\infty} kP(r)$$

由于 $\sum_{r=0}^{Q^*} P(r) + \sum_{r=Q^*+1}^{\infty} P(r) = 1$,所以

$$k\left(1 - \sum_{r=0}^{Q^*} P(r)\right) \leqslant h\sum_{r=0}^{Q^*} P(r)$$

于是我们得到

$$\frac{k}{k+h} \leqslant \sum_{r=0}^{Q^*} P(r)$$

同理,由式(5.2)可得

$$\frac{k}{k+h} \geqslant \sum_{r=0}^{Q^*-1} P(r)$$

最后我们得到报童应订购的最优数量 Q^* 可由以下不等式确定

$$\sum_{r=0}^{Q^*-1} P(r) \leqslant \frac{k}{k+h} \leqslant \sum_{r=0}^{Q^*} P(r) \tag{5.3}$$

(2)例2

某书店销售某种挂历,已知每本挂历的进价为 22 元,售价为 35 元,年底若没有售出则处理价为 15 元,根据以往经验,销售数量服从一定的概率分布,其取值见表 5.1。

表 5.1　销售数量的概率分布

需求量 r/百本	2	3	4	5	6	7
概率 $P(r)$ $\left(\sum_{r=2}^{7} P(r) = 1\right)$	0.05	0.15	0.25	0.25	0.20	0.10

试求书店应该订购挂历多少本可使赚钱的期望值最大。

解:由题设,每售出 100 本挂历的利润 $k = (35-22)\times100$ 元 $= 1\,300$ 元;若挂历年底未能售出,每 100 本的损失 $h = (22-15)\times100$ 元 $= 700$ 元,于是

$$\frac{k}{k+h} = \frac{1\,300}{1\,300+700} = 0.65$$

显然

$$\sum_{r=0}^{4} P(r) = P(2) + P(3) + P(4)$$

$$= 0.05 + 0.15 + 0.25 = 0.45$$

$$\sum_{r=0}^{5} P(r) = P(2) + P(3) + P(4) + P(5)$$

$$= 0.05 + 0.15 + 0.25 + 0.25 = 0.70$$

故有

$$\sum_{r=0}^{4} P(r) < \frac{k}{k+h} < \sum_{r=0}^{5} P(r)$$

由式(5.3),于是得到书店最优的定购数量应为 500 本。

2)连续需求一次性订货模型

以上讨论的一次性订货模型假设需求数量是离散的,但若需求量可近似看作连续变化时,则可假设需求量服从连续型的分布,而连续型分布有较好的分析性质。

(1)理论推导

设某商品在某时期内的需求量 ξ 为连续性随机变量,其分布函数与分布密度函数分别为 $F(x)$ 和 $f(x)$,而销售该商品的单位利润为 k,未能售出商品的单位损失费为 h。若该商品的销售是一次性的,试求一次进货的最佳数量。

像求解离散型需求订货模型一样,通过分析库存系统的总损失期望值来求得最优的订货量。但对本模型,分析其总利润的期望值,同样可得出最优的订货量。

设 Q 为实际进货量(库存量),则本模型即求最优的进货量 Q^* 使得本次销售的期望利润最大。

显然由于实际需求量 ξ 的随机性,ξ 既有可能大于等于 Q,也有可能小于 Q。显然,当 $\xi \geq Q$ 时,商家的利润为 $Q \cdot k$,但当 $\xi < Q$ 时,商家的利润为 $\xi \cdot k - (Q - \xi) \cdot h$。设商家的利润为 Y,则

$$Y(Q) = \begin{cases} kQ & \xi \geq Q \\ k\xi - h(Q - \xi) & \xi < Q \end{cases}$$

于是有

$$EY(Q) = \int_0^Q [kx - h(Q - x)]f(x)\,\mathrm{d}x + \int_Q^\infty kQf(x)\,\mathrm{d}x$$

可以证明上式为凸函数,将上式对 Q 求导,并令其等于 0,则有

$$(k+h)Qf(Q) - h\left[Qf(Q) + \int_0^Q f(x)\,\mathrm{d}x\right] + k\left[-Qf(Q) + \int_Q^\infty f(x)\,\mathrm{d}x\right] = 0$$

于是得到

$$\int_0^Q f(x)\,\mathrm{d}x = \frac{k}{k+h} \tag{5.4}$$

上式的意义为,对计算得到的 $\frac{k}{k+h}$,通过查 $f(x)$ 的概率分布表即可得到相应的 Q 值,记以 Q^*,Q^* 即为求得的最优订货量。

（2）例题

某食品店每天要以 0.95 元/斤（注：1 斤 = 500 g）的成本制作豆制品若干，售价为 1.2 元/斤，但当天若没有售出，则只能在晚上 9 点下班前以 0.8 元/斤的价格处理掉。假设在该店每天该豆制品的销售量近似呈均值为 200、标准差为 40 的正态分布，试求食品店每天该豆制品的最优生产量。

解：首先，求得豆制品每斤的利润 $k = (1.2 - 0.95)$ 元 $= 0.25$ 元；若不能售出食品店，每斤的损失 $h = (0.95 - 0.8)$ 元 $= 0.15$ 元。于是，由式（5.4）得

$$\int_0^Q \Phi(x)\mathrm{d}x = \frac{0.25}{0.25 + 0.15} = 0.625$$

其中，$\Phi(x)$ 为均值为 200、标准差为 40 的正态分布函数，所以有

$$P\{\xi \leq Q\} = F(Q) = \Phi\left(\frac{Q - 200}{40}\right) = 0.625$$

其中，$\Phi(x)$ 为标准正态分布函数。经查标准正态分布表

$$\Phi(0.32) = 0.625$$

所以得到最优生产量为

$$Q^* = 200 + 40 \times 0.32 = 212.8$$

5.2 供应链环境下的库存控制模型

5.2.1 基于产品需求特性的库存控制模型

1）复杂产品需求模式下的库存建模

对复杂产品需求模式下的库存建模，常用的建模方法包括：随机过程和微分方程、概率论、模糊数学以及概率论和时间序列分析等。在供应链管理环境下，消费者需求的不确定性和复杂性日益增加，建立或拟合某种环境中某类产品的需求模式已经成为建立库存成本模型的前提。目前，对复杂产品需求模式库存建模的研究主要集中在易变质产品需求模式、随机需求模式、模糊需求模式和不平稳需求模式 4 个方面。例如，Baker RC 和 Urban TL 最早将易变质品的需求描述为库存水平的函数，黄会然将易变质品的需求描述为时间的函数，而 Giri BC 和 Chaudhuri KS 则进一步将易变质品的需求扩展为瞬时库存水平的函数；Reyniers 提出了一种在不确定条件下求解报童问题的高—低搜索算法，寻找在

需求最不利的条件下使期望利润最大的订货量;Sne A 则研究了低运费需求和高运费需求两种需求模式下的报童问题,并对价格的上升和下降两种情况进行了分析,给出了最优订货量的边界。

2) 多产品环境下的库存建模

多产品环境下的库存建模主要采用概率论和数学规划、数值方法和优化方法等。目前,对多产品环境下库存建模的研究主要集中在多产品的联合补给问题和具有替代性的多产品库存问题两个方面。对于多产品联合补给问题,Axsater S 依据平均成本最小原则,用迭代方法求解出了某产品与参考产品订货周期相比的最佳订货周期。Roundy R 和 Muekstade JA 提出了一种98%的逼近算法。Wildeman RE 等则进一步提出了一种能以任意小的偏差逼近最优值的算法。在不确定需求下,Abuo-EI-Ata MO 等研究了带有可变订货成本和零提前期的概率多产品库存模型。此外,研究具有替代性的多产品库存问题也一直是很有挑战性的研究方向之一。Bassok Y 等对具有替代性的单周期检查的多产品库存模型进行了研究,给出了一个两阶段的利润最大化公式,描述了一般的 n 个产品在任意初始库存前提下的完全下降替代性需求问题的最优策略结构。

3) 多周期环境下的库存建模

多周期环境下的库存建模主要采用动态规划、技术经济学和概率论等方法。经典报童模型的目标是令单周期利润最大或单周期总成本最小,而在大多数实际运作环境中,库存管理者更关心的是多周期(无限时间水平上)的库存成本,这有助于其进行中长期的库存决策与分析,因此,多周期库存问题一直是供应链库存建模的一个重要努力方向。Bhat-tacharjee S 和 Ramesh R 在确定需求下,建立了一个零售供应链多周期利润最大化的定价与订货模型。Metters R 则在不确定需求下,基于多周期建立了一个考虑了资金时间价值的数学规划模型来对长鞭效应进行定量研究,模型以总成本最小为目标函数,以生产能力为约束条件。Geunes JP 等扩展了以上研究,在运作参数是随机的和不平稳的情况下描述了多周期报童模型,提出了一个简单的易于理解和实施的启发式策略并证明了该策略的柔性。

4) 随机需求库存模型

多数文献将市场需求假设为已知的确定性函数或已知概率分布的随机变量,但在实际中,由于数据缺失或信息有限,很难准确估计市场需求,当面临新的市场或开发新的产品时,市场需求更加难以确定。模糊理论为研究不确定系统方面提供了有力的工具。Chen 和 Wang 假设订购成本、库存成本、回购成本和企业的需求为梯形模糊数,建立允许回购的 EOQ 模型。Patrovic 和 Sweeney 假设提前期、库存水平和企业的需求为三角模糊数,并得到企业的最优订货策略。Ishii 和 Konno 在报童模型中,假设缺货成本为 L 型的模糊数,得到企业的最优订货策略。

5.2.2 基于供应链结构的库存控制模型

1)多级库存环境下的库存控制

Clark 和 Scrarf H 在 20 世纪 60 年代初对"级库存"的定义进行阐述,与此同时出现很多关于级库存的研究成果。曹桂林在核心企业的基础上对三级库存系统进行了研究,建立了三级库存优化模型,从而得到最优的三级库存控制策略。Palut 假设制造商的生产能力在受到限制的情况下,研究了多个供应商与单个制造商组成的两级供应链系统的协同问题。李双艳对加工装配型制造企业的协同库存优化问题进行系统研究,在采购提前期不确定条件下,对多供应商和单制造商组成的供应链系统建立库存控制模型,通过对模型进行求解,得出最优订货点和订货批量。刘婉站在第三方汽车物流企业的角度,基于 TOC 理论,建立了基于原有制造商主导的库存推动模式下的库存控制模型,综合考虑需求满足量、缺货次数、库存总成本和库存周转率等指标,验证 MTA 整车库存控制模式的有效性。杜应凤以供应链管理思想为基础通过对零部件的库存控制策略进行分析,对供应链汽车企业零部件的库存控制问题进行研究,构建了供应链系统三级库存控制模型,得出零部件的库存控制决策。王旭阳在市场需求环境相同的情况下,对单个供应商、单个第三方物流企业和单个汽车制造商组成的供应链建立仿真模型,通过对比分析两种模式下供应链成本的变化,分析说明 VMI 与 TPL 的整合对供应链运作产生的影响。

2)跨链间的库存模型

多数文献研究上下游不同环节企业,或是单链中同一链节不同企业之间的库存管理,都是从单链视角出发,很少涉及邻近供应链的紧急补充订货渠道,即基于两单链的集群式供应链跨链间的库存协调。

黎继子、刘春玲等以两单链的集群式供应链为背景,考察一个供应链零售商的紧急库存补充渠道来自另一个供应链零售商的跨链间库存协调问题。他们建立了没有单链约束和存在单链约束条件下的跨链间库存合作模型,并用系统优化理论来寻求被补充供应链的正常渠道订货量和紧急补充量,以达到降低库存水平,提高整体利润。实验结果表明,当库存费率和商品零售价格较高、订货间隔时间较短,以及紧急库存补充价格较低时,企业愿意采取集群式供应链跨链间的库存协作。施国洪、钟颢针对集群式供应链多级跨链间库存管理协作,分别探讨了相同链节之间库存互补模型和不同链节之间库存互补模型。利用系统动力学仿真方法进行分析得出,采用不同链节之间库存互补能够在保持库存水平不发生较大变化的前提条件下,较大地提高顾客需求满足率,并且能够较稳定地保持这种高水平满足率。

5.2.3　其他类的库存控制模型

1) 可控提前期的库存模型

缩短提前期可以有效地降低安全库存量、减少资金积压、提高对顾客的服务水平、增加企业的竞争能力。LIAO 等最早给出了一个订货量已知，提前期是唯一决策变量的连续补货库存模型。在 LIAO 的基础上，BEN-DAYA 等将提前期和订货量均视为决策变量。OUYANG 等将提前期和订货量视为决策变量，将缺货分为缺货后补和缺货损失两部分，推广了 BEN-DAYA 的模式。在现实中，缺货成本很难准确确定，它不仅包括一些可以计算的项目，还包括诸如商誉、对库存系统其他部分可能造成的延迟等无形的损失，因此 OUYANG 等用服务水平约束代替目标函数中的缺货成本项，建立缺货后补和缺货损失的混合存货模型，求出使单个企业库存成本最低的最佳提前期和订货批量。PAN、CHANG 等将压缩提前期的问题从单个企业推广到供应链环境下，建立了单一买方和单一卖方组成的可控提前期的供应链联合库存模型，不足之处在于忽视了服务水平的约束，并仅从供应链集中决策的角度考虑整条供应链利益最大化，也没有提供切实可行的利益协调方案。叶飞、李怡娜考虑了含服务水平约束的可控提前期供应链库存 Stackelberg 模型，以及集中决策情形下可控提前期供应链库存模型，提出可行的利益协调方案，即供应链的各参与方分担库存费用的机制。

2) 复杂目标函数下的库存建模

常用的复杂目标函数下的库存建模方法包括：非线性规划和模糊规划、随机规划和多目标规划等。目标函数的复杂性，一方面来源于目标函数中包含的成本和收益越来越全面，各项成本描述越来越复杂以逼近现实成本；另一方面来源于目标函数脱离了传统的成本最小和利润最大，而是以实现目标利润的概率最大化或采用多目标的目标函数。例如，传统的单位库存持有成本一般是根据单位库存持有成本占单位价值的百分比计算出来的，Tyworth JE 将其扩展为由仓储成本和在运库存成本两部分组成。Giri BC 和 Chaudhuri KS 则针对易变质产品，将库存持有成本扩展为货物保存时间和现有存货数量的非线性函数形式；传统库存模型中假设每次订货的订货成本是一个固定的常数，Woo YY 等则针对目前的 EDI 订货环境进一步将订货成本描述成指数形式。

[案例导入] 戴尔的库存管理模式

卡伯特电器商店(Cabot Appliance)是一家零售连锁店,打算确定向其供应商订购室内空调的数量。室内空调的销售具有很强的季节性,销售量与夏天的天气情况关系密切。卡伯特每年订货一次,销售旺季开始后订货是不现实的。虽然无法知道确切的实际销售水平,但卡伯特可以分析以往季节、长期天气预报和经济的一般形势,估计出不同销售水平的概率,见表5.2。

表5.2 销售水平的概率

销售量 r/台	500	750	1 000	1 250	1 500
概率 $P(r)$	0.2	0.2	0.3	0.2	0.1

每台空调运到卡伯特的价格是320美元,卡伯特向客户出售的价格是400美元。旺季结束后,未能售出的空调要以300美元的折扣价清仓售出。最小采购批量是500台,以250台为单位递增。

≫案例讨论

1.假设该企业不把库存保存到第二年,那么一次性订购量应是多少?

2.如果卡伯特可以获得年利率为20%的贷款支持其库存,你会如何调整以上问题中的采购量,使过剩库存可以保留到下一个销售旺季。

≫复习思考题

1.如何区分确定性需求与随机性需求?

2.若某一商品在一定时间内的销售数量是随机的,分析其历史销售数据并找出其销售量的分布规律。

3.若上题中的销售商品是季节性的,总结其一次性订货最优数量的求解方法。

4.试分析一到两种供应链环境下的库存控制策略的优缺点,并说明如何在实际当中有效应用。

第 6 章

商品入库管理

本章导读：

- 了解商品入库管理的内涵，深入了解商品入库作业流程及其常用建模方法，对商品入库管理有个总体把握。
- 了解入库验收的基本要求和流程，深入了解入库验收的方法。
- 深入了解货位管理的目标，了解货位管理的步骤，深入了解储存策略、储位指派原则和储位分配模型，对货位管理有个总体把握。
- 了解货品堆码的概念、原则，深入了解主要的堆码方法及其适用情况，了解堆码的算法，并能解决实际堆码问题。

6.1 商品入库管理概述

6.1.1 商品入库管理的内涵

1）商品入库管理的定义

商品入库业务也称为收货业务,它是仓储业务的开始。商品入库管理是根据商品入库凭证,在接受入库商品时所进行的卸货、查点、验收、办理入库手续等各项业务活动的计划和组织。

2）商品入库作业的影响因素

在进行入库作业组织与计划时,必须了解影响入库作业的主要因素。

（1）供应商的进货方式

供应商采用的送货方式、送货工具、送货时间等因素将直接影响入库作业的组织和计划,入库作业时必须考虑的影响因素有:每天平均及最多送货的供应商数量;送货的车型及车辆台数;每辆车平均卸货时间;货物到达的高峰时间;货品的装车方式;中转运输的转运方式;货物到达的时间。

（2）商品的种类、特性与数量

不同商品具有不同的特性,需要采用不同的作业方式。因此,每种商品的种类、特性、包装形态与数量等也是入库作业的重要影响因素之一,其主要包括每天平均送达的商品品种数、商品的尺寸及重量、商品的包装形态、商品的保质期、商品的特殊属性、装卸接运方式。

（3）作业人员

入库作业要考虑现有的工作人员及如何合理利用这些人力资源,包括员工的技术素质、工作时间的合理调配、高峰期的作业组织等,进而尽可能缩短进货作业时间,避免车辆等待装卸时间过长。

（4）设备及存货方式

一般仓库出货、储存、入库都有托盘、箱、单件 3 种方式,因此,在进货时必须通过拆箱、整合等将进货摆放方式转换为储存摆放方式,到货方式应尽量与储存方式统一;否则将增加作业缓建,造成不必要的浪费。仓储设备也是组织入库作业的影响因素,叉车、传送带、货架储位可用性等要加以综合考虑;同时也要考虑商品在仓库期间的作业状态、是否需要拆箱、再包装工作等,为入库安排提供帮助。

3)商品入库管理原则

入库作业作为仓储作业的基础,迅速、安全、准确地组织收货成为最重要的作业目标,因此,在规划入库作业时必须遵循以下原则。

（1）集中作业

在入库作业过程中,尽可能将卸货、分类、标志等作业环节集中在一个场所完成,这样既可减少空间的占用,也可以节省货物搬运所消耗的人力和物力。

（2）靠近原则

尽量使进货地点靠近商品存放点,避免商品进库过程的交叉、倒流。

（3）保持顺畅

依据各作业环节的相关性安排活动,合理布置作业顺序,避免倒装、倒流,特别是货台有直接转运作业发生时,更应注意作业的顺畅性。

（4）集合化原则

对小件物品或可以使用托盘集合包装的物品,尽量固定在可流通的容器中进行搬运或存储,以减少货物倒装的次数。

（5）详细认真

详细认真记录进货信息,以备后续作业的查询及信息资料的管理。

（6）合理安排

合理安排装卸货站台的使用,货物在站台至储存区之间的流动尽量保持直线流动。优先安排入库高峰作业时间,合理调配人力资源,以保证入库作业的顺利进行。

6.1.2　商品入库作业流程及其常用建模方法

1)商品入库作业流程

商品入库作业基本流程如图6.1所示,其具体说明如下。

（1）入库作业计划分析

商品入库作业计划是根据仓储保管合同和商品供货合同来编制商品入库数量和入库时间进度的计划。它的主要内容包括入库商品的品名、种类、规格、数量、入库日期、所需仓库容量、仓储保管条件等。仓库计划工作人员对各入库作业计划进行分析,再编制出具体的入库作业计划。

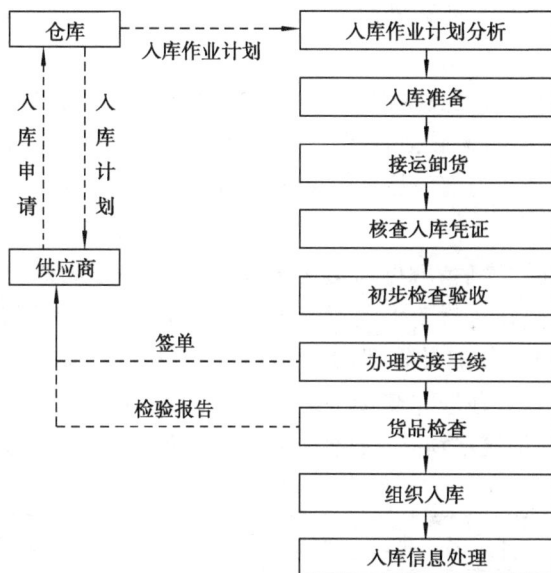

图 6.1　入库作业基本流程

（2）入库准备

仓库工作人员应根据仓储合同或者入库单、入库计划，及时地进行库场准备，以便货物能顺利地按时入库。入库准备包括熟悉入库货物、掌握仓库库场情况、制订仓储计划、妥善安排货位、做好货位准备、准备苫垫材料和作业用具、合理组织人力、验收准备、装卸搬运工艺设定、文件单证准备。

（3）接运卸货

商品的接运即商品的入库方式是指仓库商品的来源方式，包括到承运单位提货、铁路专用线接货、到供货单位提货、供货单位送货到库、承运单位送货到库、过户、转库和零担到货等。它涉及的各当事人的权利与义务，是入库的重要环节。

做好商品接运业务管理的主要意义在于，防止在运输过程中或运输之前已经发生的商品损害和各种差错带入仓库，减少或避免经济损失，为验收和保管保养创造良好的条件。

（4）检查入库凭证

商品到库后，仓库收货人员首先要检查商品入库单据，然后根据入库单据开列的货品单位和名称等内容进行核对。入库商品必须具备下列凭证：审核验收依据包括业务主管部门或货主提供的入库通知单和订货合同、协议书等；核对供货单位提供的验收凭证包括材质证明书、装箱单、磅码单、发货明细表、说明书、保修卡及合格证等；核对承运单位提供的运输单证包括提货通知单和登记货物残损情况的货运记录、普通记录以及公路运输交接单等,作为向责任方进行交涉的依据。

（5）初步检查验收

初步检查验收主要是对到货情况进行粗略的检查,其工作内容主要包括数量检查和包装外观检查。查看包装有无破损、水湿、渗漏、污染等异常情况。出现异常情况时,可打开包装进行详细检查,查看内部商品有无短缺、破损或变质等情况。

（6）办理交接手续

入库商品经过上述程序后,就可以与送货人员办理交接手续。如果在上述工序中无异常情况出现,收货人员在送货单上盖章签字表示商品收讫;如发现有异常情况,必须在送货单上详细注明并由送货人员签字,或由送货人员出具差错、异常情况记录等书面材料,作为事后处理的依据。办理完交接手续,意味着划分清了运输、送货部门和仓库的责任。完整的交接手续包括接受物品、接受文件、签署单证。到接货交接单见表6.1。

表6.1　到接货交接单

收货人	发站	发货人	品名	标记	单位	件数	重量	号车	运单号	货位	合同号
备注											

送货人　　　　　　　　　接收人　　　　　　　　　经办人

（7）货品验收

凡商品进入仓库储存,必须经过检查验收,只有验收后的商品,方可入库保管。货物入库验收是仓库把好"三关"（入库、保管、出库）的第一道,抓好货物入库质量关,能防止劣质商品流入流通领域,划清仓库与生产部门、运输部门以及供销部门的责任界线,也为货物在库场中的保管提供第一手资料。

（8）组织入库

验收完毕,就可以组织人力、物力把货品储存到已规划好的货位。

（9）入库信息处理

经验收确认后的商品,应及时填写验收记录表,并将有关入库信息及时准确地输入管理信息系统,更新库存商品的有关数据。

2）商品入库作业流程常用的建模方法

（1）图形模型

图形模型如流程图、方框图、结构图、鱼骨刺图、甘特图等。图形模型简单直观,容易把握,注重解释和概念描述,但模型的分析能力较差。所以,图形模型只能够对入库作业流程进行粗略的、大概的考察。

(2)图论和网络分析模型

常用的图论和网络分析方法如网络图、关键线路法(CPM)、计划评审技术(PERT)等,这些方法虽具有一定的分析能力,但动态分析能力相对比较薄弱,不太适合动态随机作业流程的建模分析。但在作业流程进行简单的、一般的建模分析时,可以考虑采用。

(3)借用制造系统的模型

IDEF 方法就是其中之一,还有 CIM-OSA(CIM Open System Architecture)方法,GRAI(Graphs with Results and Activities Interrelated)/GIM(GRAI Integrated Methodlogy)方法等,这些方法中有的模块可以较好地实现对制造企业的系统进行建模,而物流系统与制造系统一样,也属于复杂系统。因此,借用制造系统的模型对仓库的作业流程进行建模分析,也是一种比较有效的方法。对于具有生产制造特点的物流园区作业流程,可以考虑用制造系统的模型进行建模分析。

(4)离散事件动态系统模型

DEDS(离散事件动态系统)的模型和方法充分考虑动态、随机、不确定等因素,Petri 网是 DEDS 中的一种,非常适合于描述系统的随机、异步、同步、并发和冲突等特征,Petri 网不仅具有严格的数学基础,而且具有直观的图形表示方法,是一种数学和图形兼用的工具。物流园区运营系统中也包含多样的不确定性,可以考虑运用 DEDS 对物流园区作业流程进行建模分析。

6.2　商品入库验收

6.2.1　商品入库验收的内涵

1)商品入库验收的基本要求

(1)及时

到库商品必须在规定的期限内完成验收入库工作。这是因为商品虽然到库,但未经过验收的商品没有入账,不算入库,不能供应给用料单位。只有及时验收,尽快提出检验报告才能保证商品尽快入库入账,满足用料单位的需求,加快商品和资金的周转。同时商品的托收承付和索赔都有一定的期限,如果验收时发现商品不符合规定要求,要提出退货、换货或赔偿等请求,均应在规定的期限内提出。否则,责任方不再承担责任,银行也将办理拒付手续。

(2)准确

验收应以商品入库凭证为依据,准确地查验入库货物的实际数量和质量状况,并通过书面材料准确地反映出来。做到货、账、卡相符,提高账货相符率,降低收货差错率,提高企业的经济效益。

(3)严格

仓库的各方都要严肃认真地对待商品验收工作。验收工作的好坏直接关系到国家和企业的利益,也关系到以后各项仓储业务的顺利开展。因此,仓库领导应高度重视验收工作,直接参与验收人员要以高度负责的精神来对待这项工作,明确每批商品验收的要求和方法,并严格按照仓库验收入库的业务操作程序办事。

(4)经济

商品在验收时,多数情况下,不但需要检验设备和验收人员,而且需要装卸搬运机具和设备以及相应工种工人配合。这就要求各工种密切协作,合理组织调配人员与设备,以节省作业费用。此外,在验收工作中,尽可能保护原包装,减少或避免破坏性试验,也是提高作业经济性的有效手段。

2)商品入库验收的流程

商品验收包括验收准备、核对凭证、确定验收比例、实物检验、做出验收报告及验收中发现问题的处理。

(1)验收准备

验收准备是货物入库验收的第一道程序。仓库接到到货通知后,应根据商品的性质和批量提前做好验收的准备工作,其包括以下内容:全面了解验收物资的性能、特点和数量,根据其需求确定存放地点、垛形和保管方法;准备堆码苫垫所需材料和装卸搬运机械、设备及人力,以便使验收后的货物能及时入库保管存放,减少货物停顿时间,若是危险品则需要准备防护设施;准备相应的检验工具,并做好事前检查,以便保证验收数量的准确性和质量的可靠性;收集和熟悉验收凭证及有关资料;确定验收比例;进口物资或上级业务主管部门指定需要检验质量者,应通知有关检验部门会同验收。

其中验收比例分为抽样检验与全数检验。全数检验是对入库产品或物料全部加以检验而不遗漏的检验方法,它适用于以下情形:批量较小,检验简单且费用较低;货物必须是合格品;货物中如有少量的不合格品,可能导致该产品产生致命性影响。抽样检验是从一批产品的所有个体中抽取部分个体进行检验,并根据样本的检验结果来判断整批产品是否合格的活动,是一种典型的统计推断工作,它适用于以下情形:可以节约人力,提高商品入库速度;有些商品包装技术性较强,开拆验收之后不易或不可能复原,这样可能影响销售,只能采用抽样验收;连续按批量生产的批量产品,质量标准比较统一,抽检一定数量,就具有较强的代表性;对拆包检验会引起质量变化或具有破坏性的检验,采取抽检方式,可以使损失控制在合理的范围之内。

因此,我们在决定验收比例时应考虑以下一些因素:商品的性质、特点;商品的价值;商品的生产技术条件;供货单位的信誉;包装情况;运输条件;气候条件;储存时间。

(2)实物验收

实物验收是仓储业务中的一个重要环节,包括检验数量、检验外观质量和检验包装三方面的内容,即复核货物数量是否与入库凭证相符,货物质量是否符合规定的要求,货物包装能否保证储存和运输过程中的安全。

(3)验收中发现问题的处理

在物品验收过程中,如果发现物品数量或质量的问题,应该严格按照有关制度进行处理。验收过程中发现的数量和质量问题可能发生在各个流通环节,可能是由于供货方或交通运输部门或收货方本身的工作造成的。按照有关规章制度对问题进行处理,有利于分清各方的责任,并促使有关责任部门吸取教训,改进今后的工作。因此对验收过程发现的问题进行处理时应该注意以下几个方面:

①凡验收中发现问题等待处理的商品,应该单独存放,妥善保管,防止混杂、丢失或损坏。

②数量短缺在规定磅差范围内的,可按原数入账,凡超过规定磅差范围的(如金属允许磅差率范围,见表6.2),应查对核实,要会同有关人员当场做出详细记录,交接双方应在记录上签字,并交主管部门会同货主向供货单位办理交涉。如果是交货方的问题,仓库应该拒绝接收。如果是运输部门的问题就应该提出索赔。

表6.2　金属允许磅差率范围

品种	有色金属	钢铁制品	钢材	生铁、废铁	贵金属
允许磅差率	±1‰	±2‰	±3‰	±5‰	0‰

③凡质量不符合规定时,应及时向供货单位办理退货、换货交涉,或征得供货单位同意代为修理,或在不影响使用的前提下降价处理。商品规格不符或错发时,应先将规格对的予以入库,规格不对的做成验收记录交给主管部门办理换货。

④在物品入库凭证未到齐之前不得正式验收。如果入库凭证不齐或不符,仓库有权拒收或暂时存放,待凭证到齐后再验收入库。

⑤在数量验收过程中,计件物品应及时验收,发现问题要按规定的手续,在规定的期

限内向有关部门提出索赔要求。否则超过索赔期限,责任部门对形成的损失将不予负责。

⑥凡入库通知单一到,在规定时间未见到商品到库时,应及时向管理部门反映,以便查询处理。

6.2.2　商品入库验收的方法

1)数量检验

数量检验是保证物资数量准确不可缺少的措施,要求物资入库一次进行完毕。一般在质量验收之前,由仓库保管职能机构组织进行。按商品性质和包装情况,数量检验分为4种形式,即计件法、抽验法、检斤换算法、检尺求积法。

①计件法:按件数供货或以件数为计量单位的商品,在做数量验收时的清点件数。计件商品应全部清查件数(带有附件和成套的机电设备须清查主件、部件、零件和工具等)。固定包装的小件商品,如包装完好,打开包装对保管不利,国内货物可采用抽验法,按一定比例开箱点件验收,可抽验内包装5%~15%,其他只检查外包装,不拆包检查;贵重商品应酌情提高检验比例或全部检验;进口商品则按合同或惯例办理。

②抽验法:按一定比例开箱点件的验收方法,适合批量大、定量包装的商品。

③检斤换算法:通过重量过磅换算商品的数量,适合标准和包装标准的商品。

④检尺求积法:对以体积为计量单位的商品,如木材、竹材、沙石等,先检尺,后求体积所做的数量验收。

凡是经过数量检验的商品,都应该填写磅码单。在做数量验收之前,还应根据商品来源、包装好坏或有关部门规定,确定对到库商品是采取抽验还是全验方式。

2)重量检验

①检斤法:对按重量供货或以重量为计量单位的商品,做数量验收时的称重。商品的重量一般有毛重、皮重、净重之分。毛重是指商品重量包括包装重量在内的实重;净重是指商品本身的重量,即毛重减去皮重。我们通常所说的商品重量多是指商品的净重。

金属材料、某些化工产品多半是检斤验收。按理论换算重量供应的商品,先要通过检尺,如金属材料中的板材、型材等,然后按规定的换算方法换算成重量验收。对于进口商品,原则上应全部检斤,但如果订货合同规定按理论换算重量交货,则按合同规定办理。所有检斤的商品,都应填写磅码单(表6.3)。

表 6.3　磅码单

供货单位＿＿＿＿＿＿＿　　　　　　　　　　　品　　　名＿＿＿＿＿＿＿

合同编号＿＿＿＿＿＿＿　　　　　　　　　　　型号规格＿＿＿＿＿＿＿

序号	质量	序号	质量	序号	质量
1		4		7	
2		5		8	
3		6		合计	

②抽验法：对定量包装的、附有码单的商品，按合同规定的比例抽取一定数量商品过磅的验收方法。抽验法适用于定量包装并附有码单的商品。

③平均扣除皮重法：按一定比例将包装拆下过磅，求得包装皮的重量，然后将未拆除包装的商品过磅，从而求得该商品的全部皮重和毛重。

④除皮核实法：选择部分商品分开过磅，分别求得商品的皮重和净重，再对包装标记的重量进行核对，以计算净重。

⑤约定重量法：存货方与保管方在签订保管合同时，对商品的皮重已按习惯数值有所约定，则可遵从其约定净重。

⑥整车复衡法：大宗无包装的商品，如煤、生铁等，检查时将整车引入地磅，然后扣除空车的重量，即可得到商品的净重。此法适合散装的块状、粒状或粉状的商品。

3）质量检验

质量检验包括外观检验、尺寸检验、机械物理性能检验和化学成分检验 4 种形式。仓库一般只作外观检验和尺寸检验，后两种检验如果有必要，则由仓库技术管理职能机构取样，委托专门检验机构检验。

①外观检验：通过人的感觉器官检查商品外观质量的检查过程。主要检查货物的自然属性是否因物理及化学反应而造成负面的改变，如是否受潮、玷污、腐蚀、霉烂等；检查商品包装的牢固程度；检查商品有无损伤，如撞击、变形、破碎等。对外观检验有严重缺陷的商品，要单独存放，防止混杂，等待处理。凡经过外观检验的商品，都应该填写"检验记录单"。外观检验的基本要求：凡是通过人的感觉器官检验商品就可决定商品质量的，由仓储业务部门自行组织检验，检验后做好商品的检验记录；对于一些特殊商品，则由专门的检验部门进行化验和技术测定。验收完毕后，应尽快签返验收入库凭证，不能无故积压单据。

②尺寸检验：由仓库的技术管理职能机构组织进行。进行尺寸检验的商品，主要是金属材料中的型材、部分机电产品和少数建筑材料。不同型材的尺寸检验各有特点，如椭圆

材主要检验直径和圆度、管材主要检验壁厚和内径、板材主要检验厚度及其均匀度等。尺寸检验是一项技术性强,很费时间的工作,全部检验的工作量大,并且有些产品质量的特征只有通过破坏性的检验才能测到。所以,一般采用抽验的方式进行。

③理化检验:对商品内在质量和物理化学性质所进行的检验,一般主要是对进口商品进行理化检验。对商品内在质量的检验要求有一定的技术知识和检验手段。

4)包装检验

物资包装的好坏、干潮直接关系着物资的安全储存和运输。所以对物资的包装要进行严格验收,凡是产品合同对包装有具体规定的要严格按规定验收,如箱板的厚度,纸箱、麻包的质量等。对包装的干潮程度,一般是用眼看、手摸的方法进行检查验收。表6.4列出了几种包装物的安全含水量。

表6.4　几种包装物的安全含水量

包装材料	含水量/%	说　明
木箱(外包装)	18~20	内装易霉、易锈物品
	18~23	内装一般物品
纸箱	12~14	五层瓦楞纸的外包装及纸板衬垫
	10~12	三层瓦楞纸的外包装及纸板衬垫
胶合板箱	15~16	—
布包	9~10	—

6.3　货位管理

6.3.1　货位管理的内涵与策略

1)货位管理的定义

货位管理就是通过合理规划库区,对库存进行分类保管、建立保管秩序,对物品进行定置管理,以解决仓库空间利益和库存物品处置成本之间平衡的问题。它不仅直接影响仓库进库作业的流畅性,还将直接对进出库作业和保管作业的成本产生影响。

2)货位管理的目标

货位管理应达到的目标如下:

①空间的最大化使用。

②劳力及设备的有效使用。

③所有种类皆能随时准备存取。因为储存增加了商品的时间值,所以,若能做到一旦有需求,商品马上可用,则此系统才算是一个有计划的货位系统,并说明其厂房布置良好。

④商品的有效移动。在储区内进行的大部分作业是商品的搬运,要多数的人力及设备来进行物品的搬进与搬出,因此,人力与机械设备操作应达到经济和安全的程度。

⑤商品的良好保护。

⑥良好的管理。清楚的通道,干净的地板,适当、有序的储存及安全的运行,将使工作变得更有效率,更好地提高工作士气(生产力)。

3)货位管理的步骤

进入仓库中储存的每一批物品在理化性质、来源、去向、批号、保质期等各方面都有其特性,仓库要为这些物品确定一个合理的货位,既要保证保管的需要,更要便于仓库的作业和管理。仓库需要按照物品自身的理化性质和储存要求,根据分库、分区、分类的原则,以实现物品存放在固定的区域与位置。此外,还应进一步在定置区域内,以物品材质和型号规格等分类,并按一定顺序依次存放。货位管理的基本步骤如图 6.2 所示。

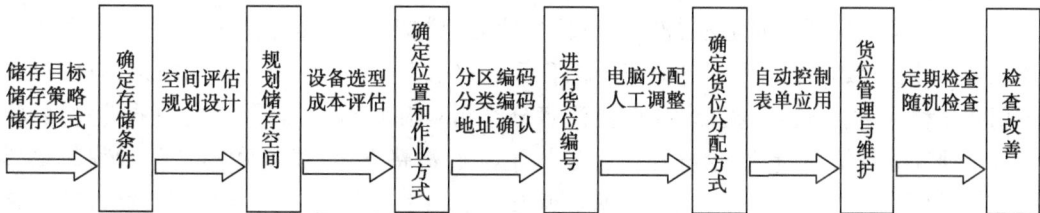

图 6.2　货位管理的基本步骤图

4)储存策略

储存策略即指储位的指派原则。良好的货位管理策略可以减少出入库移动的距离、缩短作业时间,甚至能够充分利用储存空间。常见的储存策略如下。

(1)固定型

固定型储存策略是指利用信息系统事先将货架进行分类、编号,并粘贴货架代码,并事先确定各货架内将要存放的物品的货位存货方式。在固定型管理方式下,各货架内存放的物品长期是一致的。

固定型的主要优点：每项货品都有固定储放位置，拣货人员容易熟悉货品储位；货品的储位可按周转率大小（畅销程度）安排，以缩短出入库搬运距离；可针对各种货品的特性作储位的安排调整，将不同货品特性间的相互影响减至最小。

固定型的缺点：储位必须按各项货品的最大在库量设计，因此，储区空间平时的使用效率较低。

固定型储放主要适用于非季节性物品、重点客户的物品、厂房空间大的仓库、多种少量商品的储放、品种较多且性质差异较大的仓库。

（2）随机型

随机型储存策略是指每一个货品被指派储存的位置都是随机产生的，而且可经常改变。也就是说，任何种类货品均可以被存放在任何可利用的位置。此随机原则一般是由储存人员按习惯来储放，且通常按货品入库的时间顺序储放于靠近出入口的储位。

随机型的优点：由于储位可公用，只需按所有库存货品最大在库量设计即可，储区空间的使用效率较高。

随机型的缺点：进行货品的出入库管理及盘点工作的困难度较高；周转率高的货品可能被储放在离出入口较远的位置，增加了出入库的搬运距离；具有相互影响特性的货品可能相邻储放，造成货品的伤害或发生危险。

随机型主要适用于季节性物品、物流量变化剧烈的物品或种类少的货品，因厂房空间有限，所以要尽量利用储存空间的仓库。

（3）分区分类型

分区分类型储存策略是根据"四一致"的原则（性能一致、养护措施一致、作业手段一致、消防方法一致），把仓库划分为若干保管区域；把储存商品划分为若干类别，以便统一规划储存和保管。分区分类储存时，要注意分类粗、细的处理。储存货物的分类过细，将会给每种货物都留出货位，这样往往由于堆不满而浪费仓容；还经常因某种货物数量增加，而原留货位存不下时，又会发生"见空就塞"的弊病，结果等于没有分区分类。储存货物分类过粗，是一个货区内混存多种货物，势必造成管理上的混乱。因此，仓库主管对储存货物的分类处理，既不能过细，也不能过粗，要粗细适度。

由于仓库的类型、规模、经营范围、用途各不相同，各种仓储商品的性质、养护方法也迥然不同，因此，分区分类储存的方法也有多种，需统筹兼顾，科学规划。

分区分类型的优点：可缩短商品拣选及收、发作业的时间；能合理使用仓容，提高仓容利用率；有利于保管员熟悉商品的性能，提高保管养护的技术水平；可合理配制和使用机械设施，有效提高机械化、自动化操作程度；有利于仓储商品的安全，减少损耗。

分区分类型的缺点：分区分类型储存较固定型储存具有弹性，但也有与固定型储存同样的缺点,如储位必须按各项货品的最大在库量设计,因此,储区空间平均的使用效率低。

分区分类型主要适用于产品相关性大者、经常被同时订购的商品、周转率差别大者、产品尺寸相差大者。

(4)分类随机型

分类随机型策略是指每一类货品有固定存放位置,但在各类储区内,每个储位的指派是随机的。

分类随机型的优点:有分类储放的部分优点,又可节省储位数量提高储区利用率。

分类随机型的缺点:货品出入库管理及盘点工作的进行困难度较高;分类随机储放兼具分类储存及随机储存的特色,需要的储存空间介于两者之间。

(5)共用储存型

在确定知道各货品的进出仓库时刻的条件下,不同的货品可共用相同储位的方式称为共用储存。其特点是能够充分利用仓容。

各存货方式的比较见表 6.5。

表 6.5 货位存货方式的比较

方式	优点	缺点	适用
固定型	存取方便	使用效率低	不适于随机型的
随机型	效率高	管理难	空间有限
分区分类型	存取方便	利用率低	相关性大
分类随机型	利用率高	管理难	
共用储存型	经济性好	管理难	

6.3.2 储位指派的原则与模型

1)储位指派原则

储存策略是储区规划的大原则,因而还必须配合储位指派原则才能决定储存作业实际运作的模式,才可大量减少拣取商品所需移动的距离。而伴随储存策略产生的储位指派原则,可归纳出如下几项。

(1)以周转率为基础原则

按照商品在仓库的周转率(销售量除以存货量)来排定储位。首先,依周转率由大到小排一序列,再将这一序列分为若干段,通常分为 3~5 段。同属于一段中的货品列为同一级,依照固定或分区分类储存法的原则,给每一级的货品指定储存区域。周转率越高应离出入口越近。

（2）产品相关性原则

产品相关性大者在订购时经常被同时订购,所以,应尽可能存放在相邻位置。产品相关性储存的优点是可以缩短提取路程、减少工作人员疲劳、简化清点工作等。产品相关性大小可以利用历史订单数据作分析。

（3）产品同一性原则

同一性原则是指把同一产品储放于同一保管位置的原则。此种将同一产品保管于同一场所来加以管理的管理方式,其管理效果是能够期待的。仓储作业人员对货品保管位置都能简单熟知,并知道对同一产品的存取花费最少搬运时间的系统是提高配送中心作业生产率的基本原则之一。因而,当同一产品散布于仓库内多个位置时,产品在进行储放、取出等作业所带来的不便是可想而知的,即便在盘点以及作业人员对货架物品掌握程度等方面都有可能造成困难。因此,同一性原则是任何仓库都应遵守的重要原则。

（4）产品类似性原则

类似性原则是指将类似品相邻保管的原则。它是依据与同一性原则相同的观点而来。

（5）产品互补性原则

互补性高的产品也应存放于邻近位置,以便缺货时可迅速以另一种类替代。

（6）产品相容性原则

相容性低的产品绝不可存放在一起,以免损害质量,如烟、香皂、茶不可放在一起。

（7）先进先出原则

先进先出是指先入库的产品先出库的意思。这个原则一般适用于有效期短的产品,如感光纸、软片、食品等。

（8）堆垛原则

堆垛原则是像堆积木般将产品堆高。以配送中心整体有效保管的观点来看,提高保管效率是必然之事,而利用托盘等工具来将产品堆高的容积效率要比平面存放方式高。但需注意的是,如在诸如一定要先进先出等库存管理限制条件时,一味地往上堆并非最佳的选择,应该考虑使用合适的货架或积层架等保管设备,以使堆垛原则不至影响出货效率。

（9）面对通道原则

面对通道原则是产品面对通道来保管,将可识别的标号、名称等让作业人员容易识别。为了使产品的储存、取出能够容易且有效率地进行,产品就必须要面对通道来保管,这也是使配送中心内能流畅进行及活性化的基本原则。

(10)产品尺寸原则

在仓库布置时,我们应同时考虑产品单位大小及由于相同的一群产品所造成的整批形状,以便能供应适当的空间满足某一特定需要。所以在储存产品时,必须要有不同大小位置的变化,用以容纳一切不同大小的产品和不同的容积。此原则的优点在于:产品储存数量和位置适当,则分拣发货迅速,搬运工作及时间都能减少。

一旦未考虑储存产品单位大小,将可能造成储存空间太大而浪费空间,或储存空间太小而无法存放;未考虑储存产品整批形状也可能造成整批形状太大无法同处存放(数量太多)或浪费储存空间(数量太少)。一般将体积大的产品存放于进出较方便的位置。

(11)重量特性原则

重量特性原则是按照产品重量的不同来决定储放产品于保管场所的高低位置。一般而言,重物应保管于地面上或货架的下层位置,而重量轻的产品则保管于货架的上层位置;若是以人手进行搬运作业时,人的腰部以下的高度用于保管重物或大型产品,而腰部以上的高度则用来保管重量轻的产品或小型产品;这一原则对于采用货架的安全性及人手搬运的作业性有很大的意义。

(12)产品特性原则

产品特性不仅涉及产品本身的危险及易腐性质,同时也可能影响其他的产品,因此在配送中心布置设计时必须要考虑。如对易燃物的储存须在具有高度防护作用的建筑物内安装适当防火设备的空间,最好是独立区隔放置;对易窃产品的储存须装在有加锁的笼子、箱、柜或房间内;对易腐品的储存需要储存在冷冻、冷藏或其他特殊的设备内,且由专人作业与保管;对易污损品的储存可使用帆布套等覆盖;对一般产品的储存需要储存在干燥及管理良好的库房,以应客户需要随时提取等。

另外,彼此易互相影响的产品应分开放置,如饼干和香皂,容易气味相混;而危险的化学药剂、清洁剂,也应独立隔开放置,且作业时需戴上安全护套。此原则的优点在于:不仅能随产品特性而有适当的储存设备保护,且容易管理与维护。

2)储位分配模型

不论是在人工拣选系统还是自动化拣选系统当中,储位分配策略都会影响系拣货的作业效率,当前对储位分配策略的研究方法可大致分为 5 种。

(1)数据挖掘方法

一种是采用聚类分析及关联规则,根据商品在订单当中被同时购买的情况,挖掘商品的关联度,并结合了出库量、储位与仓库出口的距离等信息,设计储位分配优化模型。另一种是依据负载平衡,挖掘产品的相关性,建立产品均衡分配模型,并结合 ASPH 启发式算法进行求解。

（2）启发式算法

在储位分配策略研究中,可采用遗传算法、粒子群算法、贪婪算法等启发式算法进行求解。一是针对随机存储的货架式半自动化仓库,以空间最大化为目标,利用局部搜索、迭代贪婪和几种启发式算法进行建模,提高货架的利用空间;二是基于单亲遗传算法对自动化存取系统的储位分配问题进行研究,从储位分配的角度改善自动存取系统的作业效率;三是以自动化立体仓库为研究对象,对储位分配进行研究,采用基于权重系数变换法的多目标遗传算法对模型进行求解,以有效减少堆操机行走距离。

（3）EIQ-ABC 分析法

EIQ 分析法是在客户和订单资料分析的基础上,通过计算 Entry of order（订单）、Item（品项）、Quantity（数量）3 个关键因素的变化,了解企业或配送中心订单规律,掌握各项物流作业的特性,以帮助物流中心进行决策、规划和改善。EIQ 分析的主要项目包含 EQ 分析（单一订单出货量）、EN 分析（单一订单出货品项）、IQ 分析（单一品项出货量）和 IK 分析（单一品项出货次数）。EIQ 分析法在实施和应用中主要分为 4 个步骤:收集资料并选取样本、分析数据并绘制图表、解读 EIQ 分析资料和提出规划改善建议。

ABC 分类法广泛应用于物流行业的各个环节,包括订单处理、存储管理等作业活动,它主要是基于商品和经营活动的特征,对分析对象进行分类,继而实施有区别的规划和管理。ABC 分类法强调将研究对象分清主次、分类管理,将研究对象分为 A、B、C 三类并区别对待。其中,A、B 类理论百分比分类值的临界点为 10%,B、C 类理论百分比分类值的临界点为 40%,但在实际的应用中允许在合理范围内浮动。

将 EIQ 分析法和 ABC 分类法相结合建立 EIQ-ABC 分析法。首先,运用 EIQ 分析法来对订单货物的出入库频率进行有效的分析,实现储位的初步定位;然后根据 ABC 分类法对同订单的不同品项的相关性进行分析并计算关联度,并对货物的相对储位进行调整,以此实现缩短货物的搬运距离,降低搬运时间及提高仓库利用率的目标。

（4）COI（Cube-per-Order Index）

基于 COI 规则方法通过计算一定时间内货物所占体积和货物订单数的比率,将出入库频率高的货物存储于距离出入口近的储位上,以有效减少存取货物的行走距离和时间。这种策略将储位分配原则与货品拣选效率紧密结合,自概念提出以来,其方法应用获得了广泛研究关注。例如,这种方法可作为仓储货品分类的一个理论基础,与 ABC 分类法等其他方法相结合,有效地丰富分类存储的策略手段。同时,研究发现,其还可与分巷道存储等原则相结合,将同品类商品集中堆放于同一巷道的指定区域,实现货品在仓库同一位置的簇堆放,以便货品拣选作业。

（5）动态规划法

①针对分区自动拣选系统,从品规分配、分区合流顺序和订单拣选顺序 3 个角度进行

优化研究,运用禁忌搜索法、动态聚类法、贪婪算法、动态规划法、遗传算法等方法对模型进行求解。

②基于动态规划算法对分区拣选策略下的人工拣选系统进行货位分配以均衡拣选区工作量、减少订单处理时间。

③针对双区型仓库圆形理论构架拣货点,基于动态规划提出一种适用仓库中多条通道变换的演绎算法,提高了仓库的拣货效率。

6.4 商品堆码

6.4.1 商品堆码的内涵

1)商品堆码的定义

商品堆码是将存放的商品整齐、有规划地摆放成货垛的作业,也就是根据商品的包装外形、重量、数量、性质、特点、种类,结合地坪负荷、储存时间,将商品分别堆成各种垛形。商品堆码合理与否,对储存商品的完好、仓容利用程度及安全作业等方面都有很大关系。合理的堆码是保证商品不变形、不受损的重要条件,也是提高仓储作业效率、减少差错的必要措施。

2)商品堆码的原则

(1)分类存放

分类存放是仓库储存规划的基本要求,是保证物品质量的重要手段,因此也是堆码需要遵循的基本原则。其具体内容包括:

①不同类别的物品分类存放,甚至需要分区分库存放。

②不同规格、不同批次的物品也要分位、分堆存放。

③残损物品要与原货分开。

④对于需要分拣的物品,在分拣之后,应分位存放,以免混串。

此外,分类存放还包括不同流向物品、不同经营方式物品的分类分存。

(2)选择适当的搬运活性

为了减少作业时间、次数,提高仓库物流速度,应该根据物品作业的要求,合理选择物品的搬运活性。对搬运活性高的入库存放物品,应注意摆放整齐,以免堵塞通道,浪费仓容。

（3）面向通道,不围不堵

货垛以及存放物品的正面,尽可能面向通道,以便察看;另外,所有物品的货垛、货位都应有一面与通道相连,处在通道旁,以便能对物品进行直接作业。只有在所有的货位都与通道相通时,才能保证不围不堵。

3）商品堆码的要求

商品包装、性能、形状不同的,其堆码方式也不尽相同。同时,储存条件不同,同一产品也可能需要堆码方式。

（1）牢固

操作工人必须严格遵守安全操作规程,防止建筑物超过安全负荷量。码垛必须不偏不斜,不歪不倒,牢固坚实,与屋顶、梁柱、墙壁保持一定的距离,确保堆垛的安全和牢固。

（2）合理

不同商品其性能、规格、尺寸不相同,应采用各种不同的垛形。不同品种、产地、等级、批次、单价的商品,应分开堆码,以便收发、保管。货垛的高度要适度,不能压坏底层商品和地坪,并与屋顶、照明灯保持一定距离;货垛的间距、走道的宽度、货垛与墙面、梁柱的距离等,都要合理、适度。垛距一般为 0.5~0.8 m;内墙距一般为 0.1~0.3 m,外墙距一般为 0.1~0.5 m;柱距一般为 0.1~0.3 m;顶距一般为 0.5~0.9 m;灯距按规定应有不少于 0.5 m 的安全距离。

（3）整齐

货垛应按一定的规格、尺寸叠放,排列整齐、规范。商品包装标志应一律向外,便于查找。

（4）定量

商品储存量不应超过仓储定额,即应储存在仓库的有效面积、地坪承压能力和可用高度允许的范围内。同时,应尽量采用"五五化"堆码方法,便于记数和盘点。

（5）节约

堆垛时应注意节省空间位置,适当、合理地安排货位,以提高仓容利用率。

（6）方便

堆垛时必须考虑检查、拆垛、分拣、发货等作业的方便和保证装卸作业安全,并有利于提高堆码作业的机械化水平。

4）商品堆码的内容

商品堆码的内容包括垛基、垛形、货垛参数、堆码方式、货垛苫盖、货垛加固等,以下只简要介绍垛基、垛形、货垛参数相关内容。

（1）垛基

垛基是货垛的基础，其主要作用是承受整个货垛的重量，将物品的垂直压力传递给地基；将物品与地面隔开，起防水、防潮和通风的作用；垛基空间为搬运作业提供方便条件。因此，对垛基的基本要求是：将整垛货物的重量均匀地传递给地坪；保证良好的防潮和通风；保证垛基上存放的物品不发生变形。

（2）垛形

垛形是指货垛的外部轮廓形状。按坪底的平面形状可以分为矩形、正方形、三角形、圆形、环形等；按货垛立面的形状可以分为矩形、正方形、三角形、梯形、半圆形。另外还可组成矩形-三角形、矩形-梯形、矩形-半圆形等复合形状（图6.3）。

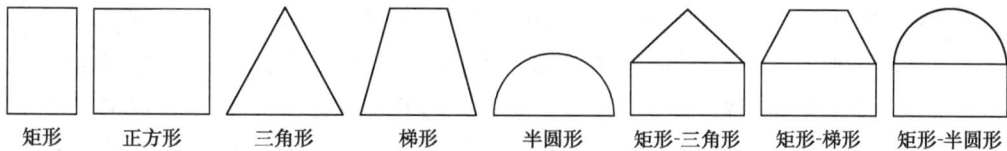

| 矩形 | 正方形 | 三角形 | 梯形 | 半圆形 | 矩形-三角形 | 矩形-梯形 | 矩形-半圆形 |

图6.3　货垛立面示意图

不同立面的货垛都有各自的特点。矩形、正方形垛易于堆码，便于盘点计数，库容整齐，但随着堆码高度的增加货垛稳定性就会下降；梯形、三角形和半圆形垛的稳定性好，便于苫盖，但是不便于盘点计数，也不利于仓库空间的利用。矩形-三角形等复合货垛恰好可以整合它们的优势，尤其是在露天存放的情况下更须加以考虑。

（3）货垛参数

货垛参数是指货垛的长、宽、高，即货垛的外形尺寸。

通常情况下，需要首先确定货垛的长度，例如长形材料的尺寸长度就是其货垛的长度，包装成件物品的垛长应为包装长度或宽度的整数倍。货垛的宽度应根据库存物品的性质、要求的保管条件、搬运方式、数量多少以及收发制度等确定，一般多以2个或5个单位包装为货垛宽度。货垛高度主要根据库房高度、地坪承载能力、物品本身和包装物的耐压能力、装卸搬运设备的类型和技术性能，以及物品的理化性质等来确定。在条件允许的情况下应尽量提高货垛的高度，以提高仓库的空间利用率。

6.4.2　物品堆码的基本方法

1）散堆法

散堆法适于露天存放的无包装大宗物品，如煤炭、矿石等，也可适用于库内少量存放的谷物、碎料等散装物品。它是直接用堆扬机或者铲车在确定的货位后端起，直接将物品堆高,在达到预定的货垛高度时,逐步后推堆货,后端先形成立体梯形,最后成垛。由于散货具有流动、散落性,堆货时不能堆到太靠近垛位四边,以免散落使物品超出预定货位。

2)堆垛法

对有包装(如箱、桶)的物品,包括裸装的计件物品,采取堆垛的方式储存。堆垛方式储存能够充分利用仓容,做到仓库整齐,作业和保管方便。物品的堆码方式主要取决于物品本身的性质、形状、体积、包装等。一般情况下多采取平放,使重心最低,最大接触面向下,易于堆码,稳定牢固。常见的堆码方式包括重叠式、纵横交错式、仰伏相间式、压缝式、宝塔式、通风式、栽柱式、衬垫式、串联式、直立式、架式、托盘式等。

①重叠式堆码:各层排列方法一致,由下而上,逐层向上层层重叠形成的货垛(图6.4)。这种堆码形式适用于袋装、箱装、箩筐装物品,以及平板、片式物品等,相对占地面积较大。为了保证货垛稳定性,在一定层数后改变方向继续向上,或者长宽各减少一件继续向上堆放。该方法方便作业,但如不采取措施,记数较困难,因此码垛时,根据每层采取逢十或逢五成行交错,便于记数。此垛形是机械化作业的主要垛形之一。

②纵横交错式堆码:将长短一致,宽度与长度相等的商品,一层横放,一层竖放,纵横交错堆码,形成方形垛(图6.5)。长短一致的管材、捆装、长箱装物品均可用这种垛形。有些材料,如铸铁管、钢锭等,可采用一头大、一头小,大、小错开的方法;化工、水泥等,如包装统一,可采用“二顶三”“四顶一”等方法,在同一平面纵横交叉,然后再层层纵横交错堆垛。该方法较为稳定,但操作不便(图6.6)。

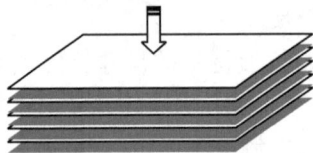
图 6.4　重叠式堆码

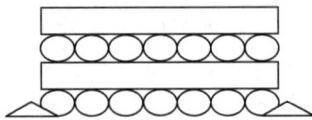
图 6.5　纵横交错式堆码(一)

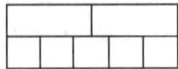

(a)二顶一　　(b)三顶一　　(c)四顶一　　(d)五顶二

图 6.6　纵横交错式堆码(二)

③仰伏相间式堆码:对上下两面有大小差别或凹凸的物品,如槽钢、钢轨等,将物品仰放一层,在反一面伏放一层,仰伏相向相扣。也可以伏放几层,再仰放几层,或仰伏相间组成小组再堆码成垛(图6.7)。但如果角钢和槽钢是在露天仰伏相间码垛,应该一头稍高,一头稍低,以利于排水。该垛操作不便。

仰伏相间式根据其排列形式又可分为连锁式、独立式和组合式,其具体内容见表6.6。

表 6.6　仰伏相间式堆码的分类

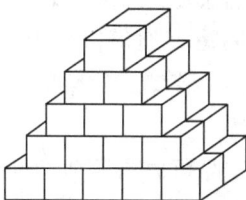

排列形式	排列方法	特点及应用场合
连锁式	每相隔一层的排列形式相同,开口相反且相互配合的相邻两层形成一组合层;每一列相互咬合在一起	不易散包,比较稳定,有利于堆垛和运输,但采用此种垛型难以拆包,适用于安全要求较高的车间和长途运输等
独立式	相邻两列之间相互独立,每一列的上下两层咬合在一起形成一组合层	单垛的高宽比较大,容易散包,稳定性差,垛宽较小时不易采用独立型,但采用此种垛型容易堆垛和拆包,尤其是将大包拆成小包时容易,适合用于短途运输和仓库储存等
组合式	在垛包中既包含连锁型堆垛又包含独立型堆垛	组合型堆垛既有较好的稳定性又利于拆包,但由于连锁型和独立型混杂在一起,给堆垛带来不便

④压缝式堆码:将底层并排摆放成方形、长方形、圆形或环形,然后层层起脊压缝上码(图6.8)。多用于断面是圆形的货物,如桶装货品和盘圆等。

⑤宝塔式堆码:宝塔式堆码(图6.9)和压缝式堆码类似,但压缝式堆码是在两件物品之间压缝上码,宝塔式堆码是在四件物品中间上码,并逐层减少。

图 6.7　仰伏相间式堆码　　　图 6.8　压缝式堆码　　　图 6.9　宝塔式堆码

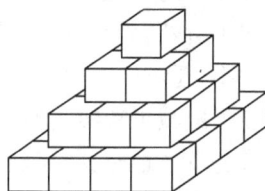

⑥通风式堆码:物品在堆码时,任意两件相邻的物品之间都留有空隙,以便通风(图6.10)。层与层之间采用压缝式或者纵横交错式。形体较小的物品多采用"非"字形、"示"字形、"漩涡形"和"井"字形通风结构。对大宗的木板材则通常采用重叠、衬垫相结合的通风堆码方式。通风式堆码可以用于所有箱装、桶装以及裸装物品堆码,起到通风防潮、散湿散热的作用。

⑦栽柱式堆码:在货垛的两旁栽上两三根木柱或钢棒,然后将材料平铺在柱中,每层或间隔几层在两侧相对应的柱子上用铁丝拉紧,以防倒塌。这种方法多用于金属材料中的长条形材料,如圆钢、中空钢,适用于机械堆码,采用较为普遍(图6.11)。

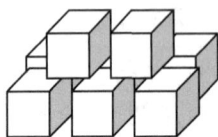

图 6.10　通风式堆码

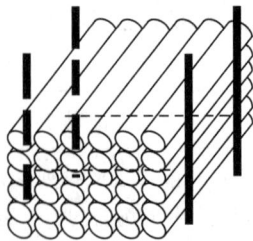

图 6.11　栽柱式堆码

⑧衬垫式堆码:码垛时,隔层或隔几层铺放衬垫物,利用衬垫物使货垛的横断面平整,商品相互牵制,以加强货垛的稳固性。适用于不规则且较重的物品,如无包装电机、水泵等。

⑨串联式堆码:为了方便上码和堆垛整齐,有效利用库容空间,对中空、结构上有管道或孔的物品,可以采取按一定数量一组,用绳或铁线通过孔道将其串联起来,然后再逐层上码。例如,轮胎的临时存放就可以采用这种方式。

⑩直立式堆码:这是特殊的堆码方式,多用于油毡纸和平板玻璃等。直立堆码可避免油毡层与层间的粘连,平板玻璃则可避免平面上受力而导致破碎。

⑪架式堆码:利用货架存放商品,主要用于存放零星或怕压的商品。零星或怕压的商品在堆码过程中遇到的最大问题就是如何提高空间利用率。如果采用上述的堆码方法,零星商品会因数量小、品种杂,而不能够集中堆码;怕压商品必须降低堆放高度,因此都不利于存储空间的充分利用,这些商品如果使用货架储存就可以提高储存空间的利用率。在库房中货架一行一行地排列,中间留有通道以便取放商品。为了进一步提高库房的面积利用率,还可以采用可移动式货架。移动式货架能够沿着两条导轨做水平方向的移动,这样就可以减少货架间的通道数量。

⑫托盘式堆码:在托盘上堆码物品可以参照典型堆码图谱来进行。例如硬质直方体物品可参照国标 GB/T 4892—2008《硬质直方体运输包装尺寸系列》在 1 200 mm×1 200 mm 托盘上的堆码图谱进行,圆柱体物品可参照国标 GB/T 13201—1997《圆柱体运输包装尺寸系列》在 1 200 mm×1 000 mm、1 200 mm×800 mm、1 140 mm×1 140 mm 托盘上的堆码图谱进行。

6.4.3　商品堆码的算法

若将存货的垛位视作箱子,待入库的货物视作物件序列,那么该问题可以转化为带顺序约束的 A 形装箱问题。装箱问题属于 NP-hard 问题,主要有一维、二维和三维单目标装箱问题和算法,以及多目标装箱问题算法。

1)一维装箱问题算法

一维装箱问题通常是用物品的重量或大小来刻画的,即已知每个物品的重量或大小,目标是最小化所用箱子个数。一维装箱问题是经典的 NP-难题,发展至今,其研究已经相对比较成熟。求解一维装箱问题的近似算法比较多,其中最经典的有其次适配(Next Fit,NF)算法、首次适配(First Fit,FF)算法、最佳适配(Best Fit,BF)算法。

另外一些常用的算法包括有界空间(Bounded Space Algorithm,BSA)算法、降序首次适配(First Fit Decreasing,FFD)算法、降序最佳适配(Best Fit Decreasing,BFD)算法、降序重构首次适配(Refind First-Fit Decreasing,RFFD)算法、降序改善首次适配(Modified First-Fit Decreasing,MFFD)算法、X 分组适配(Group-X-Fit Grouped,GXFD)算法等。

以上算法总体又分为在线算法与离线算法。在线算法与离线算法是与在线问题和离线问题相对应的,即如果近似装箱算法依序处理每个输入物品,在不知道后续物品任何信息的情况下,立即给出当前物品的装箱方案,则称这样的近似装箱算法为在线(On Line)装箱算法;而在知道所有物品信息的前提下,统一对所有物品进行处理后给出装箱方案,此类算法为离线(Off Line)装箱算法。

2)二维装箱问题算法

二维装箱问题关注的是有限对象的两个指定维度,即设有 n 个矩形物品,已知每个矩形物品宽度和高度,按照正交方向对这些物品进行装箱,目标是空间使用最少,约束条件是矩形物品不能重叠。

按照装箱对象不同,二维装箱问题可以划分为两类:一类是已知宽度、高度和无限个相同限制容量的箱子,求如何将矩形物品配置到这些箱子里,目标是最小化箱子使用个数,这类问题可以建模为二维箱子装箱问题,后面简称为2BP。另一类是宽度已知、高度无限的条形板,将矩形物品配置到条形板上,目标是最小化条形板的高度,这类问题可以建模为二维条形板装箱问题,以下简称2SP。

(1)确定型算法

求解装箱问题的确定型算法是指通过有限次迭代或布局尝试能够找到装箱问题的最优解或得到最优装箱方式。最常用的算法有枚举算法、分支定界算法、分支-定价算法三类。

(2)一般启发式算法

一般启发式算法包括在线算法与离线算法。由于求解二维装箱问题的在线算法并不多,我们重点介绍离线算法。

离线算法第一类是 3 个出自一维装箱问题的著名算法并成功应用于二维装箱问题的

经典策略。这类算法假设物品都是按高度单调递减进行排列的并按相应的顺序进行装箱。令 i 表示当前的物品，s 表示最后形成的层（大多的算法都是分层算法，即把物品从左往右放置，不同的行形成分层结构。第一层定义为箱子/条形板的底部，接下来的层是上一层最高物品的顶部所在的水平线）。策略一是高度递减其次-适配策略，即如果可以的话，将物品 i 放置在第 s 层最左边的位置；否则产生一个新的层（$s=s+1$，并且物品 i 被放置到这一层最左边的位置）。策略二是高度递减首次-适配策略，即如果物品 i 适合每一层，物品 i 被放置到第一层最左边的位置，如果物品 i 不适合任何一层，则以高度递减其次-适配策略初始化一个新的层。策略三是高度递减最佳-适配策略，即物品 i 被放置在适合它的那一层的最左边，使得剩余空间最小，如果物品 i 不适合任何一层，则利用高度递减首次-适配策略初始化一个新的层。

第二类是求解 2BP 问题的离线算法。如 Chung 等人为有限装箱问题提出混合首次适配（Hybrid First-Fit，HFF）两阶段算法。第一阶段利用 FFDH 策略得到宽为 W 的条形板装箱问题的布局方式，第二阶段通过利用 FFD 启发式算法求解一维装箱问题得到有限箱装箱问题的解决方案。针对非分层装箱问题主要是单阶段算法，最重要的非分层算法是左-底（Bottom-Left，BL）算法，即将当前物品放置在最左最底的可能位置，如果没有矩形物品可以再向左或向底部移动，则称此装箱方式满足 BL-条件。但是 BL 算法的不足之处在于无法找到大规模装箱问题的最优装箱方式。

第三类是求解 2SP 的离线算法。如 Lodi 等人对分层装箱方式进行扩展提出了底-顶算法（Floor-Ceiling，FC）。放置在上一层的最高物品的顶部水平线（相对于底部）定义为 Ceiling（相对于 Floor），FC 算法可能是从右往左放置物品，并且它们的顶部边缘在顶层。在第一阶段，为了使布局比较完美，首先对当前物品进行装箱：在顶部采用 BF 策略，在底部采用 BF 策略，在新一层的底部采用 BF 策略。在第二阶段，或者使用 BFD 算法，或者使用一维装箱问题的确定型算法，对物品进行分层装箱，达到事先给定的迭代次数时算法终止。

（3）现代启发式算法

遗传算法（GA）、模拟退火算法（SA）、禁忌搜索算法（TS）等都已成功运用于求解二维装箱问题，其中 SA 和 TS 在求解质量与求解速度方面优于 GA。

3）三维装箱问题算法

三维装箱是非常实际却更加难求解的问题，通常已知长宽高的物品集和所有箱子都有相同的长宽高，如果箱子的高度是有限的，则为 3BP 问题，如果是无限的，则为 3SP 问题。

三维装箱问题的求解困难性使得其研究文献比较少。而从近几十年的研究情形来看,3BP 问题的研究文献相对 3SP 问题来说较多一些,但目前求解三维装箱问题的确定型算法很少,研究较多的是启发式算法,其已成为求解 3BP 问题的首选。如 Fenrich 等人提出利用 SA 算法求解三维装箱问题,但只限于小规模问题。为了进一步研究三维装箱问题,作者设计了简单的三维 NF 以及 FF 装箱策略,这些策略为对比多种装箱顺序的效果提供了测量工具。另外,他为各种优化过程提供了有用的评价函数。

4)多目标装箱问题及算法

多目标装箱问题是同时满足两个或者多个相关联或冲突目标的装箱问题,在实际应用中通常还需要满足很多冲突准则,例如最小化使用箱子个数与平衡装箱过程,或者考虑更多的约束条件。实际应用促进了多目标装箱问题的研究发展,如找到最优布局方式能够获得较好的资源利用率和安全系数。

现在,多目标装箱问题在工业与学术界已成为受欢迎的研究课题。如 Liu、Tan 和 Goh 等人利用粒子群优化算法求解多目标 2BP 问题。Liu、Tan 和 Huang 等人针对具有多个约束的箱子装箱问题给出了多目标 2BP 数学模型,提出多目标进化粒子群优化算法,算法的基本思想是不需要将两个函数组成复合标量加权函数,而是结合帕累托优化概念设计出权衡分层的解决方案。对多个测试问题进行扩展数值研究,结果证实了此算法求解多目标装箱问题的有效性。Sathe 等人为了总能得到独立于约束个数的可行解,提出了基于 NSGA-2 与聚类策略两个关键因素的算法,他们提出的算法对于求解大规模多目标装箱问题具有较好的实用性。

［案例导入］　合理规划卸车人力

车辆到达仓库服从泊松流,到达速率为 9 辆/h,卸车时间服从负指数分布,每组作业人员的平均服务速率为 4 辆/h。车辆是先到先卸货,问需安排几组作业人员进行卸车可使 90% 以上的车辆到达后立刻进行卸货?

（1）M/M/s 排队模型的主要指标

此问题可用 M/M/s 排队模型求解,其稳态概率为

$$\lambda P_0 = \mu P_1$$

$$\lambda P_0 + 2\mu P_2 = (\lambda + \mu) P_1$$

$$\vdots$$

$$\lambda P_{s-1} + s\mu P_{s+1} = (\lambda + s\mu) P_s$$

$$\vdots$$

$$\lambda P_{n-1} + s\mu P_{n+1} = (\lambda + s\mu) P_n$$

由 $\sum_{n=1}^{\infty} P_n = 1$ 解得仓库内无车辆的概率

$$P_0 = \left[\left(\sum_{n=0}^{s-1} \frac{\lambda^n}{\mu^n n!} \right) + \frac{1}{s!} \left(\frac{\lambda}{\mu} \right)^s \left(\frac{1}{1-\rho} \right) \right]^{-1}$$

仓库内有 n 辆车的概率 $\quad P_n = \begin{cases} \dfrac{\lambda^n}{\mu^n n!} P_0 & 1 \leqslant n \leqslant s \\[3mm] \dfrac{\lambda^n}{\mu^n s! \, s^{n-s}} P_0 & n > s \end{cases}$

仓库内平均车辆数 $L = L_q + \dfrac{\lambda}{\mu}$，仓库内平均等待的车辆数 $L_q = \dfrac{\lambda^s \rho P_0}{\mu^s s! \, (1-\rho)^2}$，车辆在仓库中平均停留的时间 $W = \dfrac{L}{\lambda}$，车辆在仓库中平均等待的时间 $W_q = \dfrac{L_q}{\lambda}$，车辆到达后需要等待(系统已有 s 个顾客)的概率

$$P(n \geqslant s) = \sum_{n=s}^{\infty} P_n = \frac{(s\rho)^s}{s! \, (1-\rho)} P_0 = \left(\frac{\lambda}{\mu} \right)^s \frac{P_0}{s! \, (1-\rho)} 。$$

(2)合理规划卸车人力

$$\frac{\lambda}{\mu} = 2.25$$

$s = 3, 4, 5, 6$ 时，$\rho = \lambda / s\mu = 0.750, 0.563, 0.450, 0.375$，$P_0 = 0.075, 0.099, 0.104, 0.105$，此时 $P(n \geqslant s) = 0.568, 0.241, 0.091, 0.030$。因此，$s \geqslant 5$，即安排5组以上作业人员进行卸车时，使90%以上车辆到达后可立刻进行卸货。

(资料来源:胡运权等.运筹学基础及应用[M].北京:高等教育出版社,2008.)

≫案例讨论

1.如何使用排队论合理规划卸车人力？

2.试举例说明使用排队论还可以对仓储入库作业进行哪些方面的优化。

≫复习思考题

1.考察一个仓库，了解其入库作业流程，找出问题，并提出优化方案。

2.考察一个仓库，了解其储存策略，找出问题，并用储位分配模型提出优化方案。

3.考察一个超市，了解某种商品堆码方法，分析其是否合理，并说明原因。

第 7 章

库存管理

本章导读：

● 了解库存的定义、分类，深入了解库存成本的构成，对库存内涵
有个总体认识。

● 深入了解各库存管理方法的策略内涵、运作特点和使用条件，并
能解决实际问题。

7.1 库存的内涵及成本构成

7.1.1 库存的内涵

1)库存的定义

库存是指在物流配送的各环节中堆积的商品总和。从物流系统观点看,流速为零的产品即库存。库存是为满足未来需要而暂时闲置的资源。库存不一定存放在仓库中,例如:汽车运输的货物处于运动状态,但这些货物暂时为未来需要而闲置,同样为库存,看作是一种在途库存。

2)持有库存的利弊分析

(1)持有库存的优势

库存的持有与客户服务或由此间接带来的成本节约有关。

①改善客户服务。至少在目前的物流模式下,我们无法设计出能对客户的产品或服务需求做出即时反应的运作系统,因为这样的运作系统是很昂贵的。库存使得产品或服务保持一定的可得率,当库存位置接近客户时,就可以达到满足较高的客户服务水平。库存的存在不仅保证了销售活动的顺利进行,而且提高了实际销售量。

②降低生产成本。虽然持有库存会产生一些成本,但也可以间接降低其他方面的营运成本,两者相抵可能还有成本的节约。保有库存可以使生产的批量更大、批次更少、运作水平更高,因而可能产生更好的经济效益。由于库存在供求与需求之间起着缓冲器的作用,可以消除需求波动对产出的影响。

③降低运输成本。保有库存有助于实现运输中的成本节约。采购部门的购买量可以超过企业的即时需求量以争取价格-数量折扣。保有额外库存带来的运输成本可以被价格降低带来的收益所抵消。与之类似,企业常常可以通过增加运输批量、减少单位装卸成本来降低运输成本。但增加运输批量会导致运输渠道两端的库存水平都增加,运输成本的节约也可以抵消库存持有成本的上升。

④获得价格折扣。先期购买可以在当前交易的低价格购买额外数量的产品,从而不需要在未来以较高的预期价购买。这样,购买的数量比即期需求量要多,比按接近即期需求的数量购买导致的库存也多。但是,如果预期未来价格会涨,那么先期购买产生库存也

是有道理的。

⑤平抑需求与运输的波动性。整个分销系统需求和运输的波动也会造成不确定性，同样会影响运作成本和客户服务水平。为抵消波动的影响，企业常常在运作渠道中的多个点保有库存以缓冲不确定因素的影响，使配送更加平稳。

⑥预防突发事件。物流系统中也会出现计划外或意外的突发事件。几种常见的情形：自然灾害、需求激增、供货延误等，于是，保有库存可以起到一定的保护作用。在物流渠道的关键点保有一些库存还可以使系统在一定时间内继续运作，直到突发事件过去。

（2）持有库存的弊端

近年来，有许多人对持有库存提出批评，认为库存是不必要的浪费。对持有库存的批评主要围绕以下几个方面。

①库存被认为是一种浪费。库存占用了大量的资金，且不能对产品的价值做出直接的贡献。

②库存可能掩盖质量问题。当质量问题浮现出来，人们倾向于清理保有的库存，以保护所投入的资本。纠正质量问题的努力可能会延缓下来。

③保有库存鼓励人们以孤立的观点来看待物流渠道整体的管理问题。有了库存，人们常常可能将物流渠道的一个阶段与另一个阶段分离开来。将物流渠道作为一个整体来考虑的一体化决策带来的机遇可能会减少。而如果没有库存，企业不可避免地要同时对渠道中不同层次的库存进行计划和协调管理。

3）库存的分类

库存可以从库存产品的用途、存放地点、持有库存的目的、来源、所处状态或从生产角度和经营角度等几个方面来分类，以下我们重点从存放地点和持有库存的目的来对其分类。

（1）按存放地点分类

库存按其存放地点可分为制造商库存、在途库存、分销中心库存及零售商库存。其中，制造商库存指产品已经在制造企业产出，存放于制造商仓库留待进入分销渠道的库存；在途库存指正在运输途中的各种库存；分销中心库存指在各级分销中心留待运出的各种库存；零售商库存指零售商留待销售的库存。

（2）按持有库存的目的分类

库存按持有库存的目的可分为经常库存、安全库存、促销库存和投机库存。其中，经常库存指企业在正常的经营环境下为满足日常需要而持有的库存。这种库存随时间而不断减少，当库存降低到某一水平时（如订货点），就要进行订货来补充库存。这种库存补充是按一定的规则反复进行的。安全库存是在为满足平均需求和平均提前期所需的定期性库存之外的一些补充。安全库存由用于处理波动随机性的统计方法来确定，安全库存的保有量则取决于波动的幅度和企业现货供应的水平。精确的预测是降低安全库存水平的关键。事实上,如果可以 100%精确地预测提前期和需求,就不需要安全库存。促销库存指为了对应企业的促销活动产生的预期销售增加而建立的库存。投机库存指为了避免因产品价格上涨造成损失或为了从商品价格上涨中获利而建立的库存。

7.1.2 库存成本的构成

有三大类库存成本对库存决策起到重要作用,即采购成本、库存持有成本和缺货成本。这些成本之间互相冲突或存在悖论关系。要确定订购量补足某种产品的库存,就需对其相关成本进行全面的权衡。

1)采购成本

补货时采购商品的相关成本往往是决定再订购数量的重要经济因素。发出补货订单后,就会产生一系列与订单处理、准备、传输、操作、购买相关的成本。确切地说,采购成本可能包括不同订货批量下产品的价格或制造成本、生产的启动成本、订单经过财务、采购部门的处理成本;订单(常常通过邮寄或电子方式)传输到供应地的成本、货物运输成本(若采购价格不含运输费用)、在收货地点的所有物料搬运或商品加工成本等。如果企业由内部供货,比如企业的工厂为自己的成品库补货,采购成本就要反映生产启动成本。如果采用的是运到价格,那么就不涉及运输成本。

上述有些采购成本相对每个订单而言是固定的,不随订单订货规模而变化。其他的一些成本,如运输成本、生产成本和物料搬运成本则不同程度地随订货规模变化。分析时,需要对各种情况稍加区别对待。

2)库存持有成本

库存持有成本是因一段时期内存储或持有商品而导致的,大致与所持有的平均库存量成正比。该成本可分为空间成本、资金成本、库存服务成本和库存风险成本 4 种。其中,空间成本是因占用存储建筑内立体空间所支付的费用,如租借空间的成本、自有建筑和存储设施成本等。资金成本指库存占用资金的成本。该项成本可占到总库存成本的80%,同时也是各项库存持有成本中最难确定的一项。库存服务成本包括保险和税收,保险作为一种风险保护措施,可以帮助企业预防火灾、地震、风暴或偷盗等意外事件所带来的损失;税收按仓库的平均库存水平征收,一般而言,税收只占总持有成本的较小比例。库存风险成本是由于库存产品可能会发生污染、变质、短少(偷窃)、报废以及包装破损等情况,由此造成的损失费用。

3）缺货成本

当客户下达订单，但所订货物无法由正常所指定的仓库供货时，就产生了缺货成本。缺货成本有两种：失销成本（Lost Sales Costs）和保留订单成本（Back Order Costs）。每种都事先假定客户会做出某种反应，但由于客户的反应无法捉摸，所以准确衡量缺货成本非常困难。

当出现缺货时，如果客户选择收回他或她的购买要求，就产生了失销成本。该成本就是本应获得的这次销售利润，也可能包括缺货对未来销售造成的消极影响。那些客户容易以其他竞争性品牌来进行替代的商品（如面包、汽油或软饮料等）最容易产生失销成本。

如果客户愿意等待订单履行，那么，就不会发生失销的情况，只会出现订单履行的延期，即会产生保留订单成本。如果延期交货的订单不是通过正常的分拨渠道来履行，那么，可能由于订单处理、额外的运输和搬运成本而产生额外的办公费用和销售成本。这些成本是实际发生的，因而衡量起来并不困难。同时，也会有无形的、失去未来销售机会的成本，这是很难衡量的。那些在客户心目中有差异的产品（如汽车和大型仪器）更容易出现保留订单的情况，而客户不会去选择替代品。

7.2　库存管理方法

7.2.1　传统的库存管理方法

1）ABC 库存管理方法

（1）ABC 库存管理方法的概念

一般来说，企业的库存物资种类繁多，每个品种的价格不同，且库存数量也不等。有的物资品种不多但价值很高，而有的物资品种很多但价值较低。由于企业的资源有限，因此，对所有库存物资均给予相同程度的重视和管理是不可能，也是不切实际的。为了使有限的时间、资金、人力、物力等企业资源能得到更有效的利用，应对库存物资进行分类，将管理的重点放在重要的库存物资上而进行分类管理和控制，即依据库存物资重要程度的不同，以某类库存货物品种数占物资品种数的百分数和该类物资金额占库存物资总金额的百分数大小为标准，将库存物资分为 A、B、C 三类进行分级管理，这就是 ABC 库存分类管理的基本原理与方法。ABC 库存管理方法是由美国 GE 公司的迪克于 1951 年首先在库存管理中倡导和应用的，用于确定库存管理的重点，是一种节约资金和费用的简单而又有效的科学管理方法。

（2）ABC 库存管理方法的来源

ABC 库存管理方法的基础源自巴雷特分析（Pareto Analysis）。巴雷特在 1897 年研究社会财富分配时，收集了许多国家的收入统计资料，得出收入与人口关系的规律，即占人口比重不大（20%）的少数人的收入占总收入的大部分（80%），而大多数人（80%）的收入只占收入的很小部分（20%），所得分布不平等。由此他提出了所谓的"关键的少数和次要的多数"的关系。事实上，在经济管理中，也存在着许多类似上述的情况。例如：在企业的产品总量中，少数几种产品的产值却占了企业总产值的大部分；在百货公司的许多种商品销售中，为数不多的一些商品销售额却占总销售额的大部分等。

此后，美国通用电气公司董事长迪克对该公司所属某厂的库存物品经过调查后发现，上述原理同样适用于库存管理。同样地，在许许多多种库存物资中，一般只有少数几种物资的需求量大，因而占用较多的流动资金；从用户方面来看，只有少数几种物资对用户的需求起着举足轻重的作用，而种类数比较多的其他物资年需求量却较小，或者对用户的重要性较低。由此，可以将库存物资分 A、B、C 三类，并分别采取不同的管理办法和采购、储存策略，尤其是对重点物品实施重点管理。

（3）ABC 库存管理方法的分类标准

ABC 库存管理方法的分类标准可以是货物的年消耗总量、重要性以及保管要求等，具体划分标准及各类物资应占的比重并没有统一及严格的规定，要根据各企业、各仓库的库存品种的具体情况和企业经营者的意图来确定。一般来说，A 类物资种类数占全部库存物资种类总数的 10%~20%，而其需求量却占全部物资总需求量的 60%~80%；B 类物资种类数占 20%~30%，其需求量大致为总需求量的 15%~30%；C 类物资种类数占 50%~70%，而需求量只占 5%~15%。

例如，我们将某仓库的货物按年消耗总额（库存中各品种物资每年消耗的总量乘以它的单价即为该品种的年消耗总金额）作为分类标准，依年消耗金额从高到低进行排序，将最高的、累计至 80% 的货物划归 A 类，将年消耗金额次高的 10% 划归 B 类，最低的 10% 划归为 C 类。结果 A 类货物占总量的 20%，B 类货物占总量的 20%，C 类货物占总量的 60%，其分布图见图 7.1。

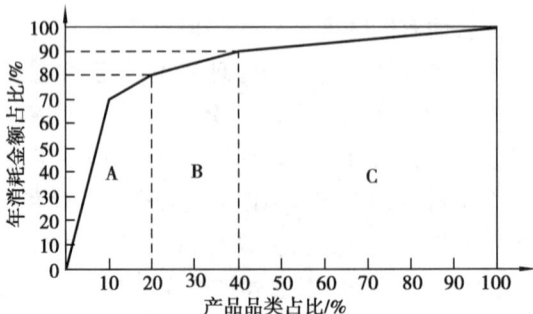

图 7.1 ABC 分布图

（4）不同类货物的管理方法

由图 7.1 可以看出,占用大部分消耗金额的 A 类物资,其数量所占的百分比却很小。因此,经过 ABC 分类可以使企业经营者弄清楚所管理物资的基本消耗情况,分清哪些是 A 类,哪些是 B 类,哪些是 C 类,从而采取不同的策略进行管理。对 A 类物资,应进行重点管理;对 B 类物资,按常规进行管理;对 C 类物资,则实行粗放式管理。具体应注意采取以下方法(表 7.1)。

①A 类货物的管理方法:尽量采用更精确的库存控制模型及控制方法;缩短订货周期,减小货物出库量的波动,使仓库的安全储备量降低;尽量保证 A 类货物按时交接货;A 类货物是价值分析的重点对象;A 类货物放置于便于进出的地方。

②C 类货物的管理方法:将数量大、价值低的该类货物不列入日常管理的范围,不必经常盘点,并可规定最少出库的批量,以减少处理次数等;为防止库存缺货,可适当增加安全库存量,或减少订货次数以降低费用;给予最低的优先作业次序。

③B 类货物的管理方法:进行正常的控制,可根据不同实际货物采用比 A 类货物相对简单、比 C 类货物相对严密的管理方法。

表 7.1　不同库存的管理策略

库存类型	特点（按货币量占用）	管理方法
A	品种数占 15%～20%,年耗用金额占总库存金额的75%～80%	进行重点管理。应严格控制其库存储备量、订货数量、订货时间。在保证需求的前提下,尽可能减少库存,节约流动资金。现场管理要更加严格,应放在更安全的地方;为了保持库存记录的准确,要经常进行检查和盘点;预测时要更加精细
B	品种数占库存品种数的 20%～25%,年耗用金额占总库存金额的 10%～15%	进行次重点管理。现场管理不必投入比 A 类更多的精力;库存检查和盘点的周期可以比 A 类长一些
C	品种数却占总库存品种数的 60%～65%,年耗用金额占总库存金额的 5%～10%	只进行一般管理。现场管理可以更粗放一些,但是由于品种多,差错出现的可能性比较大,因此,也必须定期进行库存检查和盘点,周期可以比 B 类长一些

2）MRP 库存管理方法

MRP 是物料需求计划（Material Requirement Planning）的简称,主要用于制造企业的计划生产。由于属于材料和零件的物品被最终产品所耗用,故零配件的库存水平可根据最终产品的需求量来得出,所以,MRP 是一种派生的订货管理系统。

MRP 库存管理方法最早由美国的生产与计算机应用专家欧·威特和乔·伯劳士在 20 世纪 60 年代提出的,由于该方法是生产管理专家在结合生产经验和计算机数据处理优势的基础上研制的,方法简单且对大多数制造类企业很有效,因此得到美国生产与库存管理协会的大力推广,并很快传播到日本、西欧与其他国家。

与针对独立需求产品的库存控制问题不同,MRP 用于控制相关物品的库存需要。相关需求是指一些物品的需求往往与其他物品的需求有着直接的联系。按产品结构,一个低层次物品的需求往往取决于上一层部件的需求,该上层部件的需求又取决于其上一层次组装件的需求,依此类推直至最终产品。MRP 根据最终产品或主要装配件的计划完工日期,来确定各种零件和材料需要订购的日期和数量。因此,MRP 既是一种精确的排产系统,又是一种有效的物料控制系统。其目标是将库存量保持在最低限度,且能保证及时供应所需数量的物料。MRP 的工作流程可见图 7.2。

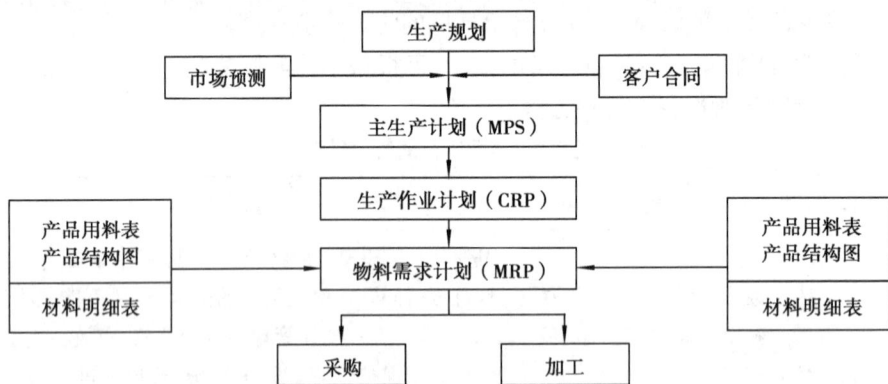

图 7.2　MRP 系统逻辑流程图

7.2.2　供应链环境下的库存管理方法

一般情况下,传统的库存控制模式中各节点企业都有自己的库存、库存控制策略和目标,对它们而言,较低的库存投资和较高的客户满意度似乎永远是一对不可调和的矛盾。在追求合作竞争的环境下,这种各自为政的库存管理策略已经完全不能适应供应链库存控制的要求。针对传统的库存管理模式,目前供应链环境下的库存管理策略主要有快速响应(Quick Response,QR)、同步客户响应(Synchronized Consumer Response,SCR)、连续补货(Continuous Replenishment,CR)、有效客户响应(Effective Customer Response,ECR)、快速补货(Rapid Replenishment,RR)、供应商管理库存(Vendor Managed Inventory,VMI)、联合库存管理(Joint Managed Inventory,JMI)、协同计划预测补给(Collaborative

Planning,Forecasting and Replenishment,CPFR）和多级库存管理（Multi-stage Inventory Management）等。其中 VMI、JMI、CPFR 和多级库存管理是供应链库存管理应用最为普遍的几种策略。

无论是何种技术，所解决的核心问题都是如何保证让有效库存在正确的时间到达正确的地点以满足客户的需求，并将库存成本控制在不影响企业竞争力的范围内。

1）VMI

（1）VMI 概述

VMI 是指供应商在用户的允许下管理用户的库存，由供应商决定每一种产品的库存水平和维持这些库存水平的策略。VMI 是一种战略合作伙伴之间的合作性策略，它以系统的、集成的管理思想进行库存管理，使供应链系统能够同步优化运行。VMI 是在供需双方首先建立相对紧密的合作关系的基础上，通过共享库存信息，减少需求与供应之间的偏差，减少和缓解"牛鞭效应"的影响，提高制造商与分销商的协调度。在 VMI 中，制造商或供应商是利益的主要获得者及风险的主要承担者，也是采用协调措施的倡导者。VMI 改变了传统的库存管理理念和运营模式，充分体现了供应链的集成化管理思想。供应商与其客户企业交换信息，实现信息共享和密切合作，不仅可以降低整条供应链上的库存水平和成本，还能更好地改善客户满意度，加速资金和物资周转，使供需双方共享利益，实现"双赢"。

（2）VMI 研究的主要内容

VMI 研究分 VMI 模式下供应链信息共享、VMI 模式下的供应链成员的决策问题以及对供应链成员的影响分析、VMI 模式下的供应链协调研究、第三方参与的 VMI 模式研究 4 个阶段。

①VMI 模式下供应链信息共享。有关 VMI 模式下供应链成员间信息共享的研究主要集中在上、下游成员间的纵向信息共享问题。多位学者从不同角度验证了 VMI 模式较传统库存管理模式能够更好地抑制"牛鞭效应"，提高供应链整体的绩效水平。对供应链成员间横向信息共享的研究较少，信息共享的同时也面临着信息泄露问题，关于这个问题，目前尚未有研究出现。还有下游成员预知了上游供应商有可能泄露信息这一行为时，有可能选择拒绝信息共享或传递假的信息。这有可能造成对供应链整体绩效的伤害。有关信息共享的激励机制设计也是值得研究的方向。

②VMI 模式下的供应链成员的决策问题以及对供应链成员的影响分析。研究大多针对一对一、一对多或多对一的供应链成员的决策进行分析，少有研究是建立在上下游都有多个相互竞争的成员组成的假设之上的，这是与实践差异最大的问题。另外，随着近些年来供应链长度的不断延伸，多级 VMI 集成的供应链也越来越多，而已有文献大多只针对两

层供应链组成的一级 VMI 模式进行的。

③VMI 模式下的供应链协调研究。对于 VMI 模式下的供应链协调问题,学者的核心思想都是建立在集中决策和分散决策下的供应链模型,通过引入相应的收益分享因子或剩余补贴因子等,形成一个激励相容的契约,从而使供应链绩效得到 Pareto 改进。研究的基本假设主要限制在二层供应链模型之中,对多层供应链多级 VMI 集成模式下的研究较少。

④第三方参与的 VMI 模式研究。第三方参与的 VMI 模式,尤其是 Supply Hub 模式是目前理论界关注的焦点。对分散 TPL-VMI 模式的研究,大多学者从供应商和供应链整体角度出发,分析第三方企业所起到的降低成本、分散风险的重要作用;对 Supply Hub 模式,最主要的研究成果集中于下游是生产企业供应链中的直送工位服务,这种模式在实践中也得到了很好的应用。而对于下游是零售商的 Supply Hub 模式,由于实践中尚未有成功的案例,学术界的研究成果也比较少。另外,第三方参与 VMI 模式后,其自身的管理决策问题,目前也缺乏适当的理论模型作为支撑。

2) JMI

JMI 是建立在经销商一体化基础之上的一种风险分担的库存管理模式,是解决供应链系统中各节点企业独立库存运作模式导致的需求放大现象,从而提高供应链同步化程度的一种有效方法。它与 VMI 不同,强调双方同时参与,共同制订库存控制计划,使供需双方能相互协调,使库存管理成为供需双方连接的桥梁和纽带,能为实现供应链运作的同步化提供条件。同时,通过协调管理中心共享信息,减少供应链运作中的需求扭曲现象,降低库存的不确定性,提高供应链的运作稳定性,为实现准零库存管理、准时采购创造条件。实行联合库存管理有很多优点,对于经销商来说,能使经销商的库存降低,从而使整个供应链的库存降低,而且还能快速响应用户需求,降低因缺货而使经销商失去销售机会的概率,提高服务水平;对于制造商来说,能使其集中精力,搞好生产,提高产品质量。

3) CPFR

CPFR 是一种协同式的供应链库存管理技术,它能在降低销售商库存的同时,增加供应商的销售量。CPFR 能及时准确地预测由某些不确定因素带来的销售高峰和波动,从而使供应链上供需双方都能做好充分的准备,实现"双赢"。从供应链的全局出发,制订供应链的统一管理目标以及实施方案,以库存管理为中心,兼顾供应链上其他方面的管理。CPFR 提供了覆盖整个供应链的合作过程,通过共享信息和共同管理业务流程,改善供需双方的合作伙伴关系,提高预测的准确度,在降低销售商库存的同时,增加供应商的销售量,提高供应链效率和客户满意率。CPFR 以面向客户需求为基础,提高整个价值链的增值能力为目的。在供应链中,各节点企业的运营方式、竞争能力和信息来源都存在差异,无法完全达到一致,CPFR 要求供应链上各节点企业建立相互信任、优势互补、利益共享、风险承担、信息共享、运作同步的良好合作关系。因此,CPFR 实际上是一种集成供应链管理。实施 CPFR 有助于优化供应链库存和改善客户服务,也有助于解决制造企业生产缺乏柔性和资源优化调度等问题,能为供应链各节点企业带来明显的经济效益。

4) 多级库存控制

多级库存控制策略可以分为中心化库存控制策略和非中心化库存控制策略。中心化库存控制策略是将控制中心放在核心企业上,由核心企业对整个供应链系统的库存进行控制,协调上游和下游企业的库存活动。这样核心企业就成了供应链的数据中心,担负着数据的采集、协调功能。非中心化库存控制策略是把供应链上的库存控制分为 3 个成本归结中心,即制造商成本中心、分销商成本中心和零售商成本中心,各自根据自己的库存成本做出优化控制策略。非中心化多级库存控制策略能够使企业根据自己的实际情况独立作出快速决策,有利于发挥企业自身的自主性和机动性。

5) 零库存管理

(1) 零库存管理的内涵

随着丰田公司准时化生产的提出,零库存这种模式开始提出并逐渐推广开来。以产品流动环节而言,不储备库存有两层意义:一是库存品等于零或非常接近零,二是无需库存管理必需的设备或用于库存管理的设备数量非常小。然而,不储备库存并不意味着完全不备库。从企业角度来说,零库存是指在某一特定的条件下的一种特殊库存储备形式,其精髓在于利用有效的库存资源尽快地制作产品并交付到客户手中,压缩生产制造耗时,压缩销售时间,最大限度地规避非必要的库存的产生。

而这里的"零库存"只是一种库存管理思想或制度。零库存管理和传统的库存管理也存在着很大的区别。零库存管理主要是通过逐渐降低库存的形式来暴露存在的问题,进行不断的改进、优化及提高管理水平以达到效益的最大化。零库存的真正意义在于暴露问题、解决问题和提高管理水平。零库存是供应链管理中的一次突破,是精益库存管理的一种趋势。

(2) 零库存管理的形式

零库存主要是通过物流和生产等部门按照准时交货的思想来协调物料供应来实现的,它的许多形式都会使库存的总体水平降低。零库存的形式主要有委托保管库存、外包式库存、即时式生产模式、制造看板式库存管理、配送方式 5 种。其中,委托保管库存是指企业委托第三方代存代管企业的物品,使企业不再有库存从而实现零库存管理。这种方式的优点在于第三方利用自己专业的库存管理经验实现高水平、低费用的管理,省去了企业中的大量烦琐事务。但是它主要是通过库存的转移来实现的,并没有做到真正意义上的零库存,也没有使总的库存水平降低。外包式库存多为生产制造型企业可能采取的库存管理方式,很多企业同时开展制造活动,在约定的时间提供给中枢企业,则中枢企业不用备库,且中枢企业不直接负责销售,将销售工作转包给专门的营销公司,中枢企业的成品也为零存量。即时式生产模式是在生产过程的不同工位间借助于合理的规划和适宜的接口实现上下游生产间的完美契合,而不需要额外备库。即时式生产模式是通过科学的生产时间管理而实现产品数量与生产的对接,而看板管理方式是拉动准时化生产的有效方法。这种方式围绕着市场供求关系安排企业的生产管理活动,企业的生产与市场的旺季淡季因素、热销品的型和量有紧密关系,且工序安排不一,不需要考虑其余的产品,不需要额外备置更多的库存,实现供应链的完美契合。配送方式是一种综合库存管理方式,采取配送制度实现零库存的目标。企业依据供应链节点单元的特征,开展有针对性的管理措施,接着开展全面而统一的管控,统一调配,实现供应链的供应、生产和销售的有机融合。

6)供应链环境下库存管理方法的比较

供应链环境下库存管理方法的比较见表 7.2。

表 7.2　供应链环境下库存管理方法的比较

库存控制策略	策略内涵	运作特点	实用条件
CPFR	CPFR 是一种应用一系列技术模型,建立在贸易伙伴之间密切合作和标准业务流程基础上的经营理念	策略运行分为计划、预测、补给 3 个阶段,通过建立一个贸易伙伴框架结构,创建消费者需求—预测,协同制造厂和分销商的订单周期,最终建立一个企业间的价值链环境	CPFR 是 QR 发展的新阶段,适用于生产商与分销商之间的功能合作
VMI	VMI 是一种在用户和供应商之间的合作,以对双方都是最低的成本优化产品的可获得性,并在一个相互统一的目标框架下,有供应商管理库存	由制造商监控其分销商库存水平,并且承担补充库存的责任,以达到预定的库存周转目标和顾客服务水平,制造商根据分销商的数据资料决定未来的货物需求数量,确立库存水平和补给策略,拥有库存控制权	有助于实现制造商和分销商的厂商一体化,即实用于供应链中第一阶段的库存控制需求

库存控制策略	策略内涵	运作特点	实用条件
JMI	JMI 是一种基于协调中心的上下游企业同步运行，消除需求变异的库存控制策略	强调客户与供应商双方都参与到库存的计划和管理中来，双方在共享库存信息的基础上，以消费者为中心，共同制订统一的生产计划与销售计划，将计划下达到各个生产单元与销售单元执行，充分体现了现代供应链的集成化管理思想	同时满足分销商与生产、生产商与供应商之间的两阶段库存控制需求
多级库存优化	多级库存系统根据不同的配置方式，有串行系统、并行系统、纯组装系统、树形系统、无回路系统和一般系统	是一种对供应链资源全局优化的库存管理模式	多级库存管理较适合用于大规模生产组装型企业，其下游有多个分销商，上游有多个供应商，原材料和产成品等物流量较一般企业更大

［案例导入］　沃尔玛零库存管理模式

沃尔玛公司是美国一家世界性连锁企业，按照营业额计算是全球最大的公司，总部在美国阿肯色的本顿维尔。沃尔玛公司连续三年在美国《财富》杂志世界 500 强企业中居首位，目前在 15 个国家有 8 500 家门店。沃尔玛公司以突出的公司宗旨、人性化的消费客户服务，运用零库存的成功之道以及自身打造的品牌效应迅速打开了广大的消费市场。

（1）沃尔玛零库存管理模式分析

①现代化管理手段为零库存管理奠定基础。一个企业发展的好与坏绝大部分取决于管理，沃尔玛在相关管理上对其进行了大规模的投入，建立了世界上第一个具备私人通信卫星的企业，并且在这个卫星的 6 个频道支持下建立了全球最大的民用数据库。这样规模的数据库和发达的通信系统一方面使得信息在沃尔玛各个分公司之间分享传输，使沃尔玛的物流业务更加畅通、方便，进一步减少了沟通传递环节，各个分店和配送中心的联系也更加便捷；另一方面也密切保持着和供应商的联系，各种变化的销售信息能够通过卫星系统快速传达供应企业，进一步减少时间不充裕、储存仓库不够的困惑，使用现代化的科技手段为实现零库存奠定了良好的基础。

②强大的数据分析管理能力为零库存管理提供支撑。在配送体系方面上，沃尔玛掌

握着强大的数据流,足不出户便可以掌握所有百货的流动,整体计算机系统规模仅次于五角大楼,总公司内部便与这巨大的计算机控制中心相连,同时沃尔玛全球4 000多个分店的销售订货库存信息都可以在公司总部的数据库中查到。具体做法是在全美的5 500辆货运车全部装上了卫星定位系统,总部可以充分地考虑地域、时间、公路运输潜力来有效地安排任务,针对不同的情况进行深入分析,从而实现最优分配,节省一定的空间。沃尔玛通过在全球积累大量的数据流,运营大数据的分析匹配,利用好现有的资源整合管理,从而实现高效的配送供应,最佳的库存利用率,效益的最大化。

③无缝连接的运输方式为零库存管理提供保证。在配送中心的机构系统及运作上使用传送带无缝连接运输方式,使沃尔玛可以保证所需商品从配送中心到任意一家商店的时间不超过48小时,分店货架补给平均一周可以补货两次,中间省去不必要的复杂流程,节省时间,降低成本,让存货停留在存库的时常减到最低。针对不同的产品,沃尔玛有各式各样的配送中心,精细化的分类中心更加提高了配送的精准性和实效性,对一些要求特别处理的产品配送会标识记号处理,这样的工作配送中心都会保质保量完成,给顾客最细致的服务体验,无缝连接的运输方式,极大地降低了库存的占用率,提高了货物的周转速度,为零库存的实现提供强有力的保证。

④高效的供应链供给是零库存管理实现的关键。沃尔玛在配送作业方式上,60%的货运车送货完毕后会在第一时间获取返途中的缺货信息并提供供应商所需要的产品,集中配送可以有效地为各个分店提供货物配送服务。自动化的配送中心指挥着送货车和工作人员,24小时连续工作,一周会配送2次,超低的订单失误率,完全不用担心货物过多或过少的问题。若沃尔玛分店向总店订货,货物会在最短时间内进行分配并送达,自动化的管理将人工成本及失误率降到了最低,高效的分配供给更是其他同行不可能做到的。同时沃尔玛在以实现生产和销售同步为目地的自动订货系统、依靠精准的数据决策进行的自动补货系统,以及最佳物流支撑的零库存目标管理,是实现零库存管理模式不可或缺的关键要素。

(2)沃尔玛零库存管理应用启示

①供应链管理新型运作模式。沃尔玛在企业的运营发展中,创新使用供应链管理的新型运作模式。该模式可以通过持续补货管理系统,对基础数据进行分析匹配,从而及时决策商品的货架及进货数量,并由MIMI(制造商管理库存)系统实行自动进货,做到连续补货,自动分配,从而实现供应链的高效供给,在流通中降低商品的库存,使之接近零库存的状态,同时能够节省大量库存及流通管理费用,因此简化了采购管理的工作流程,减少了相应的采购成本,提高了单位产品利润。我国企业的在供应链的管理上应该加大人力、物力及技术方面的投入,在采购、生产、物流、销售等各个环节中共同提高存货周转率,优化整体流程,充分利用新型的供应链管理模式。

②现代化科技的应用必不可少。纵观沃尔玛的零库存管理模式,可以发现其中离不开现代化科技的应用。沃尔玛是世界上第一个建立私人通信卫星的企业,利用卫星的六大频道在全球开展庞大的业务,通过现代化的运输方式管理体系,以及高规格的数据库和高效的通信系统完成了零库存管理的必备要求。虽然普通企业在经营中可能很难有资金流建立私人的通信卫星,但是要善用现代化的科技手段,如科技化的运输方式、自动化的管理配送中心、智能化的补货管理系统等,这些现代化的手段是企业实现零库存的重要基础,企业要加大在现代化科技方面的投入,利用现代化的科技手段能极大地提高效率,优化管理结构,降低流通成本,从而带来更多的效益回报。

③强大的配送中心和高效的运输体系是保证。零库存管理模式的实现,其中必然离不开强大的自动化配送中心进行管理配送,有效的货物分配和控制,能保证配送中心始终保持着库存极低但效率很高的运作模式,而高效率配送的实现方式,则离不开公司完善的运输体系,高效的运输体系是配送中心强大的重要保证。沃尔玛在零库存的管理中,始终保持着对自动化配送中心和运输体系的大力投入,该部分的投入保证了配送管理的高效运转。企业在追求零库存的过程中,必须在配送中心和运输体系上下足功夫,根据市场业务情况,建立专用的自动化配送中心,实现配送的智能化和自动化,减少人工成本和误单率,并且打造成熟的运输体系,实现立体化、多元化的高效运输体系。

④大数据的管理及应用。在现代的物流配送体系中,存在着成本和效率难以兼顾的问题,而通过大数据的分析,则可以很好地解决这一问题。通过数据的运用,可以看到具体业务的运营情况,挖掘数据的规律及价值,掌握在物流活动中的全部数据,从而进一步优化资源的配置,确保每个流程的最优选择,提高经济效益。因此,现代物流和配送体系离不开计算机网络技术和大数据信息技术的支撑,而实现系统化、信息化、自动化、网络化、智能化、标准化、社会化高效运营体系,始终离不开大数据的应用。企业在实际管理中要注重大数据的收集和分析,运用好大数据的管理思维,从而实现物流结构的升级调整,为企业零库存的管理模式提供更科学高效的助力。

(资料来源:彭勇,孙喜云.沃尔玛"零库存"管理的应用启示[J].统计与管理,2016(2):126-127.)

>>案例讨论

1.试分析沃尔玛实现"零库存"的前提条件。

2.借鉴沃尔玛经验,我国连锁零售企业如何有效实现零库存?

>>复习思考题

1.参观一个仓库,了解其库存成本构成,分析其问题所在,提出改进措施。

2.要实现仓储企业与农产品生产企业、制造业企业和零售企业融合发展,仓储企业选择哪种库存管理方式更合适?请举例说明。

第 8 章

商品的养护

本章导读：

- 了解库存物品的物理机械变化、化学变化、生化变化及某些生物活动引起的变化等形式，对库存物品的变化形式有个总体认识。
- 了解加速库存物变化的内、外原因，认识到内因决定了物品变化的可能性和程度，外因是促进这些变化的条件，才能更好地做好库存物品的养护。
- 了解普通物品存储的基本要求，深入了解常用的仓库温、湿度控制方法，了解物品霉腐、仓库害虫、金属锈蚀等的防治，对降低库存损耗的手段有个总体的把握。

8.1 物品的质量变化

物品在仓储过程中,由于物品本身的性能特点,以及受各种外界因素的影响,可能发生各种各样的质量变化。防止、减缓物品质量的变化是仓库必须做好的一项重要工作。为此,需要了解物品质量的变化规律及影响因素,以确保物品安全。物品在仓储过程中的变化形式归纳起来有物理机械变化、化学变化、生化变化及某些生物活动引起的变化等。

8.1.1 物理机械变化

物品的物理变化是指只改变物质本身的外表形态,不改变其本质,没有新物质的生成,并且有可能反复进行的质量变化现象。物品的机械变化是指物品在外力的作用下,发生形态变化。物理机械变化的结果不是数量损失,就是质量降低,甚至使物品失去使用价值。物品常发生的物理机械变化主要有挥发、溶化、破碎与变形、玷污、熔化、渗漏、串味、沉淀等形式(表 8.1)。

表 8.1 物品物理机械变化

种类	定义	危害	影响因素	防止方法	代表物品
挥发	低沸点的液态物品或经液化的气体物品在空气中经汽化而散发到空气中的现象	降低有效成分、增加物品损耗、降低物品品质,甚至引起燃烧或爆炸,一些物品挥发的蒸汽有毒性或麻醉性	气温高低、空气流动速度的快慢、液体表面接触空气面积的大小	加强包装密封性,控制仓库温度,保持恒定低温储存	酒精、白酒、香精、花露水、香水、化学试剂中的各种溶剂,医药中的一些试剂,部分化肥农药、杀虫剂、油漆
溶化	某些固态物品在保管过程中,吸收空气或环境中的水分,当吸收数量达到一定程度时,就溶化成液态。物品必须具有吸湿性和水溶性两种性能	对储存、运输及销售部门带来不便	空气温度、湿度、物品的堆码高度、物品本身的吸湿性和水溶性	防止空气的直接接触,分区分类存放在干燥阴凉的库房内,防潮、隔潮、吸湿、通风,垫垛高一些	食糖、糖果、食盐、氯化钙、氯化镁、尿素、硝酸铵、硫酸铵、硝酸锌、硝酸锰

种类	定义	危害	影响因素	防止方法	代表物品
破碎与变形	物品在外力作用下所发生的形态上的改变	降低甚至失去使用价值	破碎:包装不良,在搬运过程中受到碰、撞、挤、压和抛掷而破碎、掉瓷、变形;变形:受到强烈的外力撞击或长期重压	注意妥善包装,轻拿轻放,在库堆垛高度不能超过一定的压力限度	玻璃、陶瓷、搪瓷制品、铝制品、皮革、塑料、橡胶
玷污	物品外表沾有其他物质,或染有其他污秽的现象	降低甚至失去使用价值	生产、储运中卫生条件差及包装不严	对一些外观质量要求较高的物品特别注意玷污	绸缎、呢绒、针织品、服装、精密仪器和仪表
熔化	低熔点的物品受热后发生软化乃至化为液态的现象	物品流失、粘连包装、玷污其他物品,甚至使包装爆破,或使货垛倒塌	温度、物品本身的熔点、物品中杂质种类和含量高低	根据物品的熔点高低,选择阴凉通风的库房储存。在保管过程中,一般可采用密封和隔热措施,加强库房的温度管理,防止日光照射,尽量减少温度的影响	香脂、发蜡、蜡烛;文化用品中的复写纸、蜡纸、打字纸和圆珠笔芯;化工物品中的松香、石蜡、粗茶、硝酸铸;医药物品中的油膏、胶囊、糖衣片等
渗漏	液态物品,特别是易挥发的液态物品,由于包装容器不严密,包装质量不符合物品性能的要求,或在搬运装卸时碰撞震动破坏了包装,而发生跑、冒、滴、漏的现象	液态物品由于降温或严寒季节结冰或气温升高等,导致体积膨胀而使包装内部压力增大胀破包装容器	包装材料性能、包装容器结构、包装技术、仓库温度变化	对液态物品应加强入库验收和在库物品检查及温、湿度控制和管理	石油

续表

种类	定义	危害	影响因素	防止方法	代表物品
串味	吸附性较强的物品吸附其他气体、异味,从而改变本来气味的变化现象	降低甚至失去使用价值	表面状况、与异味物品接触面积的大小、接触时间的长短、环境中异味的浓度,物品的成分、组织结构	应对易被串味的物品尽量采取密封包装,在储存和运输中不与有强烈气味的物品同车、船混载或同库储藏	大米、面粉、木耳、食糖、饼干、茶叶、卷烟等;常见的引起其他物品串味的物品有汽油、煤油、桐油、腊肉、樟脑、卫生球、肥皂、化妆品以及农药等
沉淀	含有胶质和易挥发成分的物品,在低温或高温等因素影响下,部分物质凝固,进而发生沉淀或膏体分离的现象	降低甚至失去使用价值	低温或高温	根据不同物品的特点,防止阳光照射,做好物品冬季保温工作和夏季降温工作	墨汁、墨水、牙膏、化妆品等;某些饮料、酒

8.1.2 化学变化

物品的化学变化与物理变化有本质的区别,它是指构成物品的物质发生变化后,不仅改变了物品的外表形态,也改变了物品的本质,并且有新物质生成,且不能恢复原状的变化现象。物品化学变化过程即物品质变过程,严重时会使物品失去使用价值。物品的化学变化形式主要有分解、化合、老化、裂解、风化、曝光、聚合、陈化、锈蚀、水解、氧化等(表8.2)。

表 8.2 物品化学变化

种类	定义	危害	影响因素	防止方法	代表物品
分解	某些性质不稳定的物品,在光、电、热、酸、碱及潮湿空气的作用下,由一种物质生成两种或两种以上物质的变化	数量减少、质量降低,甚至在反应过程中,产生一定的热量和可燃气体而引发事故	光、电、热、酸、碱、湿度	注意包装物的密封性,库房中要保持干燥、通风	过氧化氢、漂白粉、电石
化合	物品在储存期间,在外界条件的影响下,两种或两种以上的物质相互作用,从而生成一种新物质的反应	降低有效成分	温度、湿度、空气含量、相容性	要注意包装,两种相互发生化合反应的物品分开储存	过氧化钠

种类	定义	危害	影响因素	防止方法	代表物品
老化	含有高分子有机物成分的物品,在日光、氧气、热等因素的作用下,性能逐渐变坏的过程	破坏其化学结构、改变其物理性能,使机械性能降低,出现变硬发脆、变软发黏等现象	阳光、氧气、温度	要注意防止日光照射和高温的影响,不能在阳光下曝晒;物品在堆码时不宜太高,以防止在底层的物品受压变形	橡胶制品、塑料制品、合成纤维等
裂解	高分子有机物,在日光、氧、高温条件的作用下,发生了分子链断裂、分子量降低,从而使其强度降低,机械性能变差,产生发软、发黏等现象	机械性能变差,发软、发黏、变质	阳光、氧气、温度	要防止受热和日光的直接照射	棉、麻、丝、毛、橡胶、塑料、合成纤维等;天然橡胶、聚苯乙烯
风化	含结晶水的物品,在一定温度和干燥空气中,失去结晶水而使晶体崩解,变成非结晶状态的无水物质的现象	物品变得疏松干燥	温度、湿度	密封物品包装,温湿度控制	硫酸钠、硫酸锌、硫酸铜、硫酸钙、玻璃
曝光	某些物品见光后,引起变质或变色的现象	变色,降低有效成分,成为废品	阳光、氧气、温度、湿度	防止光线照射,并要防止空气中的氧和温、湿度的影响,其包装要做到封装严密	胶卷、漂白粉、石炭酸
聚合	某些物品,在外界条件的影响下,能使同种分子互相加成而结合成一种更大分子的现象	降低物品质量	阳光、氧气、温度	要特别注意日光和储存温度的影响	桐油,福尔马林
陈化	指茶叶在长期储藏中,即使不霉变,质量也会降低,如色泽灰暗、香气降低等。这些现象,随着储存时间的延长而更加显著	茶单宁的破坏和浸出物总量的减少	水分、温度、湿度、光照、氧气	铝箔袋真空包装或铝箔袋加除氧剂包装	茶叶

续表

种类	定义	危害	影响因素	防止方法	代表物品
锈蚀	金属或金属合金,同周围的介质相接触时,相互间发生了某种反应,而逐渐遭到破坏的过程	降低物品质量带来环境污染,人员伤害等	金属本身不稳定性,水分和有害气体等	控制和改善储存条件,涂油防锈,气相防锈	铁
水解	某些物品在一定条件下,遇水发生分解的现象	降低物品质量	水、酸碱性、相容性	要注意包装材料的酸碱性,物品相容性	肥皂、蛋白质、棉纤维
氧化	物品与空气中的氧或其他能放出氧的物质化合的反应	发生自燃现象	温度、阳光、湿度、氧气含量等	储存在干燥、通风、散热和温度比较低的库房	某些化工原料、纤维制品、橡胶制品、油脂类物品等;硫代硫酸钠,棉、麻、丝、毛等纤维织品;桐油制品、植物性油脂类或含油脂较多的物品

8.1.3 生化变化及其他生物活动引起的变化

物品的生化变化是指有生命活动的有机体物品,在生长发育过程中,为了维持它的生命,本身所进行的一系列生理变化。例如,粮食、水果、蔬菜、鲜鱼、鲜肉、鲜蛋等有机体物品,在储存过程中,受到外界条件的影响和其他生物作用,往往会发生这样或那样的变化。这些变化主要有呼吸作用、发芽、霉腐、胚胎发育、虫蛀、后熟等(表8.3)。

表 8.3 物品生化变化

种类	定义	危害	影响因素	防止方法	代表物品
呼吸作用	有机物品在生命活动过程中,不断地进行呼吸,分解体内有机物质,产生热量,维持其本身生命活动的现象	有氧呼吸:热的产生和积累,往往使食品腐败变质。同时,有机体分解出来的水分,有利于有害微生物生长繁殖,加速物品的腐蚀。缺氧呼吸:产生酒精积累,引起有机体细胞中毒,造成生理病害,缩短储存时间	氧气、温度	保证它们正常而最低的呼吸,利用它们的生命活性,减少物品损耗、延长储藏时间	食品、鲜活物品

种类	定义	危害	影响因素	防止方法	代表物品
发芽	有机体物品在适宜条件下,冲破"休眠"状态发生的发芽、萌发现象	降低有机体物品的质量,在发芽、萌发过程中,通常还伴有发热、生霉的情况,不仅增加损耗,而且降低质量	水分、温度、湿度	控制它们的水分,并加强温、湿度管理,防止发芽、萌发现象的发生	土豆、白菜、洋葱
霉腐	物品在霉腐微生物作用下发生的霉变和腐败现象	无论哪种物品发生霉腐后,都会受到不同程度的破坏,甚至完全失去使用价值。食品发生霉腐会产生能引起人畜中毒的有毒物质	温度、湿度	对易霉腐的物品在储存时必须严格控制温、湿度,并做好物品防霉和除霉工作	针棉织品、皮革、鞋帽、纸张、香烟以及中药材等,肉、鱼、蛋类,水果、蔬菜,果酒
胚胎发育	鲜蛋的胚胎发育。在鲜蛋的保管过程中,当温度和供氧条件适宜时,胚胎会发育成血丝蛋、血环蛋	新鲜度和使用价值大大降低	温度、氧气、湿度	加强温、湿度管理,最好是低温储藏或截止供氧条件,采用饱和石灰水浸藏	鲜蛋
虫蛀	物品在储存期间,常常会遭到仓库害虫的蛀蚀	破坏物品的组织结构,使物品发生破碎和孔洞,而且排泄各种代谢废物污染物品,影响物品质量和外观,降低物品使用价值	害虫	机械防治,物理防治,密封防治,气调防治,化学防治,生物防治	凡是含有有机成分的物品,都容易遭受害虫蛀蚀
后熟	瓜果、蔬菜等类食品在脱离母株后继续其成熟过程的现象	腐烂变质,难以继续储藏,失去使用价值	温度、湿度、氧气	在其成熟之前采收并采取控制储藏条件的办法来调节其后熟过程,以达到延长储藏期、均衡上市的目的	瓜果,蔬菜等食品

8.2　影响物品质量变化的因素

物品发生质量变化,是由一定因素引起的。为了保养好物品,确保物品的安全,必须找出变化原因,掌握物品质量变化的规律。通常引起物品变化的因素可分为内因和外因两种,内因决定了物品变化的可能性和程度,外因是促进这些变化的条件。

8.2.1　影响库存物品变化的内因

物品本身的组成成分、分子结构及其所具有的物理性质、化学性质和机械性质,决定了其在储存期发生损耗的可能程度(见表8.4)。通常情况下,有机物比无机物易发生变化,无机物中的单质比化合物易发生变化;固态物品比液态物品稳定且易保存保管,液态物品又比气态物品稳定并易保存保管;化学性质稳定的物品不易变化、不易产生污染;物理吸湿性、挥发性、导热性都差的不易变化;机械强度高、韧性好、加工精密的物品易保管。

表 8.4　影响物品变化的内因

内　因	对质量的影响
物品的物理性质主要包括吸湿性、导热性、耐热性、透气性等	影响物品的质量变化速度
物品的机械性质主要包括物品的弹性、可塑性、强力、韧性、脆性等	影响物品的外形及结构
物品的化学性质主要包括物品的化学稳定性、物品的毒性、腐蚀性、燃烧性、爆炸性等	影响物品的本质发生变化
按化学成分,物品可分为无机成分的物品和有机成分的物品	物品成分有主要成分与杂质之分。主要成分决定着物品的性能、用途与质量,而杂质则影响着物品的性能、用途与质量,给储存带来不利影响

1)物品的物理性质

(1)物品的吸湿性

物品吸湿性是指物品吸收和放出水分的特性,物品吸湿性的大小、吸湿速度的快慢,直接影响该物品含水量的增减,对物品质量的影响极大,是许多物品在储存期间发生质量变化的重要原因之一。

物品吸湿性的大小,决定于物品的成分和结构。易溶性物品,如肥皂、化肥等,在潮湿条件下,可以大量吸湿。先是表面吸附,进一步又发生糊化或溶解;紧密体物品,如玻璃、五金等,一般吸湿性较小,而且仅仅是表面吸附;多孔性物品,如茶叶、卷烟、中草药、棉麻丝毛及其织品等,因有较大的表面积,又含有亲水性的基团,吸湿性较强。

其次,水分子属极性分子,易于与其他带电的极性分子结合。同时水在气态时易于凝结成液体,在液态时,它的沸点又较高,这样就易被吸湿性强的物品吸收。

(2)物品的导热性

物品的导热性是指物体传递热能的性质。例如,炊具应具有良好的导热性;保温材料应具有良好的保温性和极小的导热性。

物品的导热性与其成分和组织结构有密切关系。金属材料是热的良导体,所以大五金物品可以露天存放而不怕高温;动植物纤维、玻璃、橡胶制品,是热的不良导体,不宜放在楼顶库房,因受热不易散发,会促使其加速老化。

物品结构不同,其导热性也不一样。例如纺织品、皮革制品等,它们属多孔性结构的物品,由于大量孔隙中蕴藏着导热性很小的空气层,又不发生剧烈的对流现象,因而增加了保温性。物品表面的色泽与其导热性有关。浅色、强光泽的物品表面,对光有较强的反射作用,可以减少辐射热的侵入;深色则有吸热的性能。

(3)物品的耐热性

物品的耐热性是指物品耐温度变化而不致被破坏或显著降低强度的性质。物品的耐热性,除与其成分、结构和不均匀性有关外,还与其导热性、膨胀系数有密切关系。导热性大而膨胀系数小的物品,则耐热性良好;反之则耐热性差。例如,玻璃制品的导热性较低,耐温差,性能低,在温度变化时,由于传热慢,以致各部位受热不均,发生膨胀不一致而易于破裂;严冬季节,墨水受冻结冰,体积反而膨胀,而包装用的玻璃瓶受冷则体积收缩,一胀一缩,故易炸裂。橡胶及一些塑料制品,由于受温度变化影响,将发生分子结构变化,而导致性能改变。高温时,发黏和强度下降;低温时,则发硬变脆。

(4)物品的透气性与透水性

物品能被水蒸气透过的性质称为透气性;物品能被水透过的性质称为透水性。这两种性质在本质上都是指水的透过,不同的是:一个是指气体水分子的透过,另一个是指液体水的透过。

物品透气、透水性的大小,主要取决于物品的组织结构和化学成分。结构松弛、化学成分含有亲水基团,其透气、透水性都大。

因物品的用途不同,对其透水性、透气性也各有不同的要求。对衣帽、鞋袜要具有透气性,才能使人体蒸发的水分和分泌的各种气味易于扩散。所以,在纺织纤维的生产中,因合成纤维的透气性差,往往与一定量的天然纤维、人造纤维进行交织与混纺,或者进行其他特殊处理;有些物品由于用途特殊,如雨衣、防雨布、胶鞋等,既要有良好的透气性,又不能有透水性。

2)物品的机械性质

物品的机械性质是指物品的形态、结构在外力作用下的反应。物品的这种性质与其质量关系极为密切,是体现适用性、坚固耐久性和外观的重要内容,它包括物品的弹性、可塑性、强力、韧性、脆性等。这些物品的机械性质对物品的外形及结构变化有很大的影响。

(1)弹性与可塑性

弹性是指物体受一定外力作用时发生变形,当移去外力后,物体能自动复原的性质,这种变形称为弹性变形。具有弹性的典型物品是橡胶制品,在储存中碰、撞、压一般问题不大,但不宜重压、久压,特别是全胶鞋,重压久了,会引起弹性疲劳而变形。

可塑性是指物体受一定外力作用时发生变形,当移去外力后,物体不能恢复原来形状的性质;具有可塑性的物品很多,其中以塑料制品最为突出。软性塑料制品一般碰撞无妨,但怕重压、久压,致使变形;硬质塑料制品,如电木、电器制品等,怕撞、怕碰、怕摔,但一般轻压不要紧。

(2)强力

物品的强力是指物品抵抗外力作用而保持体态完整的性质。强力的大小直接反映出物品的耐用程度,是检验物品质量的指标之一。

不同成分的物品,具有不同的强度;同一成分的物品,其强度因结构特点及外力作用方式不同而不同。紧密体物品的强度,取决于物品的成分结构。若组织中存在有不均匀的部位和孔隙,其强度会降低;在外力作用下,这些部位因应力不均衡而发生破裂;多孔性物品如纺织品、皮革、纸张等的强度,取决于组织的松弛或紧密。若交织、交黏点分离,会出现纤维断裂,以至物品解体;外力缓慢而逐渐作用于物品时,各部位不产生突然的位移,使得物品抵抗外力的能力要大些。急剧作用于物品,各部位突然发生位移,或外力尚未传递集中于某一部分,物品即会受到破坏。

(3)韧性和脆性

物品的韧性是指物品在一定条件下,能承受外力的作用而不破裂的性质。例如,针纺制品、皮革制品、纸张、软质塑料制品、橡胶制品等具有一定韧性,一般的碰、撞、摔,对其影响不大,但不能拉扯和久压。

物品的脆性是指物品在一定外力作用下,易于破裂的性质。属于这类物品的有玻璃、陶瓷、电木、电器等,在保管时应防碰、防摔等,要轻拿轻放。

3）物品的化学性质

物品的化学性质（表 8.5）是指物品的形态、结构以及物品在光、热、氧、酸、碱、温度、湿度等作用下,发生改变物品本质相关的性质。与物品储存紧密相关的物品化学性质包括:化学稳定性、腐蚀性、燃烧性、毒性、爆炸性等。

表 8.5　物品的化学性质

种类	定义	危害	影响因素	防止方法	代表物品
化学稳定性	物品受外界因素作用,在一定范围内,不易发生分解、氧化或其他变化的性质	红磷在常温下性质不活泼,加热至 160 ℃燃烧,与强氧化剂接触,经摩擦,能引起燃烧和爆炸;黄磷在常温下性质很活泼,易氧化,能自燃	物品成分、结构及外界条件	应根据各种物品的稳定性程度大小,进行适当安排和保养。比如,黄磷必须浸放在水中保管才安全,松香可提取松节油成为熟松香,燃点较高(240 ℃),较为稳定,属普通物品	红磷、黄磷、松香
腐蚀性	某些物品能对其他物质产生破坏作用的化学性质	盐酸破坏钢铁制品;硫酸能吸收动植物水分,使它们碳化变黑等	—	不能把具有腐蚀性的物品与棉、麻、丝、毛织品及纸张、皮革制品等同仓储存,也不能与金属制品同仓储存。保管时,要根据物品不同的化学性质,选择储存场所	盐酸、烧碱、浓硫酸、漂白粉、石灰
燃烧性	有些物品性质活泼,发生剧烈化学反应时常伴有热、光同时发生的性质	燃烧	氧气、火源	可燃物与氧化剂要分存,易燃或遇火易燃的,应采取特殊的保管方法。如将白磷浸入水中,金属钠(钾浸于煤油中或石蜡封存)	闪光粉、红磷、火柴、松香、汽油、柴油、乙醇等低分子有机物
毒性	某些物品能破坏有机体生理功能的性质	皮肤溃烂,会引起局部黏膜刺激,全身性中毒等	—	检查验收时,不能口尝、鼻嗅,要戴口罩、手套等防护品,中途不能离开现场,隔离	中药材中的信石、马钱子、水银、藤黄等,甲醛和苯的蒸气,砒霜

续表

种类	定义	危害	影响因素	防止方法	代表物品
爆炸性	物质由一种状态迅速变化为另一种状态,并在瞬息间以机械功的形式放出大量能量的现象	物理性爆炸是包装桶内压力超过了该桶所能承受的强度而引起的爆炸;化学性爆炸是物质受外因的作用引起化学反应而发生的爆炸	碰击,火化,热或摩擦,震动	此类物品不可受热,不能与易燃物、酸类或爆炸品放置在一起	碰击性爆炸:叠氮化钠、苦味酸、硝化甘油等;混入在空气中易燃气体的爆炸:苯、乙醚、丙酮、汽油等;氧化剂混合易燃物的爆炸:如氧化钾、高锰酸钾、硫黄、红磷与金属锌粉混合在一起

4)化学成分

(1)无机成分的物品

无机成分的物品是指构成成分中不含碳的物品,但包括碳的氧化物、碳酸及碳酸盐,如化肥、部分农药、搪瓷、玻璃、五金及部分化工物品等。

无机性成分的物品按其元素的种类及其结合形式,有以下3类:

①单质物品:同种元素组成的物品,如钾、钠、硫黄、白磷等。在储存中要区别对待,钾、钠要放在煤油中封存,或用蜡封存,不能用手接触;白磷要放在冷水中,与空气隔绝,并降温,以防自燃;氧气、氮气、氢气等气体,一定要用钢瓶盛装。

②化合物物品:由两种或两种以上元素,按一定比例化合成分子而组成的物品,如氧化物、酸、碱、盐等。

③混合物物品:两种或两种以上单质或化合物,按一定比例相互混合、相互装配的物品。例如,油漆,是由黏结剂、溶剂油及颜料等混合而成;火柴,是由硫黄、赤磷、氯酸钾及木柴等装配而成。防热、防火,是养护混合物物品的关键措施。

(2)有机成分的物品

有机成分的物品是指以含碳的有机化合物为其成分的物品,但不包括碳的氧化物、碳酸与碳酸盐。属于这类成分的物品,其数量相当庞大,如棉、毛、丝、麻及其制品,化纤、塑料、橡胶制品、石油产品、有机农药、有机化肥、木制品、皮革、纸张及其制品,蔬菜、水果,食品、副食品等。这类物品成分中,结合形式也不相同,有的是化合物,有的是混合物。

(3)物品成分中的杂质

单一成分的物品极少含杂质,而成分绝对纯的物品也很罕见。所以,物品成分有主要成分与杂质之分。主要成分决定着物品的性能、用途与质量;而杂质则影响着物品的性能、用途与质量,给储存带来不利影响。

例如铝制品,主要成分是铝,含量应在99.3%以上。杂质含量在1%以下的为熟铝,制品延伸性好、导热快、质轻、便于储运;杂质含量超过1%的为生铝,其制品分量重、延伸性差、易碰破、不便储运。

5)物品的结构

物品的种类繁多,各种物品又有各种不同形态的结构,所以要求用不同的包装盛装。例如,气态物品,分子运动快、间距大,多用钢瓶盛装,其形态随盛器而变;液态物品,分子运动比气态慢,间距比气态小,其形态随盛器而变;只有固态物品有一定外形。

物品形态各异,概括起来,可分为外观形态和内部结构两大类。

(1)物品的外观形态,即物品的宏观结构

物品的宏观结构,有的是在生长过程中,天然形成的体态。例如,水果物品,具有天然的形态和诱人的色彩。外果皮较厚,并附一层蜡质,对物品质量有一定的保护作用。鲜蛋,在其蛋壳外表被一层光亮的油质薄膜堵塞着气孔,有保鲜作用。蛋壳小头厚,大头薄,为装箱、储运提供了理论依据。由于物品的外观形态多种多样,所以,在保管时应根据其体形结构合理安排仓容,科学地进行堆码,以保证物品质量的完好。

(2)物品的内部结构,即物品的微观结构

物品的内部结构即构成物品原材料的成分结构,属于物品的分子及原子结构,是人的肉眼看不到的结构,必须借助于各种仪器来进行分析观察。物品的微观结构对物品性质往往影响极大,有些分子的组成和分子量虽然完全相同,但由于结构不同,性质就有很大差别。

总之,影响物品发生质量变化的因素很多,包括物品的性质、成分、结构等内在因素,这些因素之间是相互联系、相互影响的统一整体,不能孤立对待。

8.2.2　影响物品质量变化的外因

物品储存期间的变化虽然是物品内部活动的结果,但与储存的外界因素有密切关系。这些外界因素主要包括:自然因素、人为因素和保存期,它们对储存期间物品质量的好坏有重大影响,甚至起决定作用。

1)自然因素

自然因素主要指空气中的氧、日光、微生物和仓虫、温度、湿度、卫生条件、有害气体、尘土、自然灾害等。

(1)空气中的氧

空气中约含有 1/5 的氧气。氧非常活泼,能和许多物品发生作用,对物品质量变化影响很大。例如,氧可以加速电解质的生成,使金属物品发生锈蚀;氧是好气性微生物活动的必备条件,使有机体物品发生霉腐;氧是害虫赖以生存的基础,有利于仓库害虫的发育;氧是助燃剂,不利于危险品的安全储存;在油脂的酸败、鲜活物品的分解、变质中,氧都是积极参与者。因此,在养护中,要采取各种方法(如浸泡、密封、充氮等)隔绝氧气对物品的影响。

(2)日光

日光中含有热量、紫外线、红外线等,它对物品起着正反两方面的作用:一方面,日光能够加速受潮物品的水分蒸发,杀死杀伤微生物和物品害虫,在一定条件下,有利于物品的保护;另一方面,某些物品在日光的直接照射下,又发生破坏作用,如日光能使酒类浑浊、油脂加速酸败、橡胶制品迅速老化、纸张发黄变脆、色布褪色、药品变质、照相胶卷感光等。因此,要根据各种不同物品的特性,注意避免或减少日光的照射。

(3)微生物和仓虫

微生物和物品害虫是物品霉腐、虫蛀的生物因子。微生物在生命活动过程中分泌一种酶,利用它把物品中的蛋白质、糖类、脂肪、有机酸等物质,分解为简单的物质,加以吸收利用,从而使物品变质,丧失其使用价值;同时,微生物异化作用中,在细胞内分解氧化营养物质产生各种腐败性物质排出体外,使物品产生腐臭味和色斑霉点。微生物的活动,需要一定的温度和湿度。没有水分,它是无法生活下去的;没有适宜的温度,它也不能生产繁殖。掌握这些规律,就可以创造条件,根据物品的含水量情况,采取不同的措施,防止微生物生长,以利物品储存。

仓虫在仓库里,不仅蛀食动植物性物品和包装,有些仓虫还能危害塑料、化纤等化工合成物品,此外,白蚁还会蛀蚀仓库建筑物和纤维质物品。仓虫在危害物品过程中,不仅破坏物品的组织结构,使物品发生破碎和孔洞,外现形态受损,而且在生活过程中,吐丝结茧,排泄各种代谢废物玷污物品,影响物品的质量和外观。

(4)温度

气温是影响物品质量变化的重要因素。温度能直接影响物质微粒的运动速度。一般物品在常温或常温以下,都比较稳定。高温能够促进物品的挥发、渗漏、熔化等物理变化及各种化学变化;而低温又容易引起某些物品的冻结、沉淀等变化;温度忽高忽低,会影响到物品质量的稳定性。此外,温度适宜时会给微生物和害虫的生长繁殖创造有利条件,会加速物品腐败变质和虫蛀。因此,控制和调节仓储物品的温度是物品养护的重要措施之一。

（5）湿度

空气的干湿程度称为空气的湿度。空气湿度的改变,能引起物品的含水量、化学成分、外形或体态结构发生变化。温度下降,将使物品因放出水分而降低含水量,减轻重量。如水果、蔬菜、肥皂等会发生蔫萎成干缩变形,纸张、皮革制品等失水过多,会发生干裂或脆损。湿度增高,物品含水量和重量相应增加,如食糖、食盐、化肥、硝酸铵等易溶性物品结块、膨胀或进一步溶化,钢铁制品生锈,纺织品、竹木制品、卷烟等发生霉变或被虫蛀等。湿度适宜,可保持物品的正常含水量、外形或体态结构和重量。所以,在物品养护中,必须掌握各种物品的适宜湿度要求,按其具体物品及设备,尽量创造物品适宜的相对湿度。

（6）卫生条件

卫生条件是保证物品免于变质腐败的重要条件之一。卫生条件不良,不仅使灰尘、油垢、垃圾、腥臭等污染物品,造成某些外观疵点和感染异味,而且还为微生物、害虫等创造了活动场所。因此,一定要搞好储存环境的卫生,保持物品本身的卫生,防止物品之间不卫生的感染。

（7）有害气体

大气中有害气体主要来自燃料,如煤、石油、天然气、煤气等燃料放出的烟尘以及工业生产过程中的粉尘、废气。对空气的污染,主要是二氧化碳、二氧化硫、硫化氢、氯化氢和氮等气体。物品储存在有害气体浓度大的空气中,其质量变化明显。例如,二氧化硫气体溶解度很大,溶于水中能生成亚硫酸,当它遇到含水量较大的物品时,能强烈地腐蚀物品中的有机物。在金属电化学腐蚀中,二氧化硫也是构成腐蚀电池的重要介质之一。空气中含有 0.01% 的二氧化硫,能使金属锈蚀增加几十倍,使皮革、纸张、纤维制品脆化。特别是金属物品,必须远离二氧化硫发源地。目前,主要是从改进和维护物品包装或物品表面涂油涂蜡等方法,减少有害气体对物品质量的影响。

（8）尘土

尘土、杂物能加速金属锈蚀、影响精密仪器仪表和机电设备的精密度和灵敏度。

（9）自然灾害

自然灾害主要有雷击、暴雨、洪水、地震、台风等。

2）其他因素

除自然因素外,影响物品质量的因素还包括人为因素、保存期等。具体说明见表8.6。

表 8.6　其他影响物品质量的因素

分类	具体内容	说　明
人为因素	保管场所选择不合理	由于物品自身理化性质决定了不同库存物在储存期要求的保管条件不同。因此,对不同库存应结合当地的自然条件选择合理的保管场所
	包装不合理	如果捆扎不牢,将会造成倒垛、散包,使物品丢失和损坏。某些包装材料或形式选择不当会加速库存物受潮变质或受污染霉烂
	装卸搬运不合理	不仅给储存物造成不同程度的损害,还会给劳动者的生命安全带来威胁
	堆码苫垫不合理	会导致库存物损坏变质
	违章作业	在库内或库区违章明火作业、烧荒、吸烟,可能会引起火灾
保存期		物品保存时间越长,发生变化的可能性就越大、越深。所以,仓库应坚持先进先出的发货原则,定期盘点,将接近保存期限的物品及时处理,对落后产品或接近淘汰的产品限制入库或随进随出

8.3　物品保养措施

8.3.1　普通物品存储的基本要求

物品养护不仅是技术问题也是管理问题,是一门综合性应用科学。对于普通物品的养护工作而言,维持他们质量、数量、包装的完好,重要的不是技术措施而是管理水平的高低,制定必要的管理制度和操作规程,并严格执行是各项管理工作的基础,"以防为主,以治为辅,防治结合"是物品保管工作的方针。搞好物品保管,具体应做好以下几个方面的工作。

1)严格验收入库物品

要防止物品在储存期间发生各种不应有的变化,首先,在物品入库时要严格验收,弄清物品及其包装的质量状况。对吸湿性物品要检测其含水量是否超过安全水平,对其他有异常情况的物品要查清原因,针对具体情况进行处理和采取救治措施,做到防微杜渐。

2）适当安排储存场所

由于不同物品性能不同,对保管条件的要求也不同,分区分类,合理安排存储场所是物品养护工作的一个重要环节。如怕潮湿和易霉变、易生锈的物品,应存放在较干燥的库房里;怕热易溶化、发黏、挥发、变质或易发生燃烧、爆炸的物品,应存放在温度较低的阴凉场所;一些既怕热又怕冻且需要较大湿度的物品,应存放在冬暖夏凉的楼下库房或地窖里。此外,性能相互抵触或易串味的物品不能在同一库房混存,以免相互产生不良影响。尤其对化学危险物品,要严格按照有关部门的规定,分区分类安排储存地点。

3）科学进行堆码、苫垫

阳光、雨雪、地面潮气对物品质量影响很大,要切实做好货垛遮苫和货垛下苫垫隔潮工作,如利用石块、枕木、垫板、苇席、油毡或采用其他防潮措施。存放在货场的物品,货区四周要有排水沟,以防积水流入垛下,货垛周围要遮盖严密,以防雨淋日晒。

货垛的垛形与高度,应根据各种物品的性能和包装材料,结合季节气候等情况妥善堆码。含水率较高的易霉物品,热天应码通风垛;容易渗漏的物品,应码间隔式的行列垛。此外,库内物品堆码留出适当的距离,俗称"五距"——顶距:平顶楼库顶距为 50 cm 以上,人字形屋顶以不超过横梁为准;灯距:照明灯要安装防爆灯,灯头与物品的平行距离不少于 50 cm;墙距:外墙 50 cm,内墙 30 cm;柱距:一般留 10~20 cm;垛距:通常留 10 cm。对易燃物品还应适当留出防火距离。

4）控制好仓库温度、湿度

仓库的温度和湿度对物品质量变化的影响极大,也是影响各类物品质量变化的重要因素。各种物品由于其本身特性,对温、湿度一般都有一定的适应范围,有安全温、湿度要求。超过这个范围,物品质量就会发生不同程度的变化。因此,应根据库存物品的保管保养要求,适时采取密封、通风、吸潮和其他控制与调节温、湿度的办法,力求把仓库温、湿度保持在适应物品储存的范围内。

5）认真进行物品在库检查

做好物品在库检查,对维护物品安全具有重要作用。库存物品质量发生变化,如不能及时发现并采取措施进行救治,就会造成或扩大损失。因此,对库存物品的质量情况,应进行定期或不定期的检查。检查应特别注意物品温度、水分、气味、包装物的外观,货垛状态是否有异常。

6)搞好仓库清洁卫生

储存环境不清洁,易引起微生物、虫类寄生繁殖,危害物品。因此,对仓库内外环境应经常清扫,彻底铲除仓库周围的杂草、垃圾等物,必要时使用药剂杀灭微生物和潜伏的害虫,对容易遭受虫蛀、鼠咬的物品,要根据物品性能和虫、鼠的生活习性及危害途径,及时采取有效的防治措施。

8.3.2 仓库温、湿度控制的常用方法

仓库里温、湿度的变化,与储存物品的安全有着密切的关系。储存中的物品要保持质量稳定,都需要有一个较适宜的温、湿度范围。因此,控制与调节仓库温、湿度,就成为当前条件下物品养护的一项重要措施。

各种物品的性能不同,各个库房的建筑结构、设备条件也有差异,气候在不断地变化着,各种因素是复杂的。如何采取正确的养护措施,首先要明确解决的主要问题是什么,是降温还是降湿;是要保持库内的温、湿度,还是调节库内的温、湿度,以适应物品性能的要求。所以,在确定措施前应缜密考虑,认真分析,才能运用得当,收到预期的效果。

在仓储环境的控制与调节中,温、湿度的控制与调节尤为重要。由于仓库的温、湿度受大气、气候的影响而发生变化,这就需要研究并采取一些措施来控制仓库内温、湿度的变化,对不适宜物品储存的温、湿度及时进行调节,控制与调节仓库环境的方法很多,采取密封、通风与吸潮相结合的方法,是控制与调节库内温、湿度行之有效的方法。

1)密封

密封是将物品储存在一定空间,使用密封材料,尽可能严密地封闭起来,使之与周围大气隔离,防止或减弱自然因素对物品的不良影响,创造适宜的保管条件。

密封的目的主要是防潮,同时也能起到防锈蚀、防霉、防虫、防热、防冻、防老化等综合效果。密封是相对的,不可能达到绝对严密的程度。密封可用不同的介质在不同的范围内进行。

(1)密封储存应注意的问题

①选择好密封时机。在一般情况下进行的密封,多以大气为介质的密封。因此,密封时必须首先选择好密封时机。在进行以防潮为主要目的的密封时,最有利的时机是在春末夏初,潮湿季节到来之前,空气比较干燥的时节。在一日之内,也应选择绝对湿度最低的时刻。对整库密封来说,不但要选择好适宜的密封时间,而且要选择好有利的启封时间。过早地密封,将会失去宝贵的自然通风机会,过晚密封则可能使库内湿度上升。一般

选择在库外绝对湿度大于库内绝对湿度,而库内相对湿度较低的情况下进行密封。启封时间应选择在库外温湿度下降、绝对湿度低于库内的时刻。

②做好密封前的检查。物品封存前,应进行一次全面的检查,看其是否有锈蚀、发霉、生虫、变质、发热、潮湿等异常情况,检查其包装是否良好,容器有无渗漏。如发现异常情况,应及时采取救治措施,待一切正常后,方可密封。

③合理选用密封材料。由于密封方式不同,所需要的密封材料也不同。按其作用可分为两大类:一是主体材料,包括油毛毡、防潮纸、牛皮纸、塑料薄膜等;二是涂敷黏结材料,如沥青、胶黏剂等。在选用上述材料时应注意其是否性能良好、料源充足、使用方便、价格低廉。

④密封必须同通风和吸湿相结合。密封储存不能孤立地进行,为了达到防潮的目的,必须与通风和吸湿结合运用。一般情况下,应尽可能利用通风防潮,当不适合通风时,才进行密封,利用吸湿剂吸湿。密封能保持通风和吸湿的效果,吸湿为密封创造适宜的环境。

⑤做好密封后的观察。因为一切密封都是相对的,不可能达到绝对严密。密封后,外界因素对封存物品自然会产生一定的影响,仍有发生变异的可能。因此,必须经常注意观察密封空间的温、湿度变化情况及出现的某种异状,及时发现问题,分析原因,并采取相应的措施进行处理。

(2)密封介质

密封的材料多种多样,凡是具有隔潮、保温性能的材料,都可以用作密封材料。但必须根据物品的性质和密封目的,合理选择材料。目前常用的密封材料有如下几种。

①防潮纸:具有防潮能力的包装纸,常见的有柏油纸、蜡纸、油纸以及用衡水剂进行表面处理的纸等。近年来还生产一种涂布塑料薄膜的防潮纸,防潮能力比普遍防潮纸强。防潮纸主要用于密封包装。

②油毡纸:俗称油毛毡,它是利用破布、废纸等为原料,或掺用部分动物毛和石棉等,再通过熔融的沥青、热辊挤压,撒上滑石粉或碎云母片制成的。油毡纸隔潮防水性能强,是一种较普遍使用的防潮密封材料,常用于地坪、垛底等的隔潮。

③塑料薄膜:隔潮防水性能较强,进气率也很小,常用的塑料薄膜有聚乙烯和聚氯乙烯薄膜。塑料薄膜使用方便,效果好,使用范围越来越广泛。随着塑料工业的发展,大量采用塑料薄膜作为密封材料是比较经济有效的。

④稻谷壳:由于稻谷壳的成分主要是木质素和粗纤维素,壳表面有一层蜡质,且密布茸毛,壳内有大孔隙,因此,使用一定厚度的谷壳能起隔热防潮作用。但用作密封的谷壳,含水量应控制在11%~12%为宜。为防止生虫,可掺入少量毒性较小的杀虫药剂,搅拌均匀并晾干。在地坪、垫板等铺上谷壳前,应先铺上一层塑料薄膜或油毡纸,然后铺上

15~20 cm厚的谷壳。

⑤血料和泡花碱:用作裱糊密封的黏料。血料配方是用猪血10份、石灰3份、桐油和松香各1份,加入适量水,加热搅拌均匀;泡花碱的防霉能力较好,但具有一定的吸湿性。

(3)密封储存的形式

按照密封的范围不同,可分为整库密封、小室密封、货垛密封、货架密封、包装箱及容器密封、单件密封等。

①整库密封:对储存批量大、保管周期长的仓库(如战备物资仓库、大批量进口物资仓库),可进行整库密封。整库密封主要是用密封材料密封仓库门窗和其他通风孔道。留作检查出入的库门,应加装两道门,有条件的可采用密闭门。

②小室密封:对于储存数量不大、保管周期长、要求特定保管条件的物品,可采用小室密封。即在库房内单独隔离出一个小的房间,将需要封存的物品存入小室内,然后将小室密封起来。

③货垛密封:对于数量较少、品种单一、形状规则而长期储存的物品,可按货垛进行密封。货垛密封所用的密封材料,除应具有良好的防潮、保温性能外,还应有足够的韧性和强度。

④货架密封:对于数量少、品种多、不经常收发、要求保管条件高的小件物品,可存入货架,然后将整个货架密封起来。

⑤包装箱及容器密封:对于数量很少,动态不大,需要在特殊条件下保管,且具有硬包装或容器的物品(如精密仪器仪表、化工原料等),可按原包装或容器进行密封。可封严包装箱或容器的缝隙,也可以将物品放入塑料袋,然后用热合或黏合的方法将塑料袋封口,放入包装箱内。

⑥单件密封:对于数量少、无包装或包装损坏、形状复杂、要求严格的精加工制品,可按单件密封。最简便且经济的方法是用塑料袋套封,也可用蜡纸、防潮纸或硬纸盒封装。

各种密封方法可以单独使用,也可以结合使用。总之,要根据物品养护的需要,结合气候情况与储存条件,因地制宜、就地取材、灵活运用。

2)通风

通风是根据大气自然流动的规律,有计划、有目的地组织库内外空气的对流与交换的重要手段,是调节库内温、湿度及净化库内空气的有效措施。

(1)通风原理

我们知道,空气总是从压力大的地方流向压力小的地方。这种自然流动的空气,也称为气流。风,实际上就是气流。利用库内外空气温、湿度的不同,构成的气压差,使库内外空气自然流动,从而达到调节库内温、湿度的目的,这就是自然通风的基本原理。

当库内外温度不同时,如果库内温度高,空气密度小,其气压也小;库外温度低,空气密度大,其气压就大。只要库内外的温度不同,就会产生气压差;如果此时开启库房的通风口,便会引起库内外不同气压差的空气自然对流,库外空气就会自然流入库内。库内外温差越大,气压差也越大,空气流动速度也就会越快。

但是,库内各个部位的情况也不尽相同。如果库内温度高于库外时,库房下部的通风口或门口处,由于库外空气压力大于库内,库外空气就会从这些通风口流入库内。而在库内顶部的情况却与此相反,由于库内的热空气密度小,膨胀上升聚集在顶部,这时顶部的窗门口或通风口处的空气,其气压大于库外。因此,库内热空气从上面流出库外。这样形成了库外空气由库房下部进风口流入,库内灼热空气由上部的排气口流出的循环过程,从而使库内空气得到交换。库内外温差越大,库内外空气自然交换的速度也越快。库房进风口和排气口距离越远,空气流动速度也越大,交换就越快。

如果库外有风,可借风的自然压力加速库内外空气的对流,库外空气从迎风面的门窗流入库房,而从背风面的门窗流出库外。但风力过大时不宜采用,以免引起仓库和物品的污染。一般风力在五级以下为宜。

(2)通风时机

仓库通风必须选择最适宜的时机,如果通风时机不当,不但不能达到通风目的,而且有时会出现相反的结果。例如,想通过通风降低库内湿度,但由于通风时机不对可能反而会造成库内湿度的增大。因此,必须根据通风的目的确定有利的通风时机。

①通风降温:对于库存物品怕热而对大气湿度要求不严的仓库,可利用库内外的温差,选择适宜的时机进行通风,只要库外的温度低于库内,就可以通风。对于怕热又怕潮的物品,在通风降温时,除了要满足库外温度低于库内温度的条件外,还必须同时考虑库内外湿度的情况,只有库外的绝对湿度低于库内时,才能进行通风。由于一日内早晨日出前库外气温最低,绝对湿度也最低,所以是通风降温的有利时机。

②通风降湿:仓库通风的目的,多数情况下是为了降低库内湿度。降湿的通风时机不易掌握,必须对库内外的绝对湿度、相对湿度和温度等进行综合分析。最后通风的结果应使库内的相对湿度降低,但相对湿度是绝对湿度和温度的函数,只要绝对湿度和温度有一个因素发生变化,相对湿度就随之会发生变化。如果绝对湿度和温度同时变化,情况就比较复杂了。在温度一定的情况下,绝对湿度上升,相对湿度也随着上升,若温度也同时上升,则饱和湿度上升,相对湿度又会下降,这时上升和下降的趋势有可能互相抵消。如果因温度关系引起相对湿度的变化,大于因绝对湿度关系而引起的相对湿度的变化,其最终结果是相对湿度将随温度的变化而变化;反之,如果绝对湿度关系引起的相对湿度的变化大于因温度关系而引起的相对湿度的变化,其最终结果是相对湿度将随着绝对湿度的变化而变化。

一般情况下,可参照"通风降湿条件参考表",掌握通风时机。在通风降湿过程中,还要注意防止库内出现结露现象,即对露点温度应严加控制。当库外温度等于或低于库内空气的露点温度,或库内温度等于或低于库外空气的露点温度时,都不能进行通风。

(3)通风方式

仓库通风按通风动力可分为自然通风和强迫通风两种方式。

①自然通风:利用库内外空气的压力差,实现库内外空气交流置换的一种通风方式。这种通风方式不需要任何通风设备,因而也就不消耗任何能源,而且通风换气量比较大,是一种最简便、最经济的通风方式。自然通风按通风原理可分为风压通风和热压通风。

在实际情况中,仓库通风通常是在风压和热压同时作用下进行的,有时是以风压通风为主,有时则以热压通风为主。为了更有效地利用自然通风,库房建筑本身应为自然通风提供良好的条件。

②强迫通风:又称机械通风或人工通风,它利用通风机械所产生的压力或吸引力,即正压或负压,使库内外空气形成压力差,从而强迫库内空气发生循环、交换和排除,达到通风的目的。强迫通风又可分为三种方式,即排出式、吸入式和混合式。

a.排出式通风:在库房墙壁的上部或库房顶部安装排风机械,利用机械产生的推压力,将库内空气经库房上方的通风孔道压迫到库外,从而使库内气压降低,库外空气便从库房下部乘虚而入,形成库内外空气的对流与循环。

b.吸入式通风:在仓库墙壁的下部安装抽风机械,利用其产生的负压区,将库外空气吸入库内,充塞仓库的下部空间,压迫库内空气上升,经库房上部的排气口排出,形成库内外空气的对流和交换。

c.混合式通风:将上述两种方式结合起来运用,安装排风和抽风机械,同时吸入库外空气并排出库内空气,对库内空气起到一拉一推的作用,使通风的速度更快、效果更好。

3)除湿

空气除湿是利用物理或化学的方法,将空气中的水分除去,以降低空气湿度的一种有效方法。除湿的方法主要有:利用冷却方法使水汽在露点温度下凝结分离;利用压缩法提高水汽压,使之超过饱和点,成为水滴而被分离除去;使用吸附剂吸收空气中的水分。

(1)冷却法除湿

这种方法是利用制冷的原理,将潮湿空气冷却到露点温度以下,使水汽凝结成水滴分离排出,从而使空气干燥的一种方法,也称为露点法。通常采用的是直接蒸发盘管式冷却除湿法。其原理是在冷却盘管中,直接减压蒸发来自压缩制冷机的高压液体冷媒,以冷却通过盘管侧的空气,使之冷却到所要求的露点以下,水汽凝结成水被除去。冷却除湿装置,主要由压缩机、冷凝器、膨胀阀、冷却盘管等组成。

（2）吸湿剂吸湿

这种除湿方法是最常用的方法之一，可分为静态吸湿和动态吸湿。

①静态吸湿：将固体吸湿剂静止放置在被吸湿的空间内，使其自然与空气接触，吸收空气中的水分，达到降低空气湿度的目的。常用的吸湿剂的特征分述如下：

氧化钙（CaO），即生石灰，有很强的吸湿性，它吸收空气中的水分后，发生化学变化，生成氢氧化钙。但由于生石灰在储运过程中已吸收了一定量的水分，实际上每千克生石灰可吸收水分 0.25 kg 左右，而且吸湿速度较快。另外，生石灰料源充足，价格便宜，使用方便。其缺点是在吸湿过程中放出热量，生成具有腐蚀的碱性物质，对库存物有不良影响。当库存物品中有毛丝织品和皮革制品等时，不能使用。生石灰吸湿后必须及时更换，否则生成的 $Ca(OH)_2$ 会从空气中吸收 CO_2 而放出水分。

氯化钙（$CaCl_2$）分为工业无水氯化钙和含有结晶水的氯化钙。前者为白色多孔无定型晶体，呈块粒状，吸湿能力很强，每千克无水氯化钙能吸收 1~1.2 kg 的水分；后者为白色半透明结晶体，吸湿性略差，每千克吸湿 0.7~0.8 kg。氯化钙吸湿后即溶化为液体，但经加热处理后，仍可还原为固体，供继续使用。其缺点是对金属有较强的腐蚀性，吸湿后还原处理比较困难，价格较高。

硅胶（$mSiO_2 \cdot nH_2O$）又称砂胶、硅酸凝胶，分为原色硅胶和变色硅胶两种。原色硅胶为无色透明或乳白色粒状或不规则的固体，变色硅胶是原色硅胶经氯化钴和溴化铜等处理，呈蓝绿色、深蓝色、黑褐色或赭黄色。吸湿后视其颜色的变化，判断是否达到饱和程度。硅胶每千克可吸收水分 0.4~0.5 kg。吸湿后仍为固体，不溶化、不污染，也无腐蚀性，而且吸湿后处理比较容易，可反复使用。其缺点是价格高，不宜在大的空间中使用。

木炭（C）具有多孔性毛细管结构，有很强的表面吸附性能，若精制成活性炭，还可以大大提高其吸湿性能。普通木炭的吸湿能力不如上述几种吸湿剂。但因其性能稳定，吸湿后不粉化、不液化、不放热、无污染、无腐蚀性。吸湿后经干燥可反复使用，而且价格比较便宜，所以，仍有一定的实用价值。

静态吸湿的最大特点是简便易行，不需要任何设备，也不消耗能源，一般仓库都可采用，是目前应用最广泛的除湿方法。它的缺点是吸湿比较缓慢，吸湿效果不够明显。

②动态吸湿：利用吸湿机械强迫空气通过吸湿剂进行吸湿。通常是将吸湿剂（$CaCl_2$）装入特制的箱体内（箱体有进风口和排风口）在排风机械的作用下，将空气吸入箱体内，通过吸湿剂吸收空气中的水分，从排风口排出比较干燥的空气。这样反复循环吸湿可将空气干燥到一定的程度。这种吸湿方法的吸湿效果比较好，但需要不断补充 $CaCl_2$，吸湿后的 $CaCl_2$ 需要及时得到脱水处理。比较理想的情况是设置两个吸湿箱体，每个箱体内都有脱水装置。一个箱体利用干燥的吸湿剂吸收空气中的水分，而另一个箱体内的饱和状态的吸湿剂进行脱水再生。两个箱体交互吸湿，达到吸湿的连续性。这种连续式的吸湿方

法只需花费较少的运转费,就能进行大容积的库内吸湿,由于4~8 h即可使吸湿剂再生一次,因此需要的吸湿剂量较少。两个箱体可实现自动切换,不需要人工操作,但这种设备的结构相对比较复杂,成本比较高。

吸潮剂用量是根据库房内空间总含水量和所使用的吸潮剂的单位重量的最大吸水量确定的。

8.3.3 物品霉腐的防治

1)加强库存物品的管理

①加强入库验收。易霉物品入库,首先应检验其包装是否潮湿,物品的含水量是否超过安全水分。易霉物品在保管期间应特别注意检查,加强保护。

②加强仓库温、湿度管理。要根据物品的不同性能,正确地运用密封、吸潮及通风相结合的方法,管理库内温、湿度。特别是在梅雨季节,要将相对湿度控制在不适宜于霉菌生长的范围内。

③选择合理的储存场所。易霉腐物品应尽量安排在空气流通、光线较强、比较干燥的库房,并应避免与含水量大的物品同储在一起。

④合理堆码,下垫隔潮物品。物品堆垛不能靠墙靠柱。

⑤对物品进行密封。

⑥做好日常的清洁卫生工作。

2)化学药剂防霉

防霉腐最主要的方法是使用防霉腐剂,防霉腐剂的基本原理是使微生物菌体蛋白凝固、沉淀、变性;或破坏酶系统使酶失活,影响细胞呼吸和代谢;或改变细胞膜的通透性,使细胞破裂、解体。防霉腐剂低浓度能抑制霉腐微生物,高浓度就会使其死亡。

3)气相防霉腐

气相防霉腐是化学药品防霉腐方法之一,是非常有发展前途的方法。气相防霉腐就是使用具有挥发性的防霉防腐剂,利用其挥发的气体,直接与霉腐微生物接触,杀死或抑制霉腐微生物的生长,以达到防霉腐的目的。有的在生产中将防霉腐剂直接加到物品中,有的是将其喷洒或涂抹在物品表面,有的需经浸泡。气相防霉腐是气相分子直接渗透于物品上,对其外观与质量不会有什么不良影响。为了提高防霉腐的效果,一般在密封条件下进行。

常用的气相防霉腐剂有多聚甲醛防霉腐剂和环氧乙烷防霉腐剂。

4）气调防霉腐

气调防霉腐是生态防霉腐的形式之一。霉腐微生物与生物性物品的呼吸代谢都离不开空气、水分、温度3个因素。只要有效地控制其中一个因素，就能达到防止物品发生霉腐的目的，如只要控制和调解空气中氧的浓度，人为地造成一个低氧环境，使霉腐微生物生长繁殖受到抑制。

气调防霉腐要在密封条件下，通过改变空气组成成分，以降低氧的浓度，造成低氧环境，来抑制霉腐微生物的生命活动与生物性物品的呼吸强度，从而达到防霉腐的效果。

5）低温冷藏防霉腐

气调防霉腐是控制空气中氧的浓度，改变空气的组成。而低温冷藏是通过控制和调节仓库内及物品本身的温度，使其低于霉腐微生物生长繁殖的最低界限，抑制酶的活性。一方面抑制生物性物品的呼吸、氧化过程，使其自身分解受阻；另一方面抑制霉腐微生物的代谢与生长繁殖，来达到防霉腐的目的。

6）干燥防霉腐

干燥防霉腐也是生态防霉腐的方法之一。我国古代有许多储藏食品和物品的行之有效的方法，一直沿用至今。它是通过降低仓库环境中的水分和物品本身的水分，使霉腐微生物得不到生长繁殖所需的水分，来达到防霉腐的。目前，主要采用吸潮防潮和通风、晾晒降水等方法，条件允许的仓库也可以采用烘干降水和其他物理方法的烘干，如远红外、微波烘干等方式。

8.3.4　仓库害虫的防治方法

近年来，对于仓库害虫防治新技术的研究和应用，如机械防治、物理防治、密封防治、气调防治、化学防治、生物防治等，有了很大进展。

1）机械防治

机械防治主要是利用人工操作或动力操作的各种机械来清除储藏物中的害虫。如粮食经过机械处理以后，不但清除了许多害虫及害螨，而且除去了杂质，降低了水分，因而提高了粮食质量，且对保管更为有利。清理工作应在仓外露天进行，切不可在仓内或加工厂房内进行，以免各种仓库害虫仍在这些地方蔓延。各种机械应装上集尘设备，以便防止虫、灰吹散到各处,给害虫造成蔓延的机会。当工作进行时,应在工作场地四周用马拉硫磷喷成一道防护药带,以便阻止害虫逃散。清理出来的虫灰,立即焚毁或深埋。机械防治的主要方法有:风车除虫、筛子除虫、压盖粮面、竹筒诱杀、离心撞击机治虫及抗虫粮袋等。

2)物理防治

物理防治是用物理作用直接消灭仓库害虫,或恶化仓库害虫的生活环境条件,抑制害虫的发生和危害。物理防治的主要方法有高温杀虫、低温杀虫、控制相对湿度、电离辐射、声音治虫、低真空治虫、臭氧杀虫等。

3)密封防治

密封防治是把有虫害的粮食密封储藏在仓库或容器中,利用粮食本身的呼吸作用和害虫、微生物的生命活动消耗仓库内或容器中的氧气,产生一种缺氧大气,使昆虫窒息而死亡。据试验,当空气中的氧气下降到2%时,即可控制虫害。

常用的密封防治方法有地下密封储藏和用聚乙烯塑料袋控制袋装粮食中的害虫等。

4)气调防治

气调防治即人为地改变仓库中的气体成分(如向密封的粮仓中充入二氧化碳或氮气等),以抑制仓中害虫、害螨及微生物的生长,保证货物安全。其主要优点是:没有残毒,也不致使害虫产生抗药性。

5)化学防治

化学防治是利用化学杀虫药剂防治害虫,此法的最大优点是杀虫力强,防治效果显著。其缺点是对人畜有毒,会给粮食带来不同程度的污染,以及引起害虫抗药性。目前,用于防治仓库害虫的化学药剂主要有保护剂和熏蒸剂两大类。

6)生物防治

生物防治是利用仓库害虫外激素和内激素以及利用病原微生物、害虫天敌来防治和控制害虫的发生和发展的防治方法。生物防治的优点是:能够有效地控制仓库害虫,保障人畜安全,减少对储物和环境的污染,降低储藏费用。但也有一定的局限性,如对仓库害虫的控制不能像化学药剂那样见效快、简便和方便等。所以,在采用此法时,应与其他方法相配合,互相协调、取长补短,才能更好地发挥生物防治的作用,收到好的防治效果。

8.3.5 金属锈蚀的防治

1）金属锈蚀防治的主要途径

（1）采用覆盖层法防蚀

覆盖层也称保护层，实质在于把金属同可能引起或促进腐蚀的各种外界条件，如水分、氧气、二氧化硫等，尽可能地隔离开来，从而达到防蚀目的。按覆盖层的性质，通常分为永久性覆盖层和暂耐性覆盖层两类。

（2）采用化学处理法防蚀

采用化学处理的方法，使金属表面形成一层钝化膜防蚀。最常见的有氧化膜和磷化膜两种。

（3）控制环境法防蚀

①干燥空气封存法：也称控制相对湿度法。当空气相对湿度控制在 35% 以下时，金属则不易生锈，非金属也不易长霉。

②充氮封存法：氮气的化学性质比较稳定，在产品包装中，充入干燥的氮气，隔绝了水分、氧气等腐蚀性介质，从而达到使金属不易生锈、非金属不易老化的目的。

③隔离污染源法：如去氧封存法等。

（4）采用缓蚀剂法防蚀

在腐蚀性介质中，加入少许能降低腐蚀速度的缓蚀剂，来防止金属腐蚀。通常缓蚀剂可分为气相缓蚀剂、水溶性缓蚀剂及油溶性缓蚀剂三类。

（5）采用电化学法防蚀

电化学腐蚀总是在阳极区域进行，而阴极材料却受到保护。因此，人为地选择一些电极电位负的活泼金属极（作阳极），安装在基体金属（作阴极）上，或用导线连接，结果活泼金属被腐蚀，而基体金属得到保护。这种用牺牲阳极而保护阴极的方法，称之为阳极保护法。一般用来作为阳极材料的有锌板、铝片及其合金等。

以上的几种防锈方法，并不是绝对可靠的，随着条件的变化，腐蚀有可能重新出现。因此还要经常观察、检查、及时处理，切不可粗心大意。

2）金属锈蚀的控制方法

由于金属与非金属材料的品种成千上万，锈蚀环境的性质也千差万别，因此，在实际生产与生活中，各种构件与材料的锈蚀规律非常复杂，用一种单一的防锈蚀措施来解决所有的锈蚀问题是绝对不可能的。由于生产的需要和科学技术的发展，控制各种锈蚀的技术也在不断地丰富与完善。常用的锈蚀控制技术主要包括：

（1）合理选材

选取在某实际环境条件下耐锈蚀并符合生产需要和经济效果好的金属或非金属材料。

（2）正确设计

采用正确的结构设计与生产工艺设计，既满足生产的需要，又使制品的锈蚀减少到最小程度。

（3）改变环境介质状态

在生产环境许可的条件下，通过改变浓度、温度、流速和除去有害成分等方法以减轻制品的锈蚀。

（4）添加缓蚀剂

在锈蚀环境中，添加少量能阻止或减缓金属锈蚀速度的物质以控制金属制品的锈蚀。

（5）电化学保护

对被保护的金属通以电流使它进行极化，消除或减小与电解质溶液接触的金属表面各部分的电位差，从而减缓或阻止金属制品的锈蚀。

（6）钝化

用人为的方法促使可钝化的金属表面生成钝化膜，以减缓或阻止金属制品的锈蚀。

（7）使用覆盖层保护

在金属表面涂、喷、渗、衬、镀上一层耐锈蚀性较好的金属或非金属物质，以及将金属进行磷化、氧化处理，把金属制品与锈蚀环境介质隔离开。

（8）加强和改进生产管理

在许多情况下，可以采用两种或两种以上的联合防护措施，以取得更好的效果。

［案例导入］　苏健堂中药饮片公司中药饮片的养护

苏健堂中药饮片公司主营药品是膏、丹、丸、散等地道中药材及中药饮片，凭"货真价实、童叟无欺"的诚信服务，获得各界人士的广泛赞誉。公司严遵"炮制虽繁，必不敢减人工；品位虽贵，必不敢省物力"的古训，融百年炮制工艺、现代中药生产技术和企业管理理念于一炉，依托雄厚的资金和资源实力构筑了门类齐全的名贵中药材、中药饮片产品体系。

（1）养护现状

①植物类区由于其药材易发生虫蛀、霉变和泛油等现象，所以成为重点养护区。例如，对一些含糖类及黏液质多的药材（熟地黄、天冬、党参等）和一些种子类药材（桃仁、决

明子等)储存于密闭的容器中,对一些花类药材(如金蝉花、灯芯花等)存放于密闭且避光的陶瓷罐中。

②动物类区的药材由于在夏季较易发生虫蛀和变质现象,所以保养比较困难,对这类药材一般会进行专门的储存,如对一些动物类饮片(土元、蛤蚧、白花蛇等)会储存在石灰缸中。

③矿类区的药材由于受外界影响较小,所以储存区条件较差,仅简单堆垛于货架上。

④贵重类区的药材由于其药效以及药价比较昂贵,因此都会有专人对其进行专柜保管以及养护,如虫草、西洋参、人参等。

⑤炮制类区的药材由于其在加工中加入了不同的辅料,因此增加了饮片的复杂性,从而导致其保管比较困难。例如,一些炮制类饮片中的酒炙饮片(当归、大黄、常山等)、盐炙饮片(知母、车前子、泽泻等)、醋炙饮片、蒸煮饮片、曲类饮片以及霜类饮片会储存于密闭的容器中。

(2)养护方法

①清洁养护法是一种保持仓库内清洁卫生、通风、干燥、避免阳光直射的养护方法,这种方法既简单又实用,随处可见,当然还要定期喷洒杀虫剂,以达到防霉、防虫、防鼠以及减少污染等效果。大部分药材都适用于这种方法。

②干燥养护技术是一种通过干燥除去中药饮片中所含的过多水分的养护技术,以此来达到防虫、防霉防变质的效果。常用的干燥方法有:晒、晾、烘、微波、远红、外加热干燥法等,对大多数药材采用的是高温烘燥法,对一些花类、果皮类以及芳香性叶类的药材则采用的是摊晾法,而对于一些颗粒较小的中药粉末状饮片采用的是远红外加热干燥。

③冷藏养护技术是一种低温贮藏中药饮片的技术,主要是针对一些不宜烘、晾且较贵重的中药饮片以防止其在保管过程中发生虫蛀、发霉以及变色等现象。对一些贵重的中药饮片(如人参、西洋参、冬虫夏草等),一般都采用该技术。

④埋藏养护技术包括石灰埋藏法、沙子埋藏法、糠壳埋藏法和地下室埋藏法4种。石灰埋藏法是一种用双层纸将药材包好,注明名称,置于大小适宜的缸或木箱内,然后倒入石灰恰好埋没所贮中药的方法,对于一些动物类饮片(如刺猬皮、熊掌),一般都采用该方法。沙子埋藏法是一种将干燥过后的沙子置于缸或木箱的底部并铺平,再将中药饮片分层平放,且每层均撒盖沙子的方法,对于一些含淀粉类较多以及含糖和黏液质较多的药材(如山药、党参、怀牛膝等),则一般采用该方法。糠壳埋藏法是一种利用糠壳的隔潮性能,将中药埋入糠中,使外界湿气不至于入侵以保持药材干燥的方法。一般采用该种方法的药材则比较多了,如种子类药材中的白芷,全草类药材中的垂盆草、半边莲和透骨草等。地下室埋藏法是一种地下室贮藏中药的方法,主要是针对一些怕光、怕热、怕风、怕潮、怕冻的中药饮片。对一些花类药材、矿物类药材和炮制类药材等则一般采用该方法。

⑤对抗同贮养护技术是一种利用不同品种中药的特殊性质以及化学成分来防止另外一种中药发生虫、霉、变质等现象发生的养护技术。这种方法是中药饮片养护中常用的一种方法,如白花蛇或蛤蚧和花椒就可以同贮,这样不仅可以保色,还可以起到防虫的效果。

(3)养护问题

①由于中药保管与养护的管理制度不健全,工作人员责任心不强,中药存放的时候比较杂乱,标签书写也不是很清楚,因此造成了中药饮片的人为发霉、变质现象较为严重。而且由于该公司过分模仿追求规模化,没有重视一些中药饮片的特殊性,也在不同程度上造成了一些不必要的浪费,增加了某些中药饮片的养护费。

②虽然该中药饮片公司的仓库清洁度比较高,但是由于专业的仓管人员较少,而现有的仓管人员又不能做到面面俱到,库内不能及时清理,卫生状况出现漏洞,为虫、鼠等提供了条件。而且大多数的仓管人员由于缺乏有关中药饮片的保管与养护知识,且检查养护的措施做得也不到位,从而在一定程度上增加了对中药饮片的保管与养护成本。

(4)养护对策

①虽然有相关的验收入库制度摆在明处,但是有些仓管人员经常性地视而不见,验收工作有时候做得也很潦草。而且由于一些仓管人员责任心不强,有时中药存放比较杂乱,标签书写也不太清楚,造成虫蛀、发霉和变质的现象普遍存在。因此,该公司应该首先要加强中药质量管理制度的建设,并不断完善其监督管理体系,引进先进的信息管理系统,加强对仓库的监管力度,落实惩、奖制度。可以适当增加仓管人员,以弥补因仓管人员不够,造成仓库不能得到全方位的清洁而出现的漏洞。

②可以引进北京同仁堂对中药饮片的先进养护技术,即化学药剂养护技术以及无公害气调养护技术,其中的化学药剂养护技术主要是利用防雾剂和杀虫剂等来抑制霉、虫等的生长和繁殖。当然这其中也包括最早使用的硫黄熏蒸法、磷化铝熏蒸法、氯化苦熏蒸法、氨水以及醋酸钠喷洒法等。这些方法比较适合一些易变色、变味以及质地较为脆嫩的中药饮片,当然也并不是所有的中药材都适合这种养护技术的。无公害气调养护技术最主要是在密闭的条件下,人为地对空气进行调整以造成低氧的环境氛围,来抑制虫害以及一些微生物的生长和繁衍,同时也可防止中药饮片自身的氧化反应。这种方法不仅可以杀虫、防霉,还可以在高温的季节有效地防止一些中药饮片发生走油、变色以及变味等现象,而且所需要管理成本费也极低,基本无残毒,无公害,这药品养护技术对于身处南方且高温时节较多的苏健堂中药饮片公司来说,无疑是有百利而无一害的,既科学又经济还实惠。这两种方法都是现在苏健堂所没有的,为了能够更好地对中药饮片进行保管与养护,那么引进这两种先进的养护技术就势在必行了,当然在引进之后还必须要求其仓管人员能够做到熟练掌握及运用该技巧。

③加强运用对抗同贮养护技术,尽管该公司药材流动量较大,但仍然不能保证中药饮

片在出库前不受各种因素的影响而不变质,尽管这种变质的可能性很小,但是也不能不防。我个人认为该公司不应该过分追求明显分工化,虽然这种方式有利于方便出货与进货,加速了出货与进货率的同时,还便于员工能够迅速地找到货源;也正是因为这种原因该公司忽略了一些药材的对抗同贮养护技术,从而在一定程度上造成了药材出货前损失。因此该公司应该加强运用对抗同贮养护技术,以减少一些中药的损失。

④加大对专业人员的培养力度,定期对工作人员进行中药养护知识普及,做到熟练掌握中药饮片的保管与养护知识,以提高他们的整体知识素养。

（资料来源:孙统超,郭莉.商品保管与养护中存在的问题及对策——以苏健堂中药饮片有限公司为例[J].企业改革与管理,2015(18):40-41+58.)

≫案例讨论

1.药物质量发生变化的主要因素是什么?

2.针对上述主要因素,通常可以采用哪些措施来有效地保管药物?

3.查看自己家都有哪些药品,分析其质量变化的因素,提出适当的保管措施。

≫复习思考题

1.库存物品主要会发生哪些变化?

2.库存物品的质量变化受哪些环境条件的影响? 如何有效控制外界因素对库存物品的影响?

3.影响物品质量变化的内外因各有哪些?

4.调查一个仓库,了解其库存物品的特性,分析仓库是否采取了适当措施来保养库存物品。

5.试分析降低库存损耗与保管保养投入之间的关系。

6.如果你是仓储管理人员,你将如何做好水果等易霉腐的仓储物的保养工作?

第 9 章

商品出库管理

本章导读:

- 了解出库作业的含义、基本要求、出库依据,深入了解出库作业的一般流程,了解出库作业中发生问题的处理方法,对出库作业有个总体的把握。
- 深入了解订单管理的过程及订单处理时间的影响因素,了解订单拣选策略,对订单管理有个总体认识。
- 了解拣货作业的定义及其效率化核监要点,深入了解拣货方式及使用范围,了解拣货作业优化模型及其应用。
- 了解装卸搬运作业的定义、作用及特点,深入了解装卸搬运合理化措施,了解装卸搬运系统优化模型。

9.1　商品出库作业管理

9.1.1　商品出库作业管理的内涵

1）商品出库作业管理的定义

商品出库作业管理是指仓库按照货主的调拨出库凭证或发货凭证（提货单、调拨单）所注明的货物名称、型号、规格、数量、收货单位、接货方式等条件，进行的核对凭证、备料、复核、点交、发放等一系列作业和业务管理活动。

出库业务是保管工作的结束，既涉及仓库同货主或收货企业以及承运部门的经济联系，也涉及仓库各有关业务部门的作业活动。为了能以合理的物流成本保证出库物品按质、按量、及时、安全地发给用户，满足其生产经营的需要，仓库应主动向货主联系，由货主提供出库计划，这是仓库出库作业的依据，特别是供应异地的和大批量出库的物品更应提前发出通知，以便仓库及时办理流量和流向的运输计划，完成出库任务。

2）商品出库作业管理的基本要求

（1）贯彻先进先出、推陈储新的原则

出库作业应该根据商品入库时间先后，实现先进先出，以保持库存商品质量完好。尤其是对易变质、易腐蚀等商品，应加快周转，同时，对变质失效的商品不准出库。

（2）出库凭证和手续必须符合要求

虽然出库凭证的格式不尽相同，但其格式必须真实、有效。出库凭证必须有效才能出库。

（3）要严格遵守仓库有关出库的各项规章制度

①商品出库必须遵守各项制度，按章办事，发出的商品必须与提货单、领料单或调拨单上所列的名称、规格、型号、单价、数量相符合。

②未验收的商品以及有问题的商品不得发放出库。

③商品入库检验与出库检验的方法应保持一致，以避免造成人为的库存盈亏。

④超过提货单有效期尚未办理提货手续的，不得发货。

（4）提高服务质量，满足用户需求

商品出库应做到及时、准确、保质、保量，防止差错事故发生；工作尽量一次完成，提高作业效率；为用户提货创造各种方便条件，协助用户解决实际问题。

9.1.2　商品出库作业流程及其发生问题的处理

1）商品出库作业流程

为保证商品能快速、准确、保质保量地出库，应严格遵守出库作业的一般流程（见图9.1）。

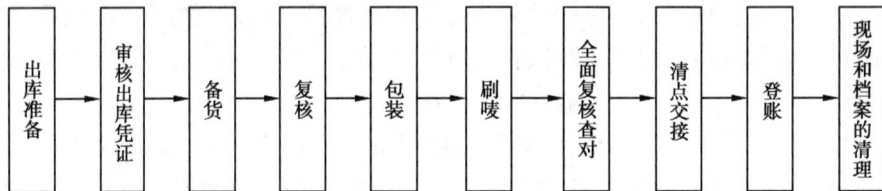

图 9.1　出库流程图

（1）出库准备

由于出库作业细致复杂，工作量大，因此事先对出库作业合理组织，安排好作业人员和机械，保证各个环节紧密衔接是十分必要的。出库准备包括发货作业的合理组织，待运货物的仓容及装卸设备、工具和工作人员的安排配调，包装材料、工具、用品的准备等。

（2）审核出库凭证

物资出库凭证，不论是领料单或调拨单，都应由主管分配的业务部门签章。仓库接到出库凭证后，必须对出库凭证进行审核，包括：审核货主开出的提货单的合法性和真实性，或审核领料单上是否有其部门主管或指定的专人签章，手续不全不予出库；核对品名、型号、规格、单价、数量、收货单位、有效期等；核对收货单位、到站、开户行和账号是否齐全和准确，如果是客户提货，则要核对提货单有无财务部门准许发货的签章。

审核无误后，按照出库单证上所列的物资品名、规格、数量和仓库料账再作全面核对。无误后，在料账上填写预拨数后，将出库凭证交给仓库保管员。

（3）备货

保管员对商品会计转来的货物出库凭证复核无误后，按其所列项目内容和凭证上的批注，与编号的货位对货，核实后进行配货。备货主要包括拣货和签单两个过程。

拣货作业是按照客户订单的要求或出库单的要求将商品挑选出来，并放在指定位置的物流作业活动。商品的入库是批量到货，并且相同的品种存放在一起；而客户的订单包含多个商品品种,拣货作业就是要按照订单的要求,用最短的时间和最少的作业将商品准备好。

签单是应付货物按单付讫后,保管员逐笔在出库凭证上签名和批注结存数,前者以明确责任,后者供会计登账时进行账目实数的核对。

(4)复核

为了保证出库物品不出差错,备货后应进行复核。出库的复核形式主要有专职复核、交叉复核和环环复核三种。除此之外,在发货作业的各道环节上,都贯穿着复核工作。例如,理货员核对单货,守护员(门卫)凭票放行,账务员(保管会计)核对账单(票)等。这些分散的复核形式,起到分头把关的作用,都有助于提高仓库发货业务的工作质量。

复核的内容包括:品名、型号、规格、数量是否同出库单一致;机械设备等的配套是否齐全;所附技术证件是否齐全。复核人复核无误后,应在提货单上签名,以示负责。

(5)包装

包装是指物品流通过程中为保护物品、方便储运作业、促进销售,按一定技术方法而采取容器、材料及辅助物等进行加工的物流活动。对仓库出库物品的包装必须完整、牢固,标记必须正确、清楚,如有破损、潮湿、捆扎松散等不能保障运输中安全的,应加固整理,破损的包装箱不能出库;各类包装容器上若有水渍、油迹、污损,也不能出库;互相影响或性能互相抵触的物品严禁混合包装。

(6)刷唛

包装后,要写明收货单位、到站、发货号、本批总件数、发货单位等。字迹要清晰,书写要准确,并在相应位置印刷或粘贴条码标签。利用旧包装时,应彻底清除原有标志,以免造成混乱,导致差错。

(7)全面复核查对

货物备好后,为了避免和防止备货过程中可能出现的差错,工作人员应按照出库凭证上所列的内容进行逐项复核。具体包括:怕震怕潮的物资,衬垫是否稳妥,密封是否严密;包装上是否有装箱单,装箱单所列各项目是否和实物、凭证等相符;收货人、到站、箱号、危险品或防震防潮等标志是否正确、明显;是否便于装卸搬运作业;能否承受装载物的重量,能否保证物资运输装卸时不损坏,保障物资完整。

(8)清点交接

清点交接是划清仓库方和提货方两者责任的必要手段。对于选用哪种方式出库,要根据具体条件,由供需双方事先商定。出库包括送货上门、代办托运、收货人自提、过户、取样、转仓6种方式。

(9)登账

在保管员付货后,还要经过复核、放行才能登记。它要求财会人员必须做好出库单、出门证的全面控制和回笼销号,防止单证遗失。按照日账日清的原则,在登账时,逐单核对保管员批注的结存数,如与账面结存数不符,应立即通知保管员,直至查明原因。然后将出库单连同有关证件资料,及时交货主,以便货主办理货款结算。

(10)现场和档案的清理

经过出库的一系列工作程序之后,实物、账目和库存档案等都发生了变化。为使保管工作重新趋于账、物、资金相符的状态,应进行现场和档案的清理工作,内容包括:按出库单,核对结存数;如果该批货物全部出库,应查实损耗数量,在规定损耗范围内的进行核销,超过损耗范围的查明原因,进行处理;一批货物全部出库后,可根据该批货物出入库的情况、采用的保管方法和损耗数量,总结保管经验;清理现场,收集苫垫材料,妥善保管,以待再用;代运货物发出后,收货单位提出数量不符时,属于重量短少而包装完好且件数不缺的,应由仓库保管机构负责处理;属于件数短少的,应由运输机构负责处理。若发出的货物品种、规格、型号不符,应由保管机构负责处理,若发出货物损坏,应根据承运人出具的证明,分别由保管及运输机构处理;由于提货单位任务变更或其他原因要求退货时,可经有关方同意,办理退货。退回的货物必须符合原发的数量和质量,要严格验收,重新办理入库手续,当然,未移交的货物则不必检验。

2)商品出库作业中发生问题的处理

出库过程中出现的问题是多方面的,应分别对待处理。

(1)出库凭证(提货单)上的问题

凡出库凭证超过提货期限,必须先办理手续,按规定缴足逾期仓储保管费,方可发货。商品进库未验收,或者期货未进库的出库凭证,一般暂缓发货,并通知货主,待货到并验收后再发货,提货期顺延。

非正式凭证、白条子、电话、口授等不能作为发货凭证。如客户将出库凭证遗失,客户单位必须出具证明,到仓库找保管员报案挂失;如果挂失时货已被提走,保管人员不承担责任,但要协助找回商品;如果货还没有提走,查实后做好挂失登记,将原凭证作废,缓期发货。

用户发现规格开错,保管员不得自行调换规格发货,必须通过制票员重新开票方可发货。凡出库凭证指定厂家的,保管员必须照发,未注明的,可按发货原则处理,同型号、同规格、不同颜色的商品,凭证上注明的按凭证要求发货,未注明的,由保管员安排。

(2)提货数与实存数不符

若出现提货数量与商品实存数不符的情况,需要和仓库主管部门以及货主单位及时取得联系后再作处理。

(3)串发货和错发货

所谓串发货和错发货,主要是指发货人员由于对物品种类规格不很熟悉,或者由于工作中的疏漏把错误规格、数量的物品发出库的情况。如果物品尚未离库,应立即组织人力,重新发货。如果物品已经离开仓库,保管人员应及时向主管部门和货主通报串发和错发货的品名、规格、数量、提货单位等情况,会同货主单位和运输单位共同协商解决。一般在无直接经济损失的情况下由货主单位重新按实际发货数冲单(票)解决。如果形成直接经济损失,应按赔偿损失单据冲转调整保管账。

(4)商品内在质量问题

凡属商品内在质量问题,客户要求退货或换货,应出具国家制定的质检部门的检查证明,经商品主管部门同意,可以退货或换货。

(5)包装破漏

包装破漏是指在发货过程中,因物品外包装破损引起的渗漏等问题。这类问题主要是在储存过程中因堆垛挤压、发货装卸操作不慎等情况引起的,发货时都应经过整理或更换包装,方可出库,否则造成的损失应由仓储部门承担。

(6)易碎商品发货后,客户要求调换

易碎商品发货后,客户要求调换时应以礼相待,婉言谢绝。如果要求帮助解决易碎配件,要协助联系解决。

(7)漏记账和错记账

漏记账是指在出库作业中,由于没有及时核销明细账而造成账面数量大于或少于实存数的现象。错记账是指在商品出库后核销明细账时没有按实际发货出库的商品名称、数量等登记,从而造成账实不相符的情况。

无论是漏记账还是错记账,一经发现,除及时向有关领导如实汇报情况外,同时还应根据原出库凭证查明原因调整保管账。使之与实际库存保持一致。如果由于漏记和错记账给货主单位、运输单位和仓储部门造成了损失,应予赔偿,同时应追究相关人员的责任。

9.2　订单管理

9.2.1　订单管理的定义及流程

1)订单管理的定义

订单管理是一个企业从接受订单到通知仓库运送货物而交付订货这段时间内所发生的所有活动。卓越的订单管理可以作为企业的战略能力,从而在该领域击败竞争对手。

2）订单管理的流程

狭义的订单管理流程指的是从收到顾客订单到顾客收到订货这段间隔时间。广义的订单管理流程还包括从了解客户需求开始，用企业战略目标及能力限制来指导存货定位，安排采购和生产，以满足预期的和确定的顾客需求。因此，订货周期包括订单规划、订单传输、订单处理、订单拣货与装配和订单交付 5 个阶段。

（1）订单规划

计划是整个订单管理的关键。计划工作包括设法预测未来的需求，用企业战略目标及能力限制，指导存货定位，满足预期的顾客需求。所以计划的准确性对整个订单管理流程以及库存定位起着非常重要的作用。首先，预测作为订单管理的起点，与营销业务密不可分；而由预测生成的销售计划又是下游生产计划和物料采购计划的来源，而且销售计划还为公司产能规划、人力资源计划以及资金计划等的制订提供重要参考依据。准确的计划可以使物流部门积极地调配资源，平衡物流，而不需要为了临时调整生产能力或库存需求付出昂贵的代价。

为了平衡工作量，一些企业会进行规划，使得订货分配更加均衡。高效的订单处理系统所要解决的一个最大问题是订单扎堆即订单过于集中或过于分散问题。超负荷的订单处理系统将导致处理的延迟，其结果是使整个订货周期延长，进而导致公司客户服务水平的降低。解决扎堆问题的关键是调节客户下订单的时间，如果可以影响客户的订货时间表，公司就可以平衡订单，进而最小化订货处理工作量的波动。

通常使用三种方法来控制客户订货模式。第一种是利用外派的销售人员上门取回订单。由于销售人员比较了解生产线情况，使直接从销售人员进行定购较容易，也较受许多客户的喜爱。因此，当客户知道公司代表每个月的第一个周一将要来自己的公司时，他们通常都会把订单交给外派销售人员。第二种方式是使用电话销售人员（或内部销售人员）。企业的代表每个月在规定的一次或多次的时间里与客户通过电话联系，获取订单。由于这种方法容易，因此，比较有吸引力。第三种技术是当客户在特定的日期订货时，向客户提供价格折扣。例如，通过选定每周提交订单的时间，某公司可以平衡各个销售代表处的工作量并将这些订单合并成一定规模的运货量。

（2）订单传输

订单传输是指从客户订货或发送订单到销售方获得订单这一时段内所进行的所有业务活动。传输方式包括：电话或其他的电子方式直接订货；扫描仪和条形码系统；无线电装置；国际互联网，其应用日益广泛，对订单的传输起了最大的推动作用。

（3）订单处理

典型的订单处理过程包括：接收订单；核对订单信息的完整性和准确性；信用部门进

行信用检查;订单输入;销售部门委任销售人员处理相应销售;财务部门记录交易;库存管理部门确定距离客户最近的仓库,通知仓库拣货装船,并更新公司的主库存记录;运输部门安排货物的运输等活动。

(4)订单拣货与装配

订单拣货与装配功能包括从仓库接到订单到装到承运人为止。订单被提取后,要核实组合订单以确保订货是否被准确地提取。如果一个特殊零件缺货,这一信息将传回订货处理部,原始单证可以据此加以调整。在每个出库单证中包括一个包装清单,上面标明了提取的货物和装运货物的人名首字母。收货人将按照订货收据核对包装清单,核实所有的货物是否齐全。

(5)订单交付

订货周期的最后阶段是订单交付,指从承运人提取货物到货物送达客户接收站台的时间。R. W. Heassler 和 F. B. Talbot 教授曾建议把积载计划作为客户服务要素进行考虑。

9.2.2 订单拣选策略

1)订单分批拣选策略

订单分批拣选策略是在客户订单数量少、订货次数频繁的情况下提出来的,指将众多客户订单分成若干批次,对每一个批次的订单进行分类,拣货员在一次拣选路径中完成一个批次内多个订单的拣选任务。这样做有利于缩短拣货员平均行走拣选距离或者拣货时间。在订单分批拣选后,需要进行分类汇总,根据订单是否可分割两种情况,一般会采取边拣选边分类和拣选后再分类两种方式。

在实际的工作当中,人们通常都会采用相似度分批策略、总合计量分批策略、时间窗订单分批策略、固定订单量分批策略、智能型分批策略等。

(1)相似度分批策略

相似度分批策略是将订单按照它们所包含货物存储位置的接近程度来分批,该策略的主要问题就是如何衡量订单间的相似程度,以及如何确定对这些订单所处位置的访问顺序。因为订单分批拣选是一个 NP-hard 问题,众多学者用启发式算法解决此类问题,但对于人工订单分批拣选系统来说,常用的启发式算法是种子算法和节约算法。

种子算法首先要确定所有订单的分批拣选次数 n,选出 n 个特殊的订单作为种子订单,并将它们分配到不同的批次中,然后再加入剩余的订单,从而达到高速有效分批的方法。因此,种子算法关键在于种子订单的选择和剩余订单的加入组合两个主要问题。种子订单的选择包括:随机产生的订单、涉及最多存储货位的订单、具有最长拣选路线的订单、包含特殊位置货物的订单、含有最大体积的订单、货物位置含有最大通道跨度的订单等。剩余订单的加入组合，就是解决把未分批订单如何加入种子订单或当前批中形成新批订单的问题。一般情况下，备选订单是"距离"当前批订单最近的订单。在矩形分拣系统中计算"距离"的方法有：测算备选订单加入后拣选设备增加访问的巷道数量，批订单的所有物品位置"重心"与备选订单的所有物品位置"重心"的差异度，备选订单所有物品与批订单物品最近的距离的和，备选订单物品位置所覆盖的区域数量等。

节约算法是由 Clarke 和 Wright 提出的，基本思想是计算备选订单增加到当前批订单后，形成的新订单与原当前批订单的拣选路径之间的差值，然后判断在路径上是否获得节约。计算节约路径的方法有多种，如 Hwang and Lee 的经济凸壳方法、解决旅行商问题的传统算法、单个订单路径优化问题的算法等。Elsayed 和 Unal 运用了所提出的 4 种分批启发式算法之一的 SL(Sarin Lefoka)算法。该算法在订单分批之前把所有订单分成"大"订单和"小"订单，然后再利用 CW(Clarke-Wright)算法原理进行分批。

（2）总合计量分批策略

总合计量分批策略是在拣选作业开始前合计所有订单中每一种货物的总量，然后根据货物的总量进行拣选作业。这一策略的优势在于能够最大限度地降低拣选作业路径，而且每个储存位置的货物可以单一化；其劣势在于拣选完毕后需要为每个订单进行大量的分类工作。因此在该策略下，需要装配功能强大的自动化分类系统。总合计量分批策略主要适用于固定地点之间的周期性配送作业。

（3）时间窗订单分批策略

时间窗订单分批策略是根据工作情况设定一个时间窗，在该时间窗内到达的订单被分为同一个批次。时间段可固定也可变化，订单动态分批是一种可变时间窗分批方式，它是在考虑订单到达与接收的随机性、订单物品种类和数量的随机性基础上，以一个变化的时间窗口来处理订单。时间窗订单分批策略经常与分区和订单分割策略联合运用，特别适合应用在时间非常紧迫时的密集频繁的订单，而且能很好地应对订单紧急插队的需求。

①时间窗分批模型研究

很多学者研究了订单随机到达情况下，可变时间窗的固定分批批量问题，他们把该问题处理为随机服务队列模型。1999 年 Chew 和 Tang 提出了单存储区订单分批的队列模型，用进入分批的第 1 个订单拣选时间作为分批中单个订单平均拣选时间的近似值，进而给出拣选时间的上限、下限和平均值的计算公式。2007 年，Le-Duc 和 De Koster 拓展了 Chew 和 Tang 的工作，在模型中直接计算单个订单的平均拣选时间；也可以综合考虑分批、拣选和分类处理过程，看成是一个串联队列网络。使用队列网络方法，综合分析影响三者的因素，可优化整体平均拣选作业时间。Tho Le-Duc 在订单分批研究中，总结和引用前人的研究成果，假设订单到达是泊松输入、订单分批是定长的且是先到先服务的随机服务系统(M/Gk/1),堪称近年来订单分批研究领域中较为全面的研究。

②时间窗分批算法研究

由于订单分批问题不仅要考虑订单的分批,还要考虑分批后的拣选优化问题,所以优化模型比较复杂,算法的计算量也很大。Vinod 用整数规划求解该问题,只能给出一个 14 个订单被分批成 7 个拣选单的例子。Mu-Chen 和 Hsiao-Pin Wu 提出了一种 0-1 整数规划的聚类算法,该算法最大化了分批中订单的关联性。算法中首先用关联分析建立订单关联规则,然后分析待分批订单的相关程度,最后用 0-1 整数规划实施分批操作。在算法研究方面比较成功的是 Ho 和 Tseng,他们提出了 3 种挑选种子订单和 10 种备选订单加入组合的方法,同时还提出了订单分批处理的 11 个步骤。2007 年,Ying-Chin Ho 等人继续 Ho 和 Tseng 的研究,成果更加全面和深入,他们沿用分批处理的 11 个步骤,提出了 11 种挑选种子订单和 14 种备选订单加入组合的方法。Chih-Ming Hsu 等认为 GA 用于订单分批模型,可不用像其他模型那样必须要考虑订单分批的结构、存储方式和拣选距离的估计,从而能适用于任何“无模式”的订单分批问题,研究提出了“GABM(GA-based batching method)”方法,并在文中详细地介绍了运用遗传算法求解订单分批问题时的一些基本变量因子,以及运用遗传算法解题的基本步骤和思路。

(4)固定订单量分批策略

固定订单量分批策略是按照先来先服务的原则,当到达的订单达到拣选作业设置的阈值时,则将这部分订单作为一批进行拣选。固定订单量分批策略主要适用于日常的稳定作业,作业效率一般。

(5)智能型分批策略

智能型分批策略是大批量订单经过计算机按照某种规则处理之后,将储存位置或拣选路径相近的订单分成一批。这种分批策略的缺点在于通常需要汇集大量的订单进行处理,因此很难处理紧急情况下订单插队作业的情况。

除了以上 5 种订单分批的方法外,还可按照其他标准进行分批,如地区、路线、金额、物品特点等。

2)订单分区拣选策略

订单分区拣选策略分静态分区和动态分区两类,静态分区指设计者对仓储中心进行规划实施时就已经确定了各个储区的大小与形状、仓储产品的类型与数量等,静态分区又根据拣选时间分为串行分区和并行分区;动态分区指拣选区域是不固定、变化的,随着不同的拣选作业而发生动态变化。虽然订单分区拣选策略对订单拣选整个环节起着重要作用,但是相对于其他拣选作业策略来说,关于订单分区拣选的相关文献并不多。

（1）静态分区拣选策略

De Koster 想要快速地知道总订单处理时间和正在被处理的平均订单数量,因此,将一个静态分区中串行分区订单拣选系统建模为一个 Jackson 排队网络,并进行仿真实验,来确定静态分区中区域的数量、规模、大小。Brynzer 把分区策略和分批策略相结合,发现对于静态分区中串行分区策略,最好使每个拣货员承担相同的任务量,如果任务量不相同,则会导致订单拣选速度过慢、总订单拣选作业时间变长。Jane 使用了启发式算法,以便在静态分区中串行分区里面使拣货员拣选产品的任务量得到均衡,并且调整不同分区的大小和规模以应对订单数量的紧急变动。Jane 研究了串行分区,并应用启发式算法将产品分配到不同的分区中,该方法基于同一订单中产品的一致性。

（2）动态分区拣选策略

动态分区拣选策略是相对于分区大小固定的静态分区而言的,其特点是以动态的方式确定分区的大小,并实现分区拣选作业人员的指派和管理。将生产运作领域中 Bucket-Brigades 理念应用于分区分拣作业就是动态分区拣选的一个例子。Bucket-Brigades 可以协调生产线上工人的工作,以实现生产的连续进行和效率的提高。在串行分区拣选系统中,拣货作业人员拣选完属于其所属分区的货品后将已部分完成的订单递交给下一分区的拣货作业人员,一直到拣货作业完成。其要点是确定订单在拣货作业人员之间传递的时间。Bartholdi 等人对 Bucket-Brigades 在配送中心中的实现做了报告,该方法既能提高配货效率,又能减少管理工作量。

3）订单拣选排序方法

在订单拣选问题研究中,排序问题是重中之重,因为订单拣选排序会直接影响处理订单的总时间。订单拣选排序主要目的是合理安排拣选的先后顺序,以使订单处理总时间最短。

（1）以订单处理时间为目标函数的排序方法

张贻弓、吴耀华提出了一种具有缓存区的多拣选区订单合流方法,分析了订单排序问题对处理订单总时间的影响,以订单处理时间最短为目标函数建立订单排序问题的数学模型,利用最大最小蚁群算法进行求解。Alidael B 将单节点订单排序问题分为订单选择和订单排序两个子问题,以订单处理时间最短为目标函数建立优化模型,并利用贪婪式算法进行求解。肖依永、常文兵、张人千以处理订单时间最短为目标函数,建立多节点订单排序优化模型,并采用模拟退火算法对其求解。周泓、姬彬将最小化完工时间和最小化平均延误时间为目标函数建立数学模型,并将遗传算法与启发式方法结合成一种混合算法进行求解。Tang L C、Chew E P 针对变动时间窗以及订单处理时间最短为目标函数建立优化模型,并对变动时间窗模式下的订单处理时间进行模拟仿真实验。Tang L C、Chew E P

设计了一个使用 S-Shape 拣选路线规划策略,以订单服务时间最短为目标函数建立优化模型,使用一个有限数量在线订单系统的分批算法来求解。Won J、Olafsson S 通过分析总体服务时间和单个订单拣选服务时间之间的关系,以拣选服务时间和等待构建批次时间的加权和为目标函数建立数学优化模型,并提出一个将分批优化和拣选路径优化的联合算法进行求解。Gong Y M、De Koster R 提出了一个单品订单动态处理模型,以订单处理服务时间和响应时间最短为目标函数建立优化模型,并且针对动态拣选系统进行求解。

(2)以其他条件为目标函数的订单拣选排序方法

张国庆、刘龙青、张晓萍将物流作业所消耗的人力物流成本和企业物流占用的时间成本之和作为目标函数建立订单排序优化模型,利用遗传算法对模型进行求解。贾天理通过分析多订单情况下订单排序问题与库存之间关系,以最小化库存为目标函数建立订单排序优化模型,并利用运筹学中排序法进行模型求解。吴红、王远世、陈光聪、陈浩钦通过分析印刷业订单问题,以最小化延误订单数为目标函数建立订单排序模型,并采用模拟退火算法和奇偶蚁群算法对模型求解。Ghosh 对单节点订单选择与排序问题进行研究,以利润最大化为目标函数建立 0-1 混合整数规划模型,并使用 BS 算法进行求解。Carol 对分销系统的订单排序问题进行研究,以最大化产品最终价值为目标函数建立优化模型,并利用运筹学中分枝定界法对模型进行求解。

9.3　拣货作业管理

9.3.1　拣货作业的内涵

1)拣货作业的定义

拣货作业是按照客户订单的要求或出库单的要求将商品挑选出来,并放在指定位置的物流作业活动。商品的入库是批量到货,并且相同的品种存放在一起;而客户的订单包含多种不同商品品种,拣货作业就是要按照订单的要求,用最短的时间和最少的作业将商品准备好。

2)拣货作业效率化检核要点

①不要等待——零闲置时间。以动作时间分析、人机时间分析方式改善。

②不要拿取——零搬运。多利用输送带、无人搬运车,减少人力负荷。

③不要走动——缩短动线。采拣货工作分区,采用物至人拣取或导入自动仓库等自动化设备。

④不要思考——零判断业务。简化作业,不依赖熟练工,使用条形码自动识别装置及自动化设备。

⑤不要寻找——做好货位管理。随时整理、整顿货品,货位编排异动要确实登录,拣取时以电子标签灯号实时指示。

⑥不要书写——零事务作业。以计算机传输指示拣货,达到免纸张作业,避免笔误造成作业错误。

⑦不要检查——降低拣错率,缩短复点时间。利用条形码读取,并由计算机辅助检查,如 RFDC,或实施"无验货系统"。

⑧无缺货——作好商品管理、货位管理、库存管理及拣货管理。安全库存量、订购时机及补货频率等状况利用计算机随时掌握。

3)拣货方式

(1)按订单拣货

依客户订单的订货条目,以一张订单为单位进行货品的拣取作业。按订单拣货方式适用于单张订单订购品项多,且同一品项在不同订单重复率不高的情形,如果采取批量拣取,会使其后的分类工作变得复杂,增加了分拣出错的风险。如果一张订单的品项过多,为加快拣货速度,可以配合订单分割的策略,即把一张订单分割成若干子订单分别拣取。

按订单拣货方法的优点是系统在订单量增长方面的扩充性大,客户订单数的增加不致影响设备使用的饱和性;按订单拣货方式的应用,其拣货区与商品存放区可以同时共用,不必进行事后第二次分类作业;系统的作业前置时间较短等。

按订单拣货方法的缺点是一次的拣取是以单张订单的品项进行,当品项多时总的行走距离加长。此外,为保证拣货的准确率,这种方法的使用必须增加核对流程。

(2)批量拣货

先将某一数量的订单汇总成一批次订单,再针对该批次订单进行总量拣取,待该批量拣货完成后再针对订单拣取品项,依客户进行二次分类。批量拣货适用于多量少样的订单形态。如果仓库货品具有显著的 ABC 分类特征,在做货位规划时根据 ABC 分类将货品分区存放,批量拣货就可以结合分区拣取策略,将一个批次的订单货品汇总后分区拣取,每个区域又可以根据该区货品的存储方式采用最有效率的拣货工具。

批量拣货方式的优点是一次拣出订购商品的总量,可使拣货员总的行走距离缩短,单位时间的拣货量增加,尤其是在货位优化后,对生产率的提高较为明显;由于批量拣货完毕后一般会进行二次分类,如此两阶段作业间可以形成互相检查,使整体拣货作业的准确率提高。

批量拣货方法的缺点是对于客户订单并非同时集结至物流中心的形态而言,必须累计一定数量的订单后,方可进行批次拣取,如此才能达到作业的经济效益。但相对会造成作业前置时间加长,也会给后续的作业带来一定压力,订单履行的总时间也相对较长。另外,批量拣货模式会遇到因订单数量增加而使拣货设备产能过于饱和的情况。

按订单拣货和批量拣货是两种最基本的拣货策略。比较而言,按订单拣货弹性较大,临时性的产能调整较为容易,适合客户多样少量订货,订货大小差异较大,订单数量变化频繁,有季节性趋势,且货品外形体积变化较大,货品特性差异较大,分类作业较难进行的仓库。批量拣货的作业方式通常适用于订单大小变化小,订单数量稳定,且货品外形体积较规则固定,流通加工必不可少的仓库。

(3)波次拣货

波次拣货是根据订单形态特点,将订单分类拣货,结合按订单拣货和批量拣货方法。如根据订单的响应时限分类,将所有紧急订单作为一个批量拣货;或根据订单的品项和数量特点,分为多样多量、多样少量等,再配合适合的拣货策略。

所以,波次拣货是提高拣货效率的一种方法,可将多种不同订单依据某种共性合并在一个波次当中,整合为一个拣货作业。在这个拣货作业中,所进行的选择按照商品的库存流转规则和最有效的移动单元进行。

9.3.2 拣货路径优化模型

拣货路径或顺序优化的目的是合理安排配货顺序,以实现行走距离或行走时间的最小化。如果将所拣取货品的存储位置抽象为点,存储位置之间的行走距离抽象为点之间的弧,该类型问题就是一类特殊的旅行商问题(Traveling Salesman Problem,TSP)。按仓储中心分拣系统配置的不同,路径优化问题可分为传统矩形分拣系统配货路径优化问题、单元荷载系统(Unit-Load AS/RS)配货路径优化问题、MOB AS/RS(Man-on-Board AS/RS)配货路径优化问题、旋转货架系统配货路径优化问题4类。

1)矩形分拣系统配货路径优化模型

Ratliff 和 Rosenthal 的 S 形路径是一种最简单的配货路径,拣货人员从巷道一端进入巷道,沿平行货架单向移动,并只能在巷道的另一端改变巷道。另一种简单的启发式算法是返回法,拣货人员从巷道的一端进入巷道拣取货品,并且从进入巷道一端改变巷道。当每一巷道中待拣取的货品数较少时,返回法的效果较 S 形算法好。相关的算法还有很多，如 Goetschalckx 和 Raliff 的算法可以实现拣货人员能双向移动时的路径规划问题，Roodbergen 和 De Koster 的算法用于解决具有 3 个 cross 巷道的分拣系统路径优化问题。

2）单元荷载系统配货路径优化模型

单元荷载系统中作业人员以交叉的方式进行储存操作和拣取操作，其解决方法可分为静态算法和动态算法两类。静态算法根据给定的一组储存与拣选需求对问题进行求解，不考虑作业期间出现的新需求；动态算法则考虑作业期间出现的新需求。

进行储存作业时，如果采用固定储存策略，静态拣存路径优化问题就可转化为传统的物料调配运输问题和任务分配问题，从而得到多项式精确算法。通常认为随机储存或分类储存的静态拣存路径优化问题是 NP-hard 问题，其研究重点是高效的启发式算法。Han 等人 1987 年提出的匹配算法，可在储存与拣选任务之间存在物品位置对应关系的前提下，实现分拣系统中拣货人员行走距离最小化。Lee 和 Schaefer 通过任务分配问题模型解决中等规模问题，可找到最优或近似最优解。动态拣存路径优化算法多由静态算法发展而来，通常是先寻求已到达的拣存任务顺序的解，再在此基础上对新加入的任务进行动态重排序。人工智能技术被用于动态路径优化问题的求解，效果良好。某些情况下，配货作业不但要考虑人员行走距离的最小化，还要考虑客户订单及时性的需求。因此，在进行配货路径优化时还必须考虑订单的交货期问题。

有学者对存在临时停靠点（Dwell Point）的单元荷载系统优化问题进行了研究。拣货作业人员完成某一作业后不必返回集货点或停留点，而可停靠在某一临时停靠点，直接等待下一作业的开始。有研究将前面所提出的配货排序规则、临时停靠点选择规则和储存位置分配规则应用于具有不同产品的混合配货系统，进行仿真研究。Kim 等人对一特殊的自动拣存系统的路径优化问题进行了研究，并给出了分族启发式算法。该系统中拣货操作和储存操作不是交叉进行的，而是完全分开的，且集货点完全分散。

3）MoB AS/RS 系统（Man-on-Board AS/RS）配货路径优化模型

MoB AS/RS 分拣系统的拣货方式与传统矩形配货系统的拣货方式相似，也是一次性把所需货品拣选至集货点，但移动方式不同。矩形分拣系统中，拣选人员或设备只能沿着巷道的方向前行或后退，且只能在巷道的首尾两端改变巷道；在 MoB AS/RS 系统中存在三种移动模式：直线模式、柴比雪夫移动模式和欧式距离模式。

Gudehus 对柴比雪夫移动模式下路径最优问题进行了研究，提出了分段启发式算法（Band heuristic）。该方法沿垂直方向把货架划分为高度相等的两部分，下面部分货架上的货品按水平坐标由大到小顺序拣取，上面部分的货品则按相反顺序拣选。如果一次拣选货物较多,可将货架按高度划分为更多相等的部分。Goetschalckx 和 Ratliff 通过凸多边形算法对相同问题进行了求解,具体做法是先将水平坐标或垂直坐标最大的货品(存储位置)连成一凸多边形,然后将不在凸多边形上的待拣取货品根据 Chebyshev 距离特性逐一加入凸多边形,加入过程遵循增加路径最小原则。分段算法与凸壳算法各有优缺点,分段算法计算速度快、易于实现,但解有时不理想;凸壳算法通常能得到最优或较满意解,但计算量大、不易实现。为克服以上算法的缺陷,Bozer 等人提出了 1/2 分段插入启发式算法,并建议采用中心席卷算法(Center Sweep Heuristic)求解问题。

为了保证拣货人员的安全,某些 MoB 拣货系统对高处货架和低处货架采取不同的移动模式。有学者对采用混合移动模式的拣货系统路径优化问题进行了研究,通过混合凸多边形启发式算法进行问题的求解。该系统在低处采用柴比雪夫移动模式,高处采用直线移动模式。另一些学者则通过仿真对解决传统旅行商问题的邻近域搜索算法、连续插入算法和局部搜索算法等进行了比较和评估。

4) 旋转货架系统配货路径优化模型

旋转货架系统中,拣货作业人员或设备位于集货点,配货时拣货人员控制货品旋转到集货点进行拣取。根据具体配置又可分为水平旋转货架系统、垂直旋转货架系统和双向旋转货架系统三类。合理解决旋转货架系统配货作业优化调度能显著提高旋转货架系统的作业效率。

有学者将一次拣选多个订单任务的拣选作业优化调度问题转化为每个订单中货品的拣选顺序和订单的拣选顺序。其研究表明,在订单到达率比订单拣取率低得多时,订单内货品的拣选顺序是关键;当订单到达率对拣选作业有显著影响时,就必须考虑订单需求与订单配货作业之间货架的无用旋转时间。也有学者给出了订单顺序固定的情况下,拣选顺序的最优问题动态规划算法。在此基础上将订单顺序未确定的作业优化调度问题转化为传统的中国邮递员问题,并提出最优算法。学者对双操作作业在单旋转货架和双旋转货架下的拣选效率进行了研究,研究表明采用双旋转货架时效率较高。Litvak 等人 2001年对所拣货品在旋转货架中呈独立均匀分布时货架的最小旋转距离进行了讨论,2004 年对以上问题进行了进一步研究,计算出最小旋转距离的上界和概率分布。

9.3.3　分拣系统优化方法

1) 结合计算机技术,采用高效的优化算法,得出分拣最优参数

齐峰结合计算机编码技术,重新编制了一套更为优化高效的自动分拣代码,并且创新

性地提出了预防死锁的分拣策略,提高了配送中心自动分拣系统的作业效率。秦进等人针对配送中心的储存、分拣和加工等主要环节是否能够有效地完成配送目标进行了研究,在保持配送中心各项条件总体不变的情况下,重新科学地安排配送中心各功能区的占地面积,重新合理规划分拣作业流程,建立配送中心的运营成本优化模型,采用高效的模拟退火算法对数学模型进行求解和计算分析。李肇蕊提出了将自动分拣作业模拟为"虚拟容器"队列的思想,依据分拣流程中的时间、间距和峰值数据构建一套自动分拣控制系统,对卷烟实际订单进行分拣。谭杰创造性地提出了两种卷烟分拣策略:顺序合流和交叉合流。他开发的分拣系统计算机模拟程序,其关键参数可以根据实际环境的变化而随时进行调整,成功地解决了分拣设备效率低的问题。

2)重新设计配送中心功能区布局,调整设施布局

孟迪云认为烟草配送中心的地理位置对货物的运输和配送影响最大,配送中心内设备的摆放位置也会影响拣货效率。所以他在优化时,重点调整了设备之间的摆放顺序和距离,从而降低了烟草物流的运营成本,提高了分拣效率。王巍采用仿真建模方法,利用AutoMod仿真软件分析并优化了青岛烟草配送中心,首先根据标准的模块建模思想将分拣系统划分为分拣订单模块、分拣设备模块和分拣控制模块,然后通过运行模型得到相关数据,分析出影响分拣效率的两个重要因素,即订单的结构和分拣传送带的速度。此文给后来的仿真建模学者带来了重要的指导思想,模块化建模思想可以大幅度降低配送中心仿真建模的工作量,缩短建模时间并大大提高建模效率。

3)引入新技术和新设备

柳捷研究集中在标签的扫码速度上,认为标签的材质、标签的粘贴位置和标签的规格直接影响了扫码速度。所以他引入RFID技术到烟草公司里,并发现该技术很适合该行业。通过该技术提高了扫码的自动化智能水平,大幅度提高分拣效率。金从众优化了天津烟草物流中心的优化补货模式,增加轧箱、划箱机构,调整改进机械参数、增改控制和程序等设备,升级了分拣设备,从技术的角度降低了其运行成本,提高了其效率。

4)更新配送中心的管理技术

刘恒杰等人以山东中烟公司为研究背景,研究自动化物流管理技术对提高物流分拣效率的重要性,并提出了自动化物流管理技术是提高烟草行业分拣效率和管理水平的重要手段。吴洪刚和张国华针对卷烟需求市场的日益个性化,以及细支烟销量猛增的大市场背景环境,结合郑州烟草配送中心的运营状况,首次打破细支烟和常规烟分开拣选的传统,提出将两种类型的香烟进行同步合单,同步拣选。"共线合单"技术的突破,极大地提

高了订单的分拣效率。郑州烟草配送中心先对"细支烟"和"标准烟"进行了 ABC 分类,再提出了库存和分拣的优化控制措施。张慎提出了实施优化后的 ABC 分类方法、同城异址同库策略、优化配送车辆装载空间和配送时序、改善出入库流程和优化分拣系统。五种现代物流管理理论和方法有助于提高石家庄卷烟配送中心的工作效率。他还通过调整分拣传送带上的条烟摆放位置,降低了卷烟的破损率,设置了一条异型烟分拣传送带,大幅度提高了异型烟的分拣效率。黄霞采用物联网的思想来优化 A 烟草公司的物流问题,引入传感器网络、RFID、网络通信等新技术优化了仓储和分拣效率。

5) 分拣作业流程调整与优化

路亮结合 F 市烟草配送中心的实际运行状况,充分考虑影响分拣效率的各类因素。他研究发现影响 F 市烟草分拣效率的关键因素是进出库的等待时间和分拣传送带的分拣速率,并进行了专项研究与优化。许小利和崔雪丽用 Flexsim 仿真软件建立了某电商物流配送中心模型,模拟出从配送中心接受订单到人员拣选、分货,直至拣选完成的整套作业流程,根据仿真模型输出的数据提出了拣选作业流程的优化方案。皇甫倩倩采用基于邻域搜索的经典优化算法并用 Matlab 求解得到 5 个快件分拣的配置方案。她把5 个最优解代入 Flexsim 仿真模型,分别运行模型并记录运行结果,通过比较统计报告得到最终优化方案。两次最优化求解可以找到快递企业提高快件分拣效率的方法。卓成娣用 ECRS 方法改进了 ST 转运中心分拣流程,建立 ST 转运中心的分拣流程 Petri 网模型,建立以企业效益最大化为目标函数的分拣人员分配模型,最终得出分拣流程人员分配最优解。

9.4　装卸搬运作业

9.4.1　装卸搬运作业的内涵

1) 装卸搬运的定义

装卸搬运是指在同一地域范围内进行的,以改变货物存放状态和空间位置为主要内容和目的的物流活动。严格地说,装卸和搬运是两个不同的概念,所谓装卸主要指的是货物在空间上所发生的以垂直方向为主的位移,主要是改变货物与地面之间的距离;而搬运则是指货物在小范围内发生的短距离的水平位移。两者有区别又有联系,因为货物在空间上发生绝对的、完全的垂直位移和水平位移的情况是少有的。多种情况下是两者的复合。有时以垂直位移为主(即装卸);有时以水平位移为主(即搬运);有时两者同时进行或交替进行,这些则统称为装卸搬运。

2)装卸搬运的作用

装卸搬运是介于物流各环节(如运输、储存等)之间起衔接作用的活动。它把物资运动的各个阶段连接成连续的"流",使物流的概念名副其实。它把各种运输方式连接起来,形成各种运输网络,最大限度地发挥其功能。

(1)装卸搬运直接影响物流质量

装卸搬运是使货物产生垂直和水平方向上的位移,货物在移动过程中会受到各种外力的作用(如振动、撞击、挤压等),容易使货物包装和货物本身受损(如损坏、变形、破碎、散失、流溢等)。装卸搬运损失在物流费用中占有一定的比重。

(2)装卸搬运直接影响物流效率

物流效率主要表现为运输效率和仓储效率。在货物运输过程中,完成一次运输循环所需时间,其中在发运地的装车时间和在目的地的卸车时间占有不小的比重。特别是在短途运输中,装卸车时间所占比重更大,有时甚至超过运输工具运行时间。所以缩短装卸搬运时间,不但对加速车船和货物周转具有重要作用,而且有利于疏站疏港。在仓储活动中,装卸搬运效率对货物的收发速度和货物周转速度会产生直接影响。同时,装卸搬运组织与技术对仓库利用率和劳动生产率也有一定影响。

(3)装卸搬运直接影响物流安全

由于物流活动是物的实体的流动,在物流活动中确保劳动者、劳动手段和劳动对象的安全非常重要。装卸搬运特别是装卸作业,货物要发生垂直位移,不安全因素比较多。实践表明,物流活动中发生的各种货物破损事故、设备损坏事故、人身伤亡事故等,相当一部分是在装卸过程中发生的。特别是一些危险品,在装卸过程中如违反操作规程进行野蛮装卸,很容易造成燃烧、爆炸等重大事故。

(4)装卸搬运直接影响物流成本

装卸搬运是劳动力借助于劳动手段作用于劳动对象的生产活动。为了进行此项活动,必须配备足够的装卸搬运人员和装卸搬运设备。由于装卸搬运作业量比较大,它往往是货物运量和库存量的若干倍,因此,所需装卸搬运人员和设备的数量也比较大,即要有较多的活劳动和物化劳动的投入,这些劳动消耗要计入物流成本。如能减少用于装卸搬运的劳动消耗,就可以降低物流成本。

3）装卸搬运作业的特点

（1）装卸搬运是附属性、伴生性的活动

装卸搬运是物流每一项活动开始及结束时必然发生的活动，因而有时常被人忽视，有时被看作其他操作中不可缺少的组成部分。例如，一般而言的"汽车运输"，就实际包含了相随的装卸搬运；仓库中泛指的保管活动，也含有装卸搬运活动。

（2）装卸搬运是支持、保障性活动

装卸搬运的附属性不能理解成被动的，实际上，装卸搬运对其他物流活动有一定的决定性。装卸搬运会影响其他物流活动的质量和速度。例如，装车不当，会引起运输过程中的损失；卸放不当，会引起货物转换成下一步运动的困难。许多物流活动在有效的装卸搬运支持下，才能实现高水平。

（3）装卸搬运是衔接性的活动

在任何其他物流活动互相过渡时，都是以装卸搬运来衔接。因此，装卸搬运往往成为整个物流的"瓶颈"，是物流各功能之间能否形成有机联系和紧密衔接的关键，而这又是一个系统的关键。建立一个有效的物流系统，关键看这一衔接是否有效。比较先进的系统物流方式——联合运输方式就是着力解决这种衔接而实现的。

9.4.2　装卸搬运系统优化

1）装卸搬运合理化措施

（1）消除无效搬运

要提高搬运纯度，就要只搬运必要的物资，如有些物资要去除杂质之后再搬运；避免过度包装，减少无效负荷；提高装载效率，充分发挥搬运机器的能力和装载空间；中空的物件可以填装其他小物品再进行搬运；减少倒搬次数，作业次数增多不仅浪费人力、物力，还增加物品损坏的可能性。

（2）提高装卸搬运活性指数

物品装卸搬运活性指数是指库存物品便于装卸搬运作业的程度。装卸搬运活性指数根据库存物所处的状态，可分为5级：散装、集装、单元化、即刻运动状态、运动状态。

为了说明和分析物品搬运的灵活程度，通常采用平均活性指数的方法。这个方法是对某一物流过程物品所具备的活性情况，累加后计算其平均值，用 δ 表示。δ 值的大小是确定改变搬运方式的信号。例如：

当 $\delta<0.5$ 时，指所分析的搬运系统半数以上处于活性指数为 0 的状态，即大部分处于

散装情况,其改进方式包括采用货箱、推车等存放物品。

当 $0.5<\delta<1.3$ 时,则是大部分物品处于集装状态,其改进方式包括采用叉车和动力搬动车。

当 $1.3<\delta<2.3$ 时,装卸、搬运系统大多处于活性指数为 2 的状态,可采用单元化物品的连续装卸和运输。

当 $\delta>2.7$ 时,则说明大部分物品处于活性指数为 3 的状态,其改进方法包括选用拖车、机车车头拖挂的装卸搬运方式。

(3)提高货物装卸搬运的可运性

装卸搬运的可运性是指装卸搬运的难易程度。影响装卸搬运难易程度的因素主要有:物品的外形尺寸、物品的密度或笨重程度、物品形状、损伤物品、设备或人员的可能性、物品所处的状态、物品的价值和使用价值等。装卸搬运物料的可运性可以用物品马格数值的大小来量度。

所谓"11 个马格",是指可以方便地拿在一只手中,相当密实,形状紧凑并可以码垛,不易损伤,以及相当清洁、坚固、稳定的物品。不断降低马格数值,就意味着物品不断提高了可运性。因此,采取措施降低马格数,是提高装卸搬运可运性的重要标志,也是装卸搬运合理化的重要目标之一。

(4)实现装卸作业的省力化

装卸搬运使物料发生垂直和水平位移,必须通过做功才能实现,要尽力实现装卸作业的省力化。

在装卸搬运时应尽可能消除货物重力的不利影响;同时,尽可能利用重力进行装卸搬运,以减轻劳动力和其他能量的消耗。在人力装卸时,一装一卸是爆发力,而搬运一段距离,这种负重行走,要持续抵抗重力的影响,同时还要行进,因而体力消耗很大,是出现疲劳的环节。所以,人力装卸时如果能配合简单机具,做到"持物不步行",则可以大大减少劳动量,做到合理化。

(5)合理选择装卸搬运机械

装卸搬运机械化是提高装卸效率的重要环节。装卸机械化程度一般分为 3 个级别:第一级是用简单的装卸器具;第二级是使用专用的高效率机具;第三级是依靠电脑控制实行自动化、无人化操作。以哪一个级别为目标实现装卸机械化,不仅要从是否经济合理来考虑,而且还要从加快物流速度、减轻劳动强度和保证人与物的安全等方面来考虑。

另一方面,装卸搬运机械的选择必须根据装卸搬运物品的性质来决定。对箱、袋或集合包装的物品可以采用叉车、吊车、货车装卸,散装粉粒体物品可使用传送带装卸,散装液体物可以直接向装运设备或储存设备装取。

（6）合理选择装卸搬运方式

在装卸搬运过程中，必须根据货物的种类、性质、形状、重量来确定装卸搬运方式。在装卸时对货物的处理大体有3种方式：第一种方式是分块处理，即按普通包装对货物逐个进行装卸；第二种方式是散装处理，即对粉粒状货物不加小包装而进行的原样装卸；第三种方式是单元组合处理，即货物以托盘、集装箱为单位进行组合后的装卸。实现单元组合，可以充分利用机械进行操作，其优点是：操作单位大、作业效率高；能提高物流活性；操作单位大小一致，易于实现标准化；装卸不触及货物，对物品有保护作用。但这种装卸搬运方式并不是对所有货物都适用的。

（7）改进装卸搬运作业方法

装卸搬运是物流过程中重要的一环。合理分解装卸搬运活动，对改进装卸搬运各项作业、提高装卸搬运效率有着重要的意义。例如，采用直线搬运，减少货物搬运次数，使货物搬运距离最短；避免装卸搬运流程的对流、迂回现象；防止人力和装卸搬运设备的停滞现象，合理选用装卸机具、设备等。在改进作业方法上，尽量采用现代化管理方法和手段，如排队论的应用、网络技术的应用、人机系统等，实现装卸搬运的连贯、顺畅、均衡。

（8）合理组织装卸搬运设备，提高装卸搬运作业的机械化水平

物资装卸搬运设备的运用组织是以完成装卸任务为目的，并以提高装卸设备的生产率、装卸质量和降低装卸搬运作业成本为中心的技术组织活动。它包括确定装卸任务量；根据装卸任务和装卸设备的生产率，确定装卸搬运设备需用的台数和技术特征；根据装卸任务、装卸设备生产率和需用台数，编制装卸作业进度计划；下达装卸搬运进度计划，安排劳动力和作业班次；统计和分析装卸作业成果，评价装卸搬运作业的经济效益；合理地规划装卸搬运方式和装卸搬运作业过程。

2）装卸搬运系统优化模型

装卸搬运系统作业优化模型与商品入库作业流程常用建模方法一样，包括图形模型、图论和网络分析模型、借用制造系统的模型、离散事件动态系统模型。在已有的研究中基于离散事件动态系统模型、运用仿真软件进行研究的文献最多。

黄晓英和张剑芳通过介绍装卸搬运的运行体系和分析方法，从搬运的流量、距离、空间、时间和手段等方面，分析了提高装卸搬运系统效率的改进措施和方法。刘伯兴对基于VR的物料搬运远程操作做了仿真研究，能够解决危险区域的物料搬运问题。王志敏、李振克和陈强等人通过对据用物资装卸搬运系统的作业分析，在Extend仿真平台上建立了仿真模型，利用随机试验方法获得可为评估系统保障能力、科学制订设备配置方案提供依据的仿真结果统计数据。Dima Nazzal 和 Leon F. McGinnis 探索用于设计支持半导体生产的基于汽车的自动化物料搬运系统的解析模型，提供了用来评价改善措施的基本参数，例

如阻塞概率,并使用 Automod 对队列模型进行了定量的分析和验证。Bjorn Johansson、Edward J. Williams 和 Tord Alenljung 介绍了一种为柔性自动化系统设计的模块化自治物料装卸搬运系统解决方案,并用仿真作为辅助工具,验证了这种方法能大大缩短制造系统的许多不同阶段的生命周期。BabiceanuR.F.和 Chen,F.F.利用仿真技术对基于 Agent 的物料搬运系统进行绩效评价,发现这种方法能在短时间内提供良好可行的解决办法。

Pierpaolo Caricato 和 Antonio Grieco 利用退火算法解决设计 AGV 路径的问题,从而提高系统的灵活性。Nazzal D.和 McGinnis L.F.为基于运输工具的单向闭环的自动物料装卸搬运系统提供了一种估算系统对物料移动请求的预期响应时间的解析方法。

[案例导入]　美国服装品牌 Lids 提升全渠道下的订单履行效率

随着业务增长,尤其是全渠道的兴起,Lids 的仓库运营面临着更大压力。为了应对新零售的挑战,这家运动服装分销商决定与瑞仕格合作,并最终选择了瑞仕格的 Click & Pick 解决方案并采用 AutoStore 系统,从而大幅提升了订单履行效率,从容应对全渠道运营所面临的挑战。

(1)客户及需求

20 世纪 90 年代初期,坎贝尔和莫兰德开始在第一家门店出售帽子时,消费市场是一个完全不同的世界。互联网尚处于起步阶段,网上购物还不存在,大部分企业的销售渠道都非常单一。目前,坎贝尔和莫兰德的帽子企业 Hat World,已发展成为一家美国领先的运动服装供应商。现在的 Hat World 公司隶属于 Genesco,主要经营零售品牌 Lids,并拥有 1 100家门店和 8 000 名员工。Lids 的产品通过 4 个品牌渠道进行销售:Lids 为零售店提供有官方授权的、品牌的和特色时尚的帽子,款式新颖、颜色多样;Locker Room by Lids 零售店销售各种运动服装,包括帽子、服装、配饰和创意产品;Lids 俱乐部专注于与专业俱乐部和大学俱乐部合作,经营俱乐部商店、网上零售店和各种体育赛事的纪念品;Lids 直销是一个电子商务网络,为所有 Lids 品牌零售和许多俱乐部合作伙伴提供最新的在线销售服务。

Lids 成功的关键,是其众所周知的对客户的承诺:"在任何时间、任何地点,提供任何俱乐部的商品。"其零售店业务在一年内增长了 49%,电商业务在三年内增长了 10%,平均每天在线成交 2 万笔订单。

(2)挑战

目前 ,Lids 销售的产品超过 23 万种,并使用不同的通用产品代码(UPC)。库存超过 450 万件产品,每年发货 3 500 万件。所有产品均由位于美国印第安纳州印第安纳波利斯附近,唯一的人工仓库存储和配送。业务增长推动了公司发展,也给 Lids 的仓库运营带来了更大压力。最初，人工仓库用于处理门店订单，单品类的拣选量大，SKU 总量可管理。工人使用 RF 扫描枪进行批量拣选和传送带分拣。但当前的全渠道零售环境，需要根本性的改变。有限的空间制约了对多种类型订单快速响应的需求。履行订单需要劳动密集型的多订单行拣选。订单任务很难在多种类型客户之间进行批量拣选。效率低下可能会对盈利能力产生负面影响，并与 Lids 立即交付的品牌承诺相抵触。同时，客单成本大幅增加，以前我们平均每个品种拣 20 件，现在则不到 4 件，但 SKU 更多了。因此，企业面对的是低效率、多订单行拣选的流程，还有很多长尾产品。想要在电商领域保持竞争力，企业需要在 24 小时内完成订单，而不是 2~3 天。

（3）解决方案

瑞仕格推荐的 Click & Pick 解决方案，专为应对 Lids 在全渠道运营所面临的挑战。Click & Pick 方案将设备组件、技术与瑞仕格丰富的行业经验相结合，因此能为每个客户打造量身定制的解决方案。特定的 Click & Pick 方案组件包括输送机、提升机、仓储管理软件以及预配置的系统，如 AutoStore、CycloneCarrier 和 CarryPick 等。在设计方案时，瑞仕格专注于降低仓库的运营成本。订单拣选成本最高的部分是对少量、低周转率的产品以及长尾 SKU 的拣选，瑞仕格选择将这部分作业配置在 AutoStore 中。这是一套"货到人"的解决方案，其采用铝制货格，机器人自动行走在货格上取放存储于塑料周转箱内的货物，塑料周转箱上下直接堆叠在一起，每个周转箱最多可存储 8 种品规，从而避免了拣选人员为找货而长时间行走。

（4）效果

AutoStore 满足了 Hat World 在现有设施内增加库存量和吞吐量的目标，同时它还支持 Lids 的多渠道销售。该解决方案能够存放 10 万种产品，由机器人实现了高效率的"货到人"拣选功能。Click & Pick 解决方案支持企业持续的销售增长，同时确保快速、准确地为门店、第三方供应商和电商直营客户的订单发货，使企业能够最大限度地发挥运营效率并减少库存投资。

总体而言，瑞仕格提供的解决方案具有诸多优势，主要包括：超密集的存储能力，最大限度地利用垂直空间，并提供灵活的布局，以适应 Lids 现有的场地设施；电商业务的拣选率提高了 20 倍，同时提高了准确率和速度；一套简单的方案，由一个售后服务团队为所有渠道和客户类型的业务提供支持。此外，其他的成本效益和节约成本的目标包括：确保100% 的订单履行准确率；保证 24 小时内发货；快速、高效地补货；简化员工培训；每年减少58 名全职员工。

（资料来源：美国服装品牌 Lids 提升全渠道下的订单履行效率[J].物流技术与应用，2018,23(2):70-72.）

≫案例讨论

1.Lids 在全渠道运营所面临的挑战是什么？Click & Pick 解决方案是如何有效应对这些挑战的？

2.如果你是 Lids 仓储管理员，你将如何规划仓库的订单管理以应对全渠道运营所面临的挑战？

≫复习思考题

1.调查一个仓库，分析其出库流程的优缺点，并对缺点提出合理化建议。

2.订单管理包括哪些流程？

3.调查一个连锁便利店配送中心，分析其订单拣选策略，并运用订单分批、订单分区拣选策略优化其订单拣选策略。

4.拣货策略有哪些？如何合理选择适当的拣货策略？

5.装卸搬运系统优化策略有哪些？如何在实践中有效应用？

第 10 章

仓储安全管理

本章导读：

- 了解安全管理的定义、基本原理、理论与技术的发展、方法，对安全管理有个总体把握；
- 了解仓储安全管理的定义、内容，深入了解仓储安全管理的方法；
- 深入了解仓库火灾的特点、成因、种类及防灭火方法，了解主要的仓库防灭火设备及消防安全管理措施，对仓库火灾有个总体的认识。

10.1　安全管理

10.1.1　安全管理的内涵

1) 安全管理的定义

安全是指不受威胁,没有危险、危害、损失,是免除了不可接受的损害风险的状态。安全是在人类生产过程中,将系统的运行状态对人类的生命、财产、环境可能产生的损害控制在人类能接受水平以下的状态。

安全管理是管理科学的一个重要分支,它是为实现安全目标而进行的有关决策、计划、组织和控制等方面的活动,主要运用现代安全管理原理、方法和手段,分析和研究各种不安全因素,从技术上、组织上和管理上采取有力的措施,解决和消除各种不安全因素,防止事故的发生。

安全管理的对象是生产中一切人、物、环境的状态管理与控制,安全管理是一种动态管理。为有效地将生产因素的状态控制好,实施安全管理过程中,必须正确处理五种关系,即安全与危险并存、安全与生产的统一、安全与质量的包涵、安全与速度互保、安全与效益的兼顾。

安全管理应遵循如下原则:一是管生产同时管安全;二是坚持安全管理的目的性;三是贯彻预防为主的方针;四是坚持"四全"动态管理;五是安全管理重在控制;六是在管理中发展、提高。

2) 安全管理的基本原理

安全管理的基本原理主要包括系统原理和人本原理。系统原理又包括整分合原理、反馈原理、封闭原理、弹性原理;人本原理又包括能级原理、动力原理和激励原理。

10.1.2　安全管理理论与方法

1) 安全管理理论的发展

安全管理的理论经历了 4 个发展阶段。第一阶段:在人类工业发展初期,发展了事故理论,建立在事故致因分析理论基础上,是经验型的管理方式。这一阶段常常被称为传统安全管理阶段。第二阶段:在电气化时代,发展了危险理论,建立在危险分析理论基础上,具有前预防型的管理特征。这一阶段提出了规范化、标准化管理,常常被称为科学管理的初级阶段。第三阶段:在信息化时代,发展了风险理论,建立在风险控制理论基础上,具有系统化管理的特征。这一阶段提出了风险管理概念,是科学管理的高级阶段。第四阶段:21世纪以来,提出以本质安全为管理目标,推进兴文化的人本安全和强科技的物本安全,是人类现代和未来不断追求的目标。

上述4个阶段管理理论,对应以下4种管理模式。

①事故型管理模式:以事故为管理对象,管理的程式是事故发生、现场调查、分析原因、找出主要原因、提出整改措施、实施整改、效果评价和反馈。这种管理模式的特点是经验型,缺点是事后整改,成本高,不符合预防的原则。

②缺陷型管理模式:以缺陷或隐患为管理对象,管理的程式是查找隐患、分析成因、找出关键问题、提出整改方案、实施整改、效果评价。其优点是:前管理、预防型、标本兼治;缺点是:系统全面有限、被动式、实时性差、从上而下、缺乏现场参与、无合理分级、复杂动态风险失控等。

③风险型管理模式:以风险为管理对象,管理的程式是进行风险全面辨识、风险科学分级评价、制订风险防范方案、风险实时预报、风险适时预警、风险及时预控、风险消除或削减、风险控制在可接受水平。其优点是:风险管理类型全面、过程系统、现场主动参与、防范动态实时、科学分级、有效预警预控;缺点是:专业化程度高、应用难度大、需要不断改进。

④安全目标型管理模式:以安全系统为管理对象,全面的安全管理为目标,管理程式是制订安全目标、分解目标、管理方案设计、管理方案实施、适时评审、管理目标实现、管理目标优化。其优点是:全面性、预防性、系统性、科学性的综合策略;缺点是:成本高、技术性强,还处于探索阶段。

可以说,在不同层次安全管理理论的指导下,企业安全生产管理经历了两次大的飞跃,第一次是从经验管理到科学管理的飞跃,第二次是从科学管理到文化管理的飞跃。目前,我国的多数企业已经完成或正在进行着第一次飞跃,少数较为现代的企业在探索第二次飞跃。

2)安全管理技术的发展

管理也是一门技术。安全管理技术方法的科学性、合理性,是保证安全管理效能的重要前提和决定性因素。

从管理对象的角度,安全管理由近代的事故管理,发展到现代的隐患管理。早期,人们把安全管理等同于事故管理,仅仅围绕事故本身做文章,安全管理的效果是有限的。只有强化了隐患的控制,消除危险,事故的预防才高效,因此,20 世纪 60 年代发展起来的安全系统工程强调了系统的危险控制,揭示了隐患管理的机理。21 世纪,隐患管理将得到推行和普及。

从管理过程的角度,早期是事故后管理,发展到 20 世纪 60 年代强化前和预防型管理(以安全系统工程为标志)。随着安全管理科学的发展,人们逐步认识到,安全管理是人类预防事故的三大对策之一,科学的管理要协调安全系统中的人、机、环诸因素,管理不仅是技术的一种补充,更是对生产人员、生产技术和生产过程的控制与协调。21 世纪,要落实这种认识和过程。

从管理技法的角度,从传统的行政手段、经济手段,以及常规的监督检查,发展到现代的法治手段、科学手段和文化手段;从基本的标准化、规范化管理,发展到以人为本、科学管理的技巧与方法。21 世纪,现代安全管理方法已经大显身手,未来,安全文化管理的手段将成为重要而有效的安全管理方法。

3)现代安全管理方法

安全管理科学首先涉及的是基础或日常安全管理,有时也称为传统安全管理,如安全责任制、安全监察、安全设备检验制、劳动环境及卫生条件管理、事故管理、"三同时"和"五同时"等基础管理,以及安全检查制、"三全"管理、三负责制、"5S"活动、"五不动火"管理。审批动火票的"五信五不信"、"四查五整顿"、"巡检挂牌制"、防电气误操作"五步操作管理法"、人流物流定置管理、三点控制、安全班组活动等生产现场安全管理方法等。随着现代企业制度的建立和安全科学技术的发展,现代企业更需要发展科学、合理、有效的现代安全管理方法和技术。现代安全管理是现代社会和现代企业实现安全生产和安全生活的必由之路。一个具有现代技术的生产企业必然需要与之相适应的现代安全管理科学。目前,现代安全管理是安全管理工程中活跃、前沿的研究和发展领域。

现代安全管理的理论和方法有安全管理哲学、安全科学决策、安全规划、安全系统管理、安全经济学原理、安全协调学原理、事故预测与预防理论、事故管理模型学、安全法制管理、安全目标管理、安全标准化管理、无隐患管理、安全行为抽样技术、安全技术经济可行性论证、PDCA 循环模式、HSE 管理体系、OHSMS、NOSA 等综合性的管理模式;SCL、PHA、LEC、JHA 等危险源辨识,风险分级评价的危险预知活动和系统安全分析方法,以及亲情参与制、轮流监督制、名誉员工制、四不伤害活动、三能四标五化六新、三法三卡、班组安全建设等基层和现场管理方法。

现代安全管理特点在于变传统的纵向单因素安全管理为现代的横向综合安全管理;变传统的事故管理为现代的事件分析与隐患管理(变事后型为预防型);变传统的被动的

安全管理对象为现代的安全管理动力;变传统的静态安全管理为现代的安全动态管理;变过去企业只顾生产经济效益的安全辅助管理为现代的效益、环境、安全与卫生的综合效果的管理;变传统的被动、辅助、滞后的安全管理程式为现代主动、本质、超前的安全管理程式;变传统的外迫型安全指标管理为内激型的安全目标管理(变次要因素为核心价值)。

10.2　仓储安全管理概述

10.2.1　仓储安全管理的内涵

1)仓储安全管理的定义

仓储安全管理是以仓库作为一个系统,为实现仓库安全目标而进行的有关决策、计划、组织、控制等方面的活动,是综合应用现代管理科学和技术科学的理论和方法,研究仓储管理活动的基本规律和一般方法,对不适应科学管理需要的思想观念、管理体制和管理方法进行变革。

实施仓储安全管理有利于加强仓库的治安保卫工作,维护仓库内安全安定的局面;有利于加强仓库的作业安全管理,确保仓库作业人员、库存货物和设备的安全;有利于加强仓库的事故预防工作,杜绝火灾等事故的发生。

2)仓储安全管理的内容

仓储安全管理的基本内容包括建立健全的安全管理规则;对安全装置、劳动保护用具以及其他防护设施作定期的检查;安全教育,安全事故多数是由于操作人员的不安全行为和忽视安全的思想引起的。一项调查表明,美国工厂中发生的 75 000 件意外事故中,有88%的事故是由于不安全的动作造成的。不安全的动作主要有:违反操作规程、未能控制速度、安全装置不当、误置、工作姿势或位置不妥、在移动的设备上工作、不专心、未使用保护装置。这些事故绝大部分是完全可以避免的,所以对操作人员进行安全教育是十分必要的,积极应用防错法,将安全教育与对操作人员的培训结合起来,加强效果;调查、分析事故的原因,研究制定改进安全的实施对策;在发生事故时组织救护与避难;有关安全的重要事项的记录和各种安全资料的保存;环境和设备也是造成事故的原因,为了防止事故,也应考虑这方面的因素,如使机器设备安全化、改善工作条件等。

(1)仓库治安保卫管理

仓库的治安保卫工作是仓库为了防范、制止恶性侵权行为、意外事故对仓库及仓储财产的侵害和破坏,维护仓储环境的稳定,保证仓储生产经营的顺利开展所进行的管理工作。治安保卫工作的具体内容就是执行国家治安保卫规章制度,防盗、防抢、防骗、防破坏、防火、防止财产侵害、维护仓库内交通秩序,防止交通意外事故等仓库治安灾难事故,协调与外部的治安保卫关系,维持仓库内的安全局面和员工人身安全,进而确保企业的生产经营顺利进行,保证仓库实现经营效益。

库场的治安保卫工作主要有防火、防盗、防破坏、防抢、防骗、员工人身安全保护、保密等工作。治安保卫工作不仅有专职保安员承担的工作,如门卫管理、治安巡查、安全值班等,还有大量的工作由相应岗位的员工承担,如办公室防火防盗、财务防骗、商务保密、仓库员防火、锁门关窗等。库场主要的治安保卫工作及要求列举如下:守卫大门和要害部门、巡逻检查、防盗设备设施的使用、治安检查、治安应急。

(2)仓库作业安全管理

①安全操作管理制度化。作业安全管理应成为仓库日常管理的重要项目,通过制度化的管理保证管理的效果,制订科学合理的各种作业安全制度、操作规程和安全责任制度,并通过严格的监督,确定员工能够有效并充分地执行安全操作管理制度。

②重视作业人员资质管理和业务培训。安全教育应对新参加仓库工作和转岗的员工,进行仓库安全作业教育和操作培训,保证上岗员工都掌握作业技术与规范。从事特种作业的员工必须经过专门培训并取得特种作业资格,才能上岗作业,且只能按证书规定的项目进行操作,不能混岗作业。安全作业宣传和教育是仓库的长期性工作,作业安全检查是仓库安全作业管理的日常性工作,通过严格的检查、不断的宣传,严厉地对违章和忽视安全行为进行惩罚,强化作业人员的安全责任意识。

③加强劳动安全保护。劳动安全保护包括直接和间接对员工实行的人身保护措施。仓库要遵守《中华人民共和国劳动法》的规定,保证每日8小时、每周不超过44小时的工时制,依法安排加班,给员工以足够的休息时间,包括合适的工间休息。提供合适和足够的劳动防护用品,高强度工作鞋、手套、安全帽、工作服等,并督促作业人员使用和穿戴。

10.2.2 仓储安全管理的方法

1)鱼骨图因果分析法

鱼骨图由日本管理大师石川馨先生所发明,故又名石川图。鱼骨图是一种发现问题"根本原因"的方法,它也可以被称为"Ishikawa"或者"因果图"。其特点是简捷实用,深入直观。它看上去有些像鱼骨,问题或缺陷(即后果)标在"鱼头"外。在鱼骨上长出鱼刺,上面按出现机会多寡列出产生问题的可能原因,有助于说明各个原因之间是如何相互影响的。问题的特性总是受到一些因素的影响,我们通过头脑风暴法找出这些因素,并将它们与特性值一起,按相互关联性整理而成的层次分明、条理清楚,并标出重要因素的图形就称特性要因图、特性原因图。因其形状如鱼骨,所以又称鱼骨图,它是一种透过现象看本质的分析方法。鱼骨图也用在生产中,用来形象地表示生产车间的流程。

2)5W2H 法和 ESCRI 法

5W2H 分析法又称七何分析法,是第二次世界大战中美国陆军兵器修理部首创。简单、方便,易于理解和使用,富有启发意义,广泛用于工业工作各系统管理和技术活动中,对决策和执行性的活动措施非常有帮助,也有助于弥补对问题的疏漏。

所谓 5X5W2H 法的 5W 是指 Where——何处、在什么地方、在什么空间;When——何时,在什么时候什么时间;What——何为,是什么东西、什么事情、什么样的生产对象;Who——何人、是什么人做,生产主体是谁;Why——何因,为什么如此。这 5 个字母之开头都是由"W"开始,所以称为"5W"。2H 是指 How——如何,怎么做的;How much——多少、做到什么程度? 数量如何? 质量水平如何? 成本如何? 这个英文字母是由"H"开头,所以称为"2H"。5X 是 5 次,表示对问题的质疑不要只问一次而是要多问几次,不需要刚好只问 5 次,可多可少。

5W2H 是一个探讨问题的技巧,"5X"是告诉我们同样的"5W2H"最好要"多问几次"才好,这样才能将问题的症结发掘出来。5X5W2H 法应用范围很大,可适用于任何行业不同地点的任何工作上。对某些特别的问题可使用某些特定的质疑方法。工作改善的前提是发现问题,而发现问题则全待于怀疑的态度。因此,怀疑为改善之母。然而怀疑并非仅是笼统的抽象思维,应该是有系统的、循序渐进的,而且是有具体的方向。5W2H 是一种寻找问题之根源及寻求改善的系统化质问工具。如果没有系统化的质问方法,我们往往会疏漏某些值得去改善的地方,难以发掘问题的真正根源所在,可能改善的途径就会受限。

ESCRI 是取消(Eliminate)、简化(Simplify)、合并(Combine)、重排(Rearrange)、新增(Increase)5 个英文单词的缩写,ESCRI 法是改造与优化流程的基本工具。这种方法可用于对流程进行优化和再造,与 5W2H 一起在管理问题上加以应用。

3)头脑风暴法

头脑风暴法又称智力激励法、自由思考法,是由美国创造学家奥斯本于 1939 年首次提出、1953 年正式发表的一种激发性思维的方法。此法经各国创造学研究者的实践和发展,至今已经形成了一个发明技法群,深受众多企业和组织的青睐。在群体决策中,由于群体成员心理相互作用影响,易屈于权威或大多数人意见,形成所谓的"群体思维"。群体思维削弱了群体的批判精神和创造力,损害了决策的质量。为了保证群体决策的创造性,提高决策质量,管理上发展了一系列改善群体决策的方法,头脑风暴法是较为典型的一个。

头脑风暴法又可分为直接头脑风暴法和质疑头脑风暴法。前者是工作人员群体决策,尽可能激发创造性,产生尽可能多的设想的方法;后者则是对前者提出的设想,方案逐一质疑,分析其现实可行性的方法。

4)PDCA 戴明循环法

PDCA 的含义:P(Plan)——计划、D(Do)——执行、C(Check)——检查、A(Act)——对检查的结果进行处理,成功的经验加以肯定并适当推广、标准化,失败的教训加以总结,未解决的问题放到下一个 PDCA 循环里。PDCA 戴明循环法是最早由美国质量统计控制之父 Shewhat(休哈特)提出的 PDS(Plan Do See)演化而来,由美国质量管理专家戴明改进成为 PDCA 模式,所以又称为"戴明环"。以上 4 个过程不是运行一次就结束,而是周而复始地进行,一个循环完了,解决一些问题,未解决的问题进入下一个循环,这样阶梯式上升。PDCA 循环法在实际上是有效进行任何一项工作的合乎逻辑的工作程序。在工业工程中,是一项基本的方法。

5)人因工程学

1985 年,美国人因工程学和应用心理学家查帕尼斯提出了人机工程学的定义,即人因工程学是为了设计对人类来说安全、高效、舒适、有效的工具、机器、系统、任务、工作和环境,而研究人类关于行为、能力、极限和其他特性方面的信息,并且将这些信息应用于这种设计上的科学。国际人因工程学学会提出了人因工程的定义,即人因工程是研究人在某种工作环境中的解剖学、生理学和心理学等方面的各种因素,研究人和机器及环境的相互作用,研究在工作中、家庭生活中和休假时怎样统一考虑工作效率、人的健康、安全和舒适等问题的学科。尽管两种权威的定义表述有所不同,但是其核心概念是一致的。也就是说,人因工程学运用生理学、心理学和医学等有关科学知识,研究人类和周围环境的相互关系,并且把人与环境的关系作为一个整体的系统,以提高整个系统的安全和效率。人因工程研究的重点在于人类自身的特点,以及事物的设计如何影响人类。人因工程学寻求改变人类所使用的事物和操作的环境,从而使其更好地匹配人类的能力、极限和需求。

10.3 仓库消防管理

10.3.1 仓库火灾的成因及种类

1) 仓库火灾的成因

(1) 火源管理不善

火源管理不善主要有违章动火、玩火、纵火、燃放烟花爆竹、吸烟、装卸作业中引发的火种。

(2) 易燃、易爆性物资由于保管方法不当，导致搬运装卸中发生事故而引起火灾

例如，危险化学品通风散热条件不良，防潮防火、防暑降温措施不力，堆放不规范，缺乏专业知识，致使库存物品发生生物、物理或化学反应，引起自燃、燃烧或爆炸。还有，危险物品仓库没有分类分项存放、装卸作业无有效防静电措施、擅自改变仓库储存物质性质等。

(3) 仓库建筑及平面布局不合理

例如，防雷设计有盲区，避雷设施保养不善，对球雷、感应雷、带状雷研究与防护不够。

(4) 防火制度、措施不健全、思想麻痹大意

例如，乱搭、乱建、乱堆甚至吃住在库区；人员和物资进出极度混乱；擅自改变防火分区、防火间距，消防设施不能完整好用等。仓库照明管理不善也是火灾主要成因之一，主要有仓库照明灯具选用不当、堆垛超高未保持灯距、照明施工质量差导致灯脱落、临时照明设置不当等；使用高温照明、灯位设置不当、用后未切断电源，辐射热积聚而引发堆垛火灾；临时照明设置不妥，受风或电线拉动而倾倒，无人看管而引起火灾。

2) 仓库火灾的种类

火灾的种类依据国家标准 GB 50140—2005 的规定可分为 5 类：

①A 类火灾：固体物质火灾，如木材、棉、毛、麻、纸张及其制品等燃烧的火灾。

②B 类火灾：液体火灾或可熔化固体物质火灾，如汽油、煤油、柴油、原油、甲醇、乙醇、沥青、石蜡等燃烧的火灾。

③C 类火灾：气体火灾，如煤气、天然气、甲烷、乙烷、丙烷、氢气等燃烧的火灾。

④D 类火灾:金属火灾,钾、钠、镁、钛、锆、锂、铝镁合金等燃烧的火灾。

⑤E 类(带电)火灾:物体带电燃烧的火灾,如发电机房、变压器室、配电间、仪器仪表间和电子计算机房等在燃烧时不能及时或不宜断电的电气设备带电燃烧的火灾。E 类火灾是建筑灭火器配置设计的专用概念,主要是指发电机、变压器、配电盘、开关箱、仪器仪表和电子计算机等在燃烧时仍旧带电的火灾,必须用能达到电绝缘性能要求的灭火器来扑灭。对于那些仅有常规照明线路和普通照明灯具而且并无上述电气设备的普通建筑场所,可不按 E 类火灾的规定配置灭火器。

储存物品的火灾危险性应根据储存物品的性质和储存物品中的可燃物数量等因素,分为甲、乙、丙、丁、戊类,并应符合表 10.1 的规定。

表 10.1 储存物品的火灾危险性分类

仓储类别	储存物品的火灾危险性特征
甲	①闪点小于 28 ℃ 的液体; ②爆炸下限小于 10% 的气体,以及受到水或空气中水蒸气的作用,能产生爆炸下限小于 10% 气体的固体物质; ③常温下能自行分解或在空气中氧化能导致迅速自燃或爆炸的物质; ④常温下受到水或空气中水蒸气的作用,能产生可燃气体并引起燃烧或爆炸的物质; ⑤遇酸、受热、撞击、摩擦以及遇有机物或硫黄等易燃的无机物,极易引起燃烧或爆炸的强氧化剂; ⑥受撞击、摩擦或与氧化剂、有机物接触时能引起燃烧或爆炸的物质
乙	①闪点大于等于 28 ℃,但小于 60 ℃ 的液体; ②爆炸下限大于等于 10% 的气体; ③不属于甲类的氧化剂; ④不属于甲类的化学易燃危险固体; ⑤助燃气体; ⑥常温下与空气接触能缓慢氧化,积热不散引起自燃的物品
丙	①闪点大于等于 60 ℃ 的液体; ②可燃固体
丁	难燃烧物品
戊	不燃烧物品

10.3.2　仓库防火管理

1) 仓库防火方法

一个体系若发生燃烧必须满足燃烧的条件,即可燃物、助燃物和点火源三要素的互相直接作用。对于一个未燃体系来说,防火的基本原理是研究如何防止燃烧条件的产生;对于一个已燃体系来说,防火的基本原理是研究如何削弱燃烧条件的发展,亦即怎样阻止火势蔓延。下面将从控制可燃物、隔绝助燃物、消除点火源、阻止火势蔓延4个方面简述防火的基本原理。

（1）控制可燃物

控制可燃物的基本原理是限制燃烧的基础或缩小可能燃烧的范围。具体方法是:利用爆炸浓度极限、比重等特性控制气态可燃物,使其不形成爆炸性混合气体;利用闪点、燃点、爆炸温度极限等特性控制液态可燃物;利用燃点、自燃点等数据控制一般的固态可燃物;利用负压操作可以降低液体物料沸点和烘干温度,缩小可燃物料爆炸极限的特性,对易燃物料进行安全干燥、蒸馏,过滤或输送;对易燃易爆物品,如爆炸物品、可燃的压缩气体和液化气体、易燃液体、易燃固体、自燃物品和遇湿易燃物品,应按国务院发布的《化学危险物品安全管理条例》的规定,进行生产、储存、经营、运输和使用。

（2）隔绝助燃物

控制助燃物的原理是限制燃烧的助燃条件,具体方法是:密闭有易燃、易爆物质的房间、容器和设备,使用易燃易爆物质的生产应在密闭设备管道中进行;对有异常危险的生产采取充装惰性气体(如对乙炔、甲醇氧化、TNT球磨等生产充装氮气保护);隔绝空气储存,如将二硫化碳、磷储存于水中,将金属钾、钠存于煤油中。

（3）消除着火源

消除着火源的基本原理是消除或控制燃烧的着火源。具体方法是:在危险场所,禁止吸烟、动用明火、穿戴钉子鞋;采用防爆电气设备,安避雷针,装接地线;进行烘烤、熬炼、热处理作业时,严格控制温度,不超过可燃物质的自燃点;经常润滑机器轴承,防止摩擦产生高温;用电设备应安装保险器,防止因电线短路或超负荷而起火;存放化学易燃物品的仓库,应遮挡阳光;装运化学易燃物品时,铁质装卸、搬运工具应套上胶皮或衬上铜片、铝片;对火车、汽车、拖拉机的排烟气系统,安装防火帽或火星熄灭器等。

(4)阻止火势蔓延

阻止火势蔓延的原理是不使新的燃烧条件形成,防止或限制火灾扩大。具体方法是:建筑物及贮罐、堆场等之间留足防火间距,设置防火墙,划分防火分区;在可燃气体管道上安装阻火器及水封等;在能形成爆炸介质(可燃气体、可燃蒸汽和粉尘)的厂房设置泄压门窗、轻质屋盖、轻质墙体等;在有压力的容器上安装防爆膜和安全阀。

2)仓库消防设备

用于仓库库场消防安全的设备主要有:消防水系统、消防设备和器材。

(1)灭火器

目前,常用的灭火器有泡沫、酸碱、干粉、二氧化碳、1211这5种类型。

A类火灾场所应选择水型灭火器、磷酸铵盐干粉灭火器、泡沫灭火器或卤代烷灭火器。B类火灾场所应选择泡沫灭火器、碳酸氢钠干粉灭火器、磷酸铵盐干粉灭火器、二氧化碳灭火器、灭B类火灾的水型灭火器或卤代烷灭火器。极性溶剂的B类火灾场所应选择灭B类火灾的抗溶性灭火器。C类火灾场所应选择磷酸铵盐干粉灭火器、碳酸氢钠干粉灭火器、二氧化碳灭火器或卤代烷灭火器。D类火灾场所应选择扑灭金属火灾的专用灭火器。E类火灾场所应选择磷酸铵盐干粉灭火器、碳酸氢钠干粉灭火器、卤代烷灭火器或二氧化碳灭火器,但不得选用装有金属喇叭喷筒的二氧化碳灭火器。

根据灭火机理的不同,各类灭火器的适用性见表10.2。

表10.2　灭火器的适用性

灭火器类型\\火灾场所	水型灭火器	干粉灭火器		泡沫灭火器		卤代烷1211灭火器	二氧化碳灭火器
		磷酸铵盐干粉灭火器	碳酸氢钠干粉灭火器	机械泡沫灭火器	抗溶泡沫灭火器		
A类场所	适用。水能冷却并穿透固体燃烧物质而灭火,并可有效防止复燃	适用。粉剂能附着在燃烧物的表面层,起到窒息火焰的作用	不适用。碳酸氢钠对固体可燃物无黏附作用,只能控火,不能灭火	适用。具有冷却和覆盖燃烧物表面及与空气隔绝的作用		适用。具有扑灭A类火灾的效能	不适用。灭火器喷出的二氧化碳无液滴,全是气体,对A类火基本无效

火灾场所 ＼ 灭火器类型	水型灭火器	干粉灭火器		泡沫灭火器		卤代烷1211灭火器	二氧化碳灭火器
		磷酸铵盐干粉灭火器	碳酸氢钠干粉灭火器	机械泡沫灭火器	抗溶泡沫灭火器		
B类场所	不适用。水射流冲击油面,会激溅油火,致使火势蔓延,灭火困难	适用。干粉灭火剂能快速窒息火焰,具有中断燃烧过程的链锁反应的化学活性		适用于扑救非极性溶剂和油品火灾,覆盖燃烧物表面,使其与空气隔绝	适用于扑救极性溶剂火灾	适用。洁净气体灭火剂能快速窒息火焰,抑制燃烧链锁反应,而终止燃烧过程	适用。二氧化碳靠气体堆积在燃烧物表面,稀释并隔绝空气
C类场所	不适用。灭火器喷出的细小水流对气体火灾作用很小,基本无效	适用。喷射干粉灭火剂能快速扑灭气体火焰,具有中断燃烧过程的链锁反应的化学活性		不适用。泡沫对可燃液体火灭火有效,但扑救可燃气体火基本无效		适用。洁净气体灭火剂能抑制燃烧链锁反应,而中止燃烧	适用。二氧化碳窒息灭火,不留残迹,不污损设备
E类场所	不适用	适用	适用于带电的B类火	不适用		适用	适用于带电的B类火

注:①新型的添加了能灭B类火的添加剂的水型灭火器具有B类灭火级别,可灭B类火。

②化学泡沫灭火器已淘汰。

③目前,抗溶泡沫灭火器常用机械泡沫类型灭火器。

但要注意有些灭火剂之间是不相容的,不可同时使用(表10.3)。

表10.3 不相容的灭火剂举例

灭火剂类型	不相容的灭火剂	
干粉与干粉	磷酸铵盐	碳酸氢钠、碳酸氢钾
干粉与泡沫	碳酸氢钠、碳酸氢钾	蛋白泡沫
泡沫与泡沫	蛋白泡沫、氟蛋白泡沫	水成膜泡沫

（2）消防梯

消防梯是消防队员扑救火灾时，登高灭火、救人或翻越障碍的工具。目前，普遍使用的有单杠梯、挂钩梯和拉梯3种。单杠梯是一种轻便的登高工具，其特点是可以折合，便于携带。它折合起来后像一根单杠，所以取名为单杠梯。现在使用的有TD型木质单杠梯和TOZ型竹质单杠梯2种。挂钩梯是攀登楼房的登高工具，有木质、竹质和铝合金3种。拉梯又称伸缩梯，是登高或翻越障碍物的工具，有二节拉梯和三节拉梯2种。

（3）水枪

水枪是一种增加水流速度、射程和改变水流形状的射水灭火工具。根据水枪喷射出的不同水流，分为直流水枪、开花水枪、喷雾水枪、开花直流水枪等。

（4）水带

水带是连接消防泵或消火栓与水枪等喷射装置的输水管线。目前我国生产和使用的水带，按材料分，有麻织、棉织涂胶、尼龙涂胶3种；按口径分，有50、66、80、90 mm 4种；按承受压力分，有甲、乙、丙、丁4级。4种级别的水带分别能承受的最大工作水压为大于等于10 kg/cm²、8~9 kg/cm²、6~7 kg/cm² 和小于等于6 kg/cm²。

（5）消火栓

消火栓是灭火供水设备之一，分室内消火栓和室外消火栓两种。室内消火栓是截止阀类的一种阀门，它是建筑物内的一种固定消防供水设备。平时与室内消防给水管线连接，遇有火警时，将水带一端的接口接在消防栓出口上，把手轮按开启方向旋转，即能喷水扑救火灾。室外消火栓主要由铸铁制造，根据其设置方式分为地上式和地下式两种。地上式大部分都露出地面，地下式则应埋置地下，平时加上井盖。

（6）手抬机动消防泵

手抬机动消防泵（简称手抬泵）适用于工矿企业、农村和城市道路狭窄消防车不能通行的地方。目前生产的有 BJ7、BJ10、BJ15、BJ20、BJ22 和 BJ25D 型 6种。

3）仓库消防安全管理措施

（1）火源管理措施

①仓库应当在各醒目部位设置"严禁烟火""禁止吸烟"等防火标志，提醒人员随时注意严禁烟火。

②仓库的生活区和生产区要严格划分并隔开，并在区分处设警卫，对外来人员要做好宣传，动员他们交出火柴、打火机等火种，由门卫负责保管，防止把火种带入库区。

③对外来提送货物的车辆要严格检查，防止汽油、柴油、易燃易爆货物进入仓库。为向这些顾客提供方便可在库外设易燃品暂存处，由专人负责管理。

④库房内严禁使用明火。库房外动用明火作业时必须办理动火证，经单位防火负责

人批准,并采取有效的安全措施。动火证应注明动火地点、时间、动火人、现场监护人、批准人和防火措施等内容。

⑤库房内不准使用火炉取暖。仓库需要使用炉火取暖时,每个取暖点都要经过仓库防火负责人的批准,未经批准一律不许生火取暖。仓库要制订炉火管理制度,严格进行管理和检查,每个火炉也都有专人负责。

(2)货物储存管理措施

①库存货物必须进行分区分类管理。严禁性质互抵货物、有污染或易感染货物、食品与毒品、容易引起化学反应的物品、灭火方法不同的物品相互混存。

②库存货物要进行合理的堆码苫垫,特别对能发生自燃的货物要堆通风垛,使之易散潮散热,以防此类货物因紧压受潮而积热自燃。

③对于有温湿度极限的货物,要严格按规定安排适宜的储存场所,并要安排专用仪器定时检测。

④货物在入库前,要进行严格的检查和验收,确定无火种隐患后方可入库。

(3)装卸搬运管理措施

①入库作业防火,如入库区的机动车必须安装防火罩,以防止排气管喷射火化引起火灾;汽油车、柴油车原则上一律不准进入库房等。

②作业机械防火,如搬运机械设备要有专人负责、专人操作,严禁非司机开车;装卸结束后,应对库区、库房和操作现场进行检查,确认安全后方可离开。

(4)电器管理措施

①防止因线路故障引起火灾。即仓库的电气装置必须符合国家现行的有关电器设计和施工、安装、验收标准规范的规定;库房内不准设置移动式照明灯具,必须使用时需报消防部门批准,并有安全保护措施。

②防止常用电器设备火灾。如库房内不准使用电炉、电烙铁、电熨斗、电热杯等电热器具和电视机、电冰箱等家电用品;仓库电器设备的周围和架空线路的下方,严禁堆放货物;仓库的电器设备必须由持合格证的电工进行安装、拆检、修理和保养。电工要严守各项电器操作规程,严禁违章作业。

(5)建立健全防火组织和消防制度措施

①建立健全防火领导组织,成立防火小组,指定负责人,做到库内防火安全工作层层、处处、时时有人负责。

②建立健全防火制度并严格执行,仓储人员应熟悉的防火安全制度有安全责任制度,防火防爆制度,用火审批制度,消防器材、设备、设施管理制度,安全教育制度,安全检查制度,安全操作制度等。

4) 仓库灭火方法

①隔离法:根据要发生燃烧必须具备可燃物这个条件,把着火的物质与周围的可燃物隔离开,或把可燃物区移开,燃烧则因缺乏可燃物而停止。通常采用的方法包括:搬走起火物旁的可燃物品,移至安全地点;关闭阀门,阻止可燃性气体、液体流入燃烧区;导走或排放生产装置、容器内的尚未燃烧的可燃性物料;中止可燃性粉体的升运工作或通风吸尘;拆除与火源相毗连的易燃建筑结构;设法堵截流散的着火液体;打火道或用水幕造成隔火地带等。

②窒息法:根据要发生燃烧必须有足够的氧量这个条件,设法阻止空气流入燃烧区,或者用灭火剂冲淡空气中的氧量,使燃烧因得不到充足的氧气而窒息。具体施用方法有用石棉毯、湿麻袋等捂盖燃烧物;用砂土埋灭燃烧物;用水蒸气、二氧化碳、氮气等惰性气体灌注着火的容器或封闭着火的空间;堵塞孔洞或关闭门窗,以期封闭着火的空间;必要时,可用大量水淹没燃烧物等。

③冷却法:根据要发生燃烧必须有一定能量(温度)的点火源这个条件,将灭火剂喷射到燃烧物上,通过吸热,使其温度降低到燃点以下,从而使火熄灭。起冷却作用的主要灭火剂是水,二氧化碳和泡沫灭火剂也兼有冷却作用。它们在灭火过程中不参与燃烧的化学反应,只起物理灭火作用。当这些灭火剂喷洒在火源附近的未燃烧物上时,它们还能起保护作用而防止燃烧蔓延。

④抑制灭火:根据燃烧反应的连锁理论,将灭火剂喷向燃烧物,抑制火焰,使燃烧过程产生的游离基消失,从而导致燃烧停止。能起这种抑制作用的灭火剂有:1211、1301、1202、2402 等卤代烷和干粉。

[案例导入] 从天津港"8·12"事故看化工物流企业仓储安全管理

2015 年 8 月 12 日 22 时 15 分 46 秒,位于天津市滨海新区吉运二道 95 号的瑞海公司危险品仓库运抵区最先起火,23 时 34 分 37 秒发生第二次更剧烈的爆炸,这就是震惊中外的天津港"8·12"事故。该事故共造成 165 人遇难,直接经济损失达到上百亿元,残留的化学品与产生的二次污染物超百种,对局部区域的大气环境、水环境和土壤环境造成了不同程度的污染,造成 320.6 t 氰化钠未得到回收。这件事暴露中国许多化工物流企业在仓储安全管理方面的缺失和疏忽,以及化工产品储存信息的不完全和不对称,因此对物流企业仓储安全的规范化、系统化的管理变得越发重要。

(1)天津港"8·12"事故发生的原因解析

天津港"8·12"事故发生原因无外乎有以下几方面:第一,瑞海公司盲目地扩大仓库,违规超量储存危化品，在无证经营状态下超负荷运营半年多时间，并且以不正当手段获取经营危险货物批复。第二，瑞海公司危化品危机防范意识比较薄弱，部分人员无证上岗，一线操作人员以及管理人员违规拆箱、搬运、装卸、混存和超高堆码危险品。第三，瑞海公司缺乏有效的应急预案，未按照危化品类别建造仓库，没有安装必要的监测和信息化系统。

(2)中国化工物流企业安全管理的改进措施

①正确进行仓库选址，按类别合理划分危化品的分区与储位。一方面，仓库选址是对公司本身负责，更是对周围人民的安全生活负责。危化品选址是化工物流企业的重要一环，直接决定了仓储安全的诸多内容。仓库建设前应当进行环境评估，充分考虑仓库建设和运营对所在地的环境影响。因此，危化品仓库一定还要与已有的周围设施保持足够的安全距离，尤其是人口密集区(如住宅、学校)、危险区(如加油站、化工企业)等距离至少保持1 000 m以上。同时，仓库位置也应该与主要业务对象保持合理距离，尤其是危化品的运输，配送距离越大，危险系数越高。另一方面，危化品仓库的物流作业对象大多是易燃、易爆或者有毒的危险品，在装卸、搬运、储存等物流活动中存在较高的危险性。因此，化工物流企业储位的布局必须严格按照国家相关法律法规对设施进行安全布局，要根据以后存放的各类危化品的化学性质设计储位，不能仅考虑仓库空间的利用率，而要把容易发生化学反应的危化品分区、分储位设计，同时还要防止某一危化品发生意外时，其他种类的危化品发生连锁反应。

②加强危化品从业人员的培养，提高安全意识，严格考核制度。中国的化工物流企业正处于快速发展的过程中，物流企业要想在发展中取得好的成绩，在安全的状态下发展，培养专业的仓储管理人员是企业的重要工作内容，同时要加大危化品物流人才的引进，可以通过企业与高校、科研机构之间以合作的方式多沟通，进一步优化本公司员工的综合素质和专业水平，进行定期安全管理技术交流。对于从事不同岗位的员工，要按照各自岗位不同的安全管理资料，全面培训员工的各方面安全管理知识，以确保化工物流企业各个环节都在安全模式下运行；同时还要加大对危化品从业人员的考核制度，经考核合格者发证上岗就业，不合格者下岗，从严治理，使所有员工掌握危险品货物基本参数、危险性质、安全防范措施、医疗急救措施等。从高层管理者到一线操作人员务必一视同仁。比如，化工物流企业主要负责人和安全负责人应自觉履行安全生产法赋予的安全生产职责，不可违反国家有关法律规定，要接受化学品安全管理等知识教育培训，取得安全资格证书；企业技术人员和操作人员要了解各项设备的基本参数及操作性能，并考核合格后才能持证上岗操作，像氰化钠这样的特殊危化品应有专门培训，全面交接各项危化品的危险指数。

③增加智能报警和安保仓库硬件设施。目前，中国危化品仓库主要有7种类型，即平仓、楼仓、立体仓、储罐、货棚、货场和半地下仓库。由于平仓的造价低廉，平仓占有率高达

50%以上,化工物流企业应合理优化,不应仅仅看到眼前的经济利益,根据公司经营危化品危险等级合理建设危化品仓库类型才是企业发展之道。因此,化工物流企业在建仓库时应偏向于立体仓为好,减少占地面积,根据不同危化品特性安装不同的自动喷淋装置和报警系统,如烟雾报警、热敏报警、光敏报警、气体浓度报警、气味报警、压力报警,等等。可以通过信息系统了解危化品的生产日期、有效期、参数标准,一旦仓库环境不符合安全存放标准,系统就会自动报警;要安装实时监控系统,逐步做到整个仓库无死角监控;还需要安装人员进入刷卡和指纹识别系统,减少外来人员和车辆的出入;仓库中所用的叉车、码垛机等机械车辆全部更换为充电式,照明系统中的灯具更换为 LED 灯具。

④加强化工物流企业日常安全管理,完善安全事故应急处理机制。从化工行业的安全管理发展趋势现状来看,安全管理在于日常的细致管理,采用合理的生产方式及合理的管理模式是至关重要的。企业应广泛、深入地开展安全生产宣传、教育、培训等日常工作,制订出各种危化品经营安全管理办法,建立起 HSE 管理方案,建立和完善本公司的安全管理体系。对特种危化品应特殊对待,加大安全生产的监督,认真检查每一项潜在的安全隐患,建立危化品风险管理专家库,危化品风险管理专家库具有较强的专业性,在危化品供应链各个环节上,都需要相关领域专业人士予以支持,定期对危化品企业安全设防标准和措施进行独立而专业的评估,在出现事故隐患及发生事故时,对危化品事故应急处理提供专业指导,对危化品事故损失评估出具专业意见。进一步完善安全生产责任制度,对发生的每一起大小安全事故,都要严查,整改落实,责任到人。把安全生产纳入每个部门、每个班组的考核中,各司其职,分头把关,让每一位职员都认识到只有抓好日常安全管理才能搞好经济发展。

同时,还要根据现代化工物流企业发展需要,化工物流企业应成立安全事故应急处置中心,化工物流企业安全部门起监管作用,其余相关部门应作为成员参加应急救援指挥部协同事故应急处置。另外,还需要建立并完善事故应急救援体系,建立应急预案,定期做应急预演,救援演练、应急联动,当仓库危险品遇到紧急情况时,要有处置预案,首选是汇报情况、人员快速疏散、紧急情况处理、人员分工、封锁现场,尽快形成上下指挥统一,职责明确,反应灵敏、迅速的救援体系。应急处理指挥人员要有本单位最高的专业知识,熟练掌握安全操作技能。而且,化工物流企业还要有明确的危化品组织机构和职责标志牌,标志牌中要有明确的分工职责,经常与当地政府主管部门及消防、环保中心进行沟通,保持联系,确保信息畅通。

（资料来源:Taiken Lina,郝皓.从天津港"8·12"事故看化工物流企业仓储安全管理[J].物流科技,2017,40(5):153-155.）

≫案例讨论

1.结合案例说明危化品仓库安全管理的重要性。
2.结合案例说明如何做好危化品仓库安全管理。

≫复习思考题

1.安全管理的方法有哪些？如何在仓储管理中有效使用？
2.仓库火灾的成因有哪些？如何针对这些成因进行仓库的防火工作？
3.仓库火灾主要有哪几种？通常各用哪些消防设备进行灭火？
4.仓库安全管理的内容主要分为几个方面？
5.参观一个仓库，分析其安全管理存在的问题，并根据仓储安全管理方法提出解决方法。

第 11 章

仓储绩效管理

本章导读：

- 了解仓储绩效的定义、仓储绩效管理的作用，深入了解仓储绩效指标体系的分类和构成，对仓储绩效有个总体把握。
- 了解仓储绩效管理方法，并可在实际中应用这些方法进行绩效管理。

11.1　仓储绩效指标体系

11.1.1　仓储绩效的内涵

1）仓储绩效的定义

仓储绩效是仓储活动所取得的、可测量的社会效益与经济效益,是仓库生产管理成果的集中体现,是衡量仓储管理水平高低的尺度。

2）仓储绩效管理的作用

（1）对内加强管理、降低仓储成本

仓库可以利用仓储、库存绩效考核指标对内考核仓库各个环节的计划执行情况,纠正运作过程中出现的偏差。具体表现如下:有利于提高仓储管理水平,有利于落实岗位责任制,有利于仓库设施设备的现代化改造,有利于提高仓储经济效益。

（2）进行市场开发、接受客户评价

仓库还可以充分利用仓储、库存绩效考核指标对外进行市场开发和客户关系维护,给货主企业提供相对应的质量评价指标和参考数据。

11.1.2　仓储绩效指标体系的分类及构成

1）仓储绩效指标体系设立的基本原则

仓储绩效指标设立应充分利用企业现有资源,以目标任务为依据,尽可能节省资源,降低成本,平衡绩效考量,既考核财务指标又考核非财务指标。

2）仓储绩效指标分类体系

根据企业的资本构成与业务模式,仓储绩效指标体系包括人力、仓储、机械、服务与财务5大类,每个大类对应若干具体指标,共14项（表11.1）。每类指标之间既相对独立,又相互关联、相互影响。

3)仓储绩效指标分级体系

根据各项指标的属性及其相互关系,仓储绩效指标分为财务绩效、管理绩效和作业绩效共三级指标,每级指标对应若干具体指标,共14项(见表11.2)。财务绩效是最终绩效,是管理与作业绩效的综合反映;作业绩效在一定程度上决定管理绩效;管理绩效直接决定财务绩效。

表 11.1　仓储绩效指标分类体系

类　型	指　标
人力	人均日拣货量 人均日加工量 人均日订单处理量 人均仓储收入
仓储	仓库面积利用率 库存周转次数 单位仓库面积能耗 单位仓库面积产值
机械	机械化作业率
服务	加工包装率 配送率
财务	仓储收入利润率 企业净资产收益率 利润增长率

表 11.2　仓储绩效指标分级体系

级别及名称	具体指标
一级:财务绩效指标	仓储收入利润率 企业净资产收益率 利润增长率
二级:管理绩效指标	人均仓储收入 单位仓库面积产值 仓库面积利用率 库存周转次数 机械化作业率 加工包装率 配送率 单位仓库面积能耗
三级:作业绩效指标	人均日拣货量 人均日加工量 人均日订单处理量

4)仓储绩效关键指标

(1)仓储收入利润率

仓储收入利润率是仓储经营活动的利润与收入的比率,用以反映仓储收入与仓储利润之间的关系,一般按年度评价。即

$$仓储收入利润率 = \frac{仓储利润}{仓储收入} \times 100\%$$

其中,仓储收入包括存储费以及出入库、装卸、搬运、加工包装、质押监管、配送、信息咨询等与仓储相关的所有服务性收入,但不包含仓储企业兼营的商品贸易收入、与仓储货物没有连带关系的运输收入,单位为万元。仓储成本是按仓储收入同口径计算的仓储活动直接成本,包含仓储设施设备折旧或租金、直接人工成本、加工材料、配送成本、因仓储活动

所产生的动力能源及水电消耗,但不包含企业管理费用,单位为万元。

(2)企业净资产收益率

企业净资产收益率是净利润与净资产的比率,用以衡量企业运用自有资产的效率,一般按年度评价。即

$$企业净资产收益率 = \frac{净利润}{净资产} \times 100\%$$

其中,净利润是企业收入扣除企业总成本、总费用与税金之后的余额,即净利润=利润总额-所得税。净资产即所有者权益,按企业财务报表中数额计算。

(3)利润增长率

利润增长率是利润增长额与上年利润总额的比率,用以衡量利润增长速度。即

$$利润增长率 = \frac{当年利润总额 - 上年利润总额}{上年利润总额} \times 100\%$$

(4)人均仓储收入

人均仓储收入是仓储从业人员人均收入,以万元为单位,一般按年度评价。即

$$人均仓储收入 = \frac{年仓储收入}{年仓储从业人员平均人数} \times 100\%$$

其中,仓储从业人员是从事仓储活动的一线操作人员及从事仓储经营管理活动的管理者,

$$年仓储从业人员平均数 = \frac{一年每月月末从业人员人数之和}{12}。$$

(5)单位仓库面积产值

单位仓库面积产值是每万平方米仓库面积总收入,以万元为单位,一般按年度评价。即

$$单位仓库面积产值 = \frac{仓储收入}{仓库总面积} \times 100\%$$

其中,仓库总面积是仓库的建筑面积,单位为万平方米。

(6)仓库面积(容积、货位)利用率

仓库面积(容积、货位)利用率是实际使用仓库面积与仓库总面积的比率。即

$$仓库面积利用率 = \frac{实际使用仓库面积}{仓库总面积} \times 100\%$$

其中,实际使用仓库面积是库内存放货物实际所占用的面积。

(7)库存周转次数

库存周转次数是年发货量与年平均储存量的比值。库存周转次数越多,表明仓储活动的效率与效益越高,一般按年度评价。即

$$库存周转次数 = \frac{年发货量}{年平均储存量} \times 100\%$$

其中,年发货量是通过出库操作的货物总量。年平均储存量是一年内货物储存量的平均值,年平均储存量 = $\dfrac{每天储存量的总和}{365}$,可按吨、立方米、托盘等计算。

（8）机械化作业率

机械化作业率是使用机械设备的作业总量与货物吞吐量的比率,一般按年度评价,即

$$机械化作业率 = \dfrac{使用机械设备作业总量}{货物吞吐量} \times 100\%$$

其中,货物吞吐量是进出库货物的总量,货物吞吐量=入库货物量+出库货物量,可按吨、立方米、托盘等计算。使用机械设备作业总量是仓库货物吞吐总量中,减去完全手工操作处理的货物总量,可按吨、立方米、托盘等计算。

（9）加工包装率

加工包装率是加工包装总量与储存总量的比率,一般按年度评价,即

$$加工包装率 = \dfrac{加工包装总量}{储存总量} \times 100\%$$

其中,加工包装总量是仓储环节对产品实施的简单物理性作业活动（如包装、分割、刷标志、拴标签、组装等）的货物总量。储存总量是累计存储货物的总量。

（10）配送率

配送率是配送量与出库量的比率,一般按年度评价,即

$$配送率 = \dfrac{配送量}{出库量} \times 100\%$$

其中,配送量是在经济合理区域范围内,根据客户要求,对物品进行拣选、加工、包装、分割、组配等作业,并按时送达指定地点的货物量,即包括多货主多品种送到单点或多点,也包括单一货主的货物送到多点,不含不经过出入库操作的点对点运输。

（11）单位仓库面积能耗

单位仓库面积能耗是单位面积年消耗的能源量（水、电、油）,一般按年度评价,即

$$单位面积能耗(水、电、油) = \dfrac{能耗总量(水、电、油)}{仓库总面积} \times 100\%$$

其中,能耗总量按水、电、油,依据上述公式分别计算,是累计消耗的总量。

（12）人均日拣货量

人均日拣货量可分为每台叉车日均拣货量、人均日整件拣货量和人均日拆零拣货量,一般按年度评价。

①每台叉车日均拣货量,可按吨、立方米、托盘等计算,即

$$每台叉车日均拣货量 = \dfrac{年叉车拣货总量}{年叉车使用台数} \times 100\%$$

其中,年叉车使用台数为一年内每工作日叉车使用数量之和。

②人均日整件拣货量,可按吨、立方米、托盘等计算。即

$$人均日整件拣货量 = \frac{年整件拣货总量}{年作业人员总人数} \times 100\%$$

其中,年作业人员总人数为一年内每日整件拣货人员数量总和。

③人均日拆零拣货量,可按吨、立方米、托盘等计算。即

$$人均日拆零拣货量 = \frac{年拆零拣货总量}{年作业人员总人数} \times 100\%$$

其中,年作业人员总人数为一年内每日拆零拣货人员数量总和。

(13)人均日加工量

人均日加工量可按吨、立方米、托盘等为单位,一般按年度计算。即

$$人均日加工量 = \frac{年加工总量}{年作业人员总人数} \times 100\%$$

其中,年作业人员总人数为一年内每日加工拣货人员数量总和。

(14)人均日订单处理量

人均日订单处理量,一般按年度计算。即

$$人均日订单处理量 = \frac{年订单处理总量}{年作业人员总人数} \times 100\%$$

其中,年订单处理总量是一年内接收并完成货物出库的订单总量,按单计算。年作业人员总人数是一年内扣除加工包装等专项服务人员与装卸人员之外,所有与订单处理相关的一线操作人员总数。

11.2　仓储绩效管理方法

11.2.1　MBO 导向绩效管理

1)MBO 导向绩效管理的定义

MBO(Management By Object)导向绩效管理就是通过对现实企业目标的关键指标的选择,将考评过程与管理过程统一,在对关键环节实施管理和控制的基础上,利用绩效管理机制充分调动仓储人员的积极性和创造力,激发仓储组织的经营活力,从而实现仓储组织

内管理与经营的统一。

2）MBO 导向绩效管理的 4 个阶段

计划、指导、考评和激励是 MBO 导向绩效管理彼此紧密联系的 4 个阶段，分别与目标管理的计划、执行、检查和反馈 4 个阶段相结合，不断地激励仓储队伍在实现企业目标的方向上努力，促进个人能力成长，并使过程管理更多地成为促进目标实现的手段，而不仅仅是控制手段。

（1）计划

计划阶段是 MBO 导向绩效管理的第一个环节，是以目标管理的计划阶段为基础的目标分解过程。目标的分解要求在保证企业目标实现的前提下层层分解，并在分解过程中上下沟通，达成共识。目标的设置要遵循 SMART 原则。

分解到各部门、各个业务员的工作计划指标，即为考核指标，可以引导仓储人员在完成目标的方向上努力，从而将每个仓储人员的目标与整个企业的目标相统一。

目标分解在沟通中完成后，就可以完成考核用表的设计了。考核指标可以设固定指标，与年度仓储目标直接相关。另外还可以根据每月的具体情况设变动指标，如在大型促销期间设置促销效果评估指标，在大规模员工培训或客户培训期间设置培训效果评估等。

考核指标的选择要符合分层分类考核的要求。分层考核可以通过对同一指标设定不同采分标准来体现。因为对不同层次的仓储人员有不同的要求，层次越高，要求越高。分等考核是指对不同性质的职位选取不同的考核指标。例如，主管业务的仓储经理的考核指标可能以仓储收入、回款率、费用率和客户满意度等为主，而主管配送的配送经理的考核指标可能以发货准确率、费用率、车辆保养等为主。

（2）指导

目标分解仅仅是 MBO 导向绩效管理的开始。在实现目标的过程中，适时跟踪进展情况，并进行适当的指导是保证企业目标实现的重要环节。对仓储人员来说，对关键环节的跟踪和指导，能够帮助个人目标的实现，并使个人在过程中成长；对企业来说，对关键环节的跟踪和指导，可以实现有效的管理和控制，及时发现问题并予以纠正，避免因小失大，从而真正实现组织的有效管理和控制与提高企业经营业绩的统一。

目标分解过程中的指导。在将目标任务层层分解的同时，上下级之间需要对完成目标的路径和方案进行探讨，充分估计可能出现的问题。通过对问题的分析，上级能够进行针对性的指导，帮助仓储人员抓住关键，增强信心。在计划执行过程中，要对关键环节加强控制和指导，随时发现问题并加以纠正，以保证目标的实现。

（3）考评

考评环节不是仅仅对照考核用表进行打分的过程，应结合月度计划会议、述职会议，对各项考核结果进行讨论,总结经验与不足,并提出推广和改进措施。考评结果完全公开,以在业务人员之间形成充分的信息交流。

考评指标尽量采用量化指标,对不能量化的指标的考评应尽量吸纳相关部门的意见,力求考评的客观公正性。例如,对部门主管团队建设指标的考核,可以吸纳本部门员工、主管本人、部门上级和与该部门有协作的部门主管等相关方面进行不同权重的打分。

(4)激励

考评结果可以直接与员工经济激励措施如工资、奖金、福利津贴等挂钩,也可以直接与非经济激励措施如荣誉、工作条件的改善、提供发展机会等相联系。

3)成功实施的基础

MBO 导向绩效管理的成功实施,需要企业从理念、制度、组织环境的营造到员工努力等各方面的保证。

企业需要在价值评价上得到全员认同。员工有为实现企业目标作贡献的意愿,在此基础上建立制度性的规范和程序,从政策上保证 MBO 导向绩效管理制度的连续性和规范性,并在此基础上不断优化。另外,考核指标的设置要根据具体情况客观、灵活地选择。如对仓储业绩采用固定性指标,对特殊阶段或特殊市场采用临时的促销活动、客户开发等评价指标;对不同性质、不同层次的职位要有不同的考核指标和选择不同的权重,使绩效管理具备客观、公正和针对性。

营造积极的组织环境,创造良好的工作氛围。提倡充分而公开的信息交流,让员工了解考核的结果,使员工明确什么是被组织承认的和如何努力得到组织承认。MBO 导向绩效管理鼓励通过团队的努力实现目标,注重目标引导下个人能力的成长,但绝不提倡个人英雄主义。

仓储队伍的素质是 MBO 导向绩效管理成功的基础保证。仓储人员在认同企业价值观和企业目标的前提下,应具备较高的个人素质和学习能力,具备良好的团队协作意识。

总之,MBO 导向绩效管理的成功实施需要系统的保证,需要企业在文化制度建设、组织环境的营造到员工素质培养等各方面全方位地改进和提高。

11.2.2 KPI

1)KPI 的内涵

KPI(Key Performance Indicator,关键绩效指标法)是指企业通过对组织内部某一流程的输入端和输出端的关键参数进行设置、取样、计算及分析,以此管理流程绩效的一种目标式、量化指标绩效管理法。通过 KPI 这个工具体系,把绩效目标的制订直接与企业的战略连接到一起,它是对公司战略目标的分解,并随公司战略的演化而被修正。它是由高层领导决定并被考核者认同的,并用于评估和管理被评估者的定量化的标准体系,能够有效反映关键业绩驱动因素变化的衡量参数。它是关键经营行动效果的反映,而不是对所有操作过程的反映。通过在关键业绩指标上达成的承诺,员工与管理者就可以进行工作期望、工作表现和未来发展等方面的沟通。

该方法符合一个重要的管理原理——"二八原理"。在一个企业的价值创造过程中,存在着"20/80"的规律,即 20%的骨干人员创造企业 80%的价值;而且在每一位员工身上"二八原理"同样适用,即 80%的工作任务是由 20%的关键行为完成的。因此,必须抓住20%的关键行为,对之进行分析和衡量,这样就能抓住业绩评价的重心。

2) KPI 的设计思路

(1)设计 KPI 需要遵循 SMART 原则

SMART 原则是设计所有绩效考核指标所必须坚持的准则,它是指以下几个方面:

①Specific(具体的):KPI 必须是切中目标的、适度细化的、应变的。

②Measurable(可测量的):KPI 是数量化的,并且是可行为化的,所需要的数据或信息是可获得的。

③Attainable(可实现的):在付出努力的情况下、在适度的时限内,KPI 是可以实现的。

④Realistic(现实的):KPI 是可证明的、可观察的,而不是假设的。

⑤Time-bounded(有时限的):KPI 使用时间限制,关注效率。

(2)KPI 指标体系的建立

KPI 通常使用的方法是"鱼骨图"分析法,首先要明确企业的战略目标,并在企业例会上找出企业的业务重点。这些业务重点即是企业的关键成果领域,也就是说,这些业务重点是评估企业价值的标准。确定业务重点以后,再找出这些关键成果领域的关键业绩指标。然后,各系统的主管对相应系统的关键绩效指标进行分解,确定相关的要素目标,分析绩效驱动因数(技术、组织、人),确定实现目标的工作流程,分解出部门级的关键绩效指标,确定评价指标体系。接着,各系统的主管和部门人员一起将关键绩效指标作进一步细分,分解为更细的关键绩效指标。这种关键绩效指标体系的建立和考评工作过程本身,就是统一全体员工朝着企业战略目标努力的过程。其主要步骤包括:

①确定个人或部门业务重点,确定哪些个体因素或组织因素与公司战略相互影响;

②确定每一职位的业务标准,定义成功的关键因素,即满足业务重点所需要的策略手段;

③确定关键绩效指标,判断一项绩效标准可以达到的实际效果;

④关键绩效指标的分解与落实。

以仓储人员为例,要确定其KPI,首先必须根据公司的战略目标,确定仓储部门实现公司战略目标的职责和关键成功要素;然后通过层层分解,确定仓储部门内部各职能部门和业务部门及相关流程的KPI体系,进而分解为仓储人员的绩效考核指标。

例如,如果将公司的战略目标定位于提高世界领先企业,那么仓储部的关键绩效目标必须定位于市场领先,而要实现这一目标,必须在以下方面处于世界领先地位:市场形象、仓储设施网络和市场份额。而仓储人员的职责决定了其KPI应围绕着"市场份额"展开。

由此我们可以确定,仓储人员某一考核周期的KPI体系为:客户满意度(如客户满意度提高率或客户投诉量)、销售订货额(如销售订货额或销售订货额增长率)、货款回收(如货款回收额或货款回收目标完成率)、仓储费用(如直接仓储费用率或直接仓储费用降低率)、合同错误率及错误降低率。

此外,依据仓储人员的业务现状,还可加入团队合作、市场分析、客户关系等定性关键绩效指标。

需要补充说明的是,在以上仓储人员的KPI体系的基础上,加入"仓储系统人均毛利"指标,就可以将个人关键绩效指标体系扩展为组织的关键绩效指标体系,即可以形成面向仓储部门的组织绩效考核的关键绩效指标体系。

对于关键绩效指标难以量化的员工,如人力资源管理者、行政事务人员、财务人员,其关键绩效指标的确定难度相对大一些,但也并不是无法实现的。这类人员的关键绩效考核指标体系来源于职位职责中的关键责任、对上级绩效目标的贡献(通过对公司目标或部门目标自上而下分解确定)及对相关部门绩效目标的贡献(从横向流程分析,确定其对相关流程的输出)等3个方面。

依据这一原则,这类人员的KPI可以通过对其考核周期内的工作任务或工作要求的界定来实现,至于其衡量指标,可以通过时间来界定,从实质上讲,被时间所界定的工作任务或工作目标也是定量指标。只要我们能够对员工的工作任务或工作目标作出明确的说明,同时提出明确的时间要求,这些关键绩效考核指标就具备了可操作性。

3)KPI的支持体系

关键绩效考核指标确定以后,这些指标能否运用于绩效考核,进而绩效考核能否产生预期的效果,还取决于企业是否建立起一套完善的支持体系。

(1)以绩效为导向的企业文化支持

通过企业文化来形成追求优异绩效的核心价值观,通过企业文化来约束员工的行为,建立绩效导向的组织氛围。同时,通过企业文化化解绩效考核过程中的矛盾与冲突。正如 GE 的韦尔奇所讲的那样："我们的活力曲线之所以能有效发挥作用,是因为我们花了10 年的时间在我们企业里建立起一种绩效文化。"

（2）各级管理者要承担起绩效管理的任务

各级管理者应该也必须承担绩效考核的责任,由管理者来分解与制定关键绩效指标,而人力资源部在这一过程中则提供专业咨询与服务的功能。

（3）保证绩效沟通的制度化

在 KPI 的分解与制定过程中,制度化的沟通是重要的一环,因为与其说 KPI 是自上而下下达的,倒不如说是自下而上承诺的,只有如此才能保证关键绩效指标具有挑战性。

11.2.3　平衡记分卡

1）平衡记分卡概要

平衡记分卡最初源于 1990 年美国诺顿研究所主持并完成的"未来组织绩效衡量方法"研究计划。该计划的目的在于找出超越传统以财务会计量度为主的绩效衡量模式,以使组织的"策略"能够转变为"行动"。在此基础上,这项计划的带头人——美国著名管理会计学家、哈佛大学教授卡普兰和诺顿研究院的执行长 David Norton 又进行全面而深入地研究,并于 1992 年、1993 年和 1996 年分别发表了《平衡记分卡:良好的绩效评估体系》《平衡记分卡的应用》和《将平衡记分卡用于战略管理系统》3 篇论文,此后又出版了《平衡记分卡:一种革命性的评估和管理系统》和《平衡记分卡——战略目标的转换》等专著,使平衡记分卡的理论与方法得以系统化。卡普兰最近在《哈佛商业评论》中又发表了《战略出了问题? 画出你的战略地图吧》《使用平衡记分卡作为战略管理系统》《整合成本系统的未来前景和过往失误》3 篇文章。

平衡计分法最突出的特点是将企业的远景、使命和发展战略与企业的绩效评价系统联系起来,它把企业的使命和战略转变为具体的目标和评测指标,以实现战略和绩效的有机结合。平衡记分卡以企业的战略为基础,并将各种衡量方法整合为一个有机的整体,它既包含了财务指标,又通过客户满意度、内部流程、学习和成长的业务指标,来补充说明财务指标,这些业务指标是财务指标的趋动因素。这样,就使组织能够一方面追踪财务结果,一方面密切关注能使企业提高能力并获得未来增长潜力的无形资产等方面的进展。

平衡记分卡是一个对企业长期战略目标进行综合评价的方法。它同时也是一个从价值和战略的角度,对企业各个部门和员工的绩效进行评价和引导,以便形成正确的决策,共同为实现企业的战略价值而努力的管理体系。简单地说,平衡记分卡就是通过建立一整套财务与非财务指标体系,包括财务绩效指标、客户指标、内部业务流程指标和学习与成长绩效指标,对企业的经营绩效和竞争状况进行综合、全面、系统的评价。

平衡记分卡是一种将企业的战略目标用可以测量的各种指标表达出来,使管理层及各级员工能够对企业的发展战略有明确认识,并促使发展战略向经营实践转化的管理方法。平衡记分卡一经推出就受到业界的广泛采用。

2)平衡记分卡的特点

平衡记分卡在保留传统财务指标的基础上,增加了客户、内部业务流程、学习和成长三方面的非财务指标,从而可以达到全面计量企业绩效的目的。平衡记分卡具有以下几个特点:

①平衡记分卡既是一种评价系统,也是战略管理的重要组成部分,还是一种企业管理制度;

②平衡记分卡重视对企业长远发展的评价,即评价指标中包括影响企业长远利益的因素;

③平衡记分卡所设计的评价指标体系做到了财务指标与非财务指标的有机结合,能够对企业的经营绩效和竞争能力进行系统的评价;

④平衡记分卡重视对企业经营过程的评价,即指标中包括评价企业的经营活动能否满足客户需要;

⑤平衡记分卡重视企业与外部利益相关者,如客户、供应商、战略伙伴以及政府等的关系;

⑥平衡记分卡重视对企业可持续发展能力的评价;

⑦平衡记分卡从分析创造企业经营绩效的驱动因素入手,找出企业存在问题的真正症结所在,以确定企业为实现某种战略目标所必须改进或发展的方面。例如,平衡记分卡在对企业要提高资本回报率进行分析时,就可按照下列因果关系链展开:提高投资回报率—提高客户对产品的认可程度—提高准时交货率—缩短产品生产周期并控制产品质量—提高员工技能。

但是,平衡记分卡也存在着一些有待于进一步改进与完善的地方。例如,平衡记分卡中的有些指标,如客户满意程度、员工满意程度等,难以进行定量;平衡记分卡的绩效评价没有与激励机制有机地结合起来。

另外,平衡计分法中的所谓“平衡”包含保持 4 个方面间的平衡,即在长期与短期目标之间、在外部计量(股东和客户)和关键内部计量(内部流程/学习和成长)之间、在所求的结果和这些结果的执行动因之间及在强调客观性测量和主观性测量之间的平衡。

一个合理的平衡记分卡可以反映企业的战略和策略,并可以将企业的策略转化为一系列相互联系的指标(这些指标由长期决策目标和达到这些目标的途径共同决定),明确结果指标和产生这些结果的执行动因间的因果关系。

3）平衡记分卡的内容

平衡记分卡的内容，从其评价指标体系来看，包括以下 4 个方面。

（1）财务绩效指标

财务绩效指标主要包括：收入增长指标、成本减少或生产率提高指标、资产利用或投资战略指标。当然，也可以根据企业的具体要求，设置更加具体的指标，如经济增加值、净资产收益率、资产负债率、投资报酬率、销售利润率、应收账款周转率、存货周转率、成本降低率、营业净利额和现金流量净额等。

平衡记分卡还要求，企业根据不同发展时期的不同要求，相应地选择财务绩效指标。例如，当企业处于增长期时，由于企业在提供产品和劳务获得收入方面有着较大的增长潜力，投资规模较大和投资报酬率较低，其财务目标主要是不断提高收入的增长率及目标市场、客户群和区域的销售额，因此对处于这一时期的企业应主要采用销售增长率、目标市场收入增长率、成本率等财务绩效指标来加以评价。

及时和准确的财务数据从来就是管理层得以有效管理企业的重要因素，财务目标也是管理者在制订战略时首先考虑的目标。平衡记分卡的设计不是否认财务数据的重要性，而是在财务指标的基础上，对传统企业管理中因过度重视财务而忽视了其他方面造成的"不平衡"状况进行修正，使财务成为 4 项主要指标之一。财务绩效指标仍是最重要的指标。平衡记分卡的财务方面用来体现股东利益，概括反映企业绩效。

（2）客户指标

现代管理理念认为，客户满意度的高低是企业成败的关键。企业要想取得长期的经营绩效，就必须创造出受客户青睐的产品与服务，因此企业的活动必须以客户价值为出发点。客户方面绩效指标主要包括：市场份额，即在一定的市场中（可以是客户的数量，也可以是产品销售的数量）企业销售产品的比例；客户保留度，即企业继续保持与老客户交易关系的比例，既可以用绝对数来表示，也可以用相对数来表示；客户获取率，即企业吸引或取得新客户的数量或比例，既可以用绝对数来表示，也可以用相对数来表示；客户满意度，即反映客户对其从企业获得价值的满意程度，可以通过函询、会见等方法来加以估计；客户利润贡献率，即企业为客户提供产品或劳务后所取得的利润水平。

（3）内部业务流程指标

内部业务流程指标主要包括以下 3 个方面。

①评价企业创新能力的指标，如新产品开发所用的时间、新产品销售额在总销售额中所占的比例、比竞争对手率先推出新产品的比例、所耗开发费用与营业利润的比例、第一设计出的产品中可完全满足客户要求的产品所占的比例、在投产前需要对设计加以修改

的次数等。

②评价企业生产经营绩效的指标,如产品生产时间和经营周转时间、产品和服务的质量、产品和服务的成本等。

③评价企业售后服务绩效的指标,如企业对产品故障的反应时间和处理时间、售后服务的一次成功率、客户付款的时间等。

平衡记分卡在内部业务流程方面的优势在于它既重视改善现有流程,也要求确立全新的流程,并且通过内部经营流程将企业的学习与成长、客户价值与财务目标联系起来。对内部业务流程的分析有助于管理层了解其业务运行情况,以及其产品和服务是否满足客户需要;同时,管理层可以评估他们及其组织在行动方法上的有效性,通过评估,管理者可以发现组织内部存在的问题,并采取相应措施加以改进,进而提高组织内部的管理效率。

(4)学习与成长绩效指标

学习和成长方面考评企业获得持续发展能力的情况,学习与成长绩效指标主要包括以下 3 个方面。

①评价员工能力的指标,如员工满意程度、员工保持率、员工工作效率、员工培训次数、员工知识水平等。

②评价企业信息能力的指标,如信息覆盖率、信息系统反应的时间、接触信息系统的途径、当前可能取得的信息与期望获得信息的比例等。

③评价激励、授权与协作的指标,如员工所提建议的数量、所采纳建议的数量、个人和部门之间的协作程度等。

上述 4 个部分内容虽然各自有特定的评价对象和指标,但彼此之间存在着密切的联系(如财务绩效指标体系是根本,而其他 3 个方面的指标体系则最终都要体现在财务绩效指标上;各个评价指标之间存在着企业战略所体现的因果关系等)。所有这些指标共同构筑了一个完整的评价体系(图 11.1)。

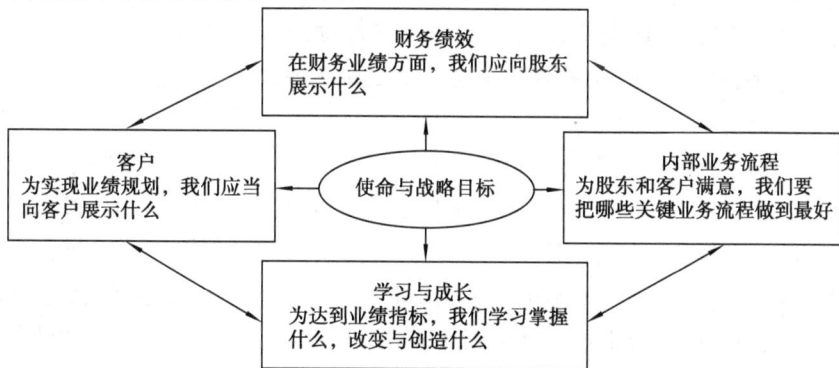

图 11.1 平衡记分法 4 个评价角度的关系

4) 平衡记分卡的实施

平衡记分卡在实际应用过程中,需要综合考虑企业所处的行业环境、企业自身的优势与劣势以及企业所处的发展阶段、企业自身的规模与实力等。企业应用平衡记分卡来建立绩效评价体系时,一般经过以下步骤。

(1)公司的远景与战略的建立与实施

公司首先要建立远景与战略,使每一部门可以采用一些绩效衡量指标去完成公司的远景与战略;另外,也可以考虑建立部门级战略。同时,成立平衡记分卡小组或委员会去解释公司的远景和战略,并建立财务绩效、客户、内部业务流程、学习与成长4个方面的具体目标。

(2)绩效指标体系的设计与建立

本阶段的主要任务是依据企业的战略目标,结合企业长短期发展的需要,为4类具体的指标找出其最具有意义的绩效衡量指标,并对所设计的指标自上而下、从内到外进行交流,征询各方面的意见,吸收各方面、各层次的建议。这种沟通与协调完成之后,使所设计的指标体系达到平衡,从而全面反映和代表企业的战略目标。

(3)加强企业内部沟通与教育

利用各种不同沟通渠道如定期或不定期的刊物、信件、公告栏、标语、会议等让各层管理人员知道公司的远景、战略、目标与绩效衡量指标。

确定每年、每季、每月的绩效衡量指标的具体数字,并与公司的计划和预算相结合。注意各类指标间的因果关系、驱动关系与连接关系。

(4)绩效指标体系的完善与提高

首先,关注平衡记分卡在该阶段应重点考察指标体系设计得是否科学,是否能真正反映本企业的实际;其次,要关注的是采用平衡记分卡后,对于绩效的评价中的不全面之处,以便补充新的测评指标,从而使平衡记分卡不断完善;最后,要关注的是已设计指标中的不合理之处,要坚决取消或改进,只有经过这种反复认真地改进才能使平衡记分卡更好地为企业战略目标服务。

同时,我们在平衡记分卡实施过程中,应该注意一些问题:切勿照抄照搬其他企业的模式和经验;权衡选用评价指标,将注意力集中在几个关键的评价指标上;找出衡量企业经营成功与否的主导指标,其他一般性指标应与主导指标保持一致;将平衡记分卡与企业的激励措施结合起来;正确对待平衡记分卡实施时投入成本与获得效益之间的关系等。

另外,企业实施平衡记分卡还经常碰到一些困难。例如,财务绩效指标之外的3类指标的创建和量化比较难,需要企业的管理层根据企业的战略及运营的主要业务、外部环境加以仔细斟酌;确定结果与趋动因素间的关系,而大多数情况结果与趋动因素间的关系并不明显或并不容易量化。这也是企业实施平衡计分法所遇到的又一个困难。企业要花很大的力量去寻找、明确业绩结果与趋动因素间的关系。

［案例导入］ 从两个成功案例看如何进行供应链绩效管理

在统计流程控制中,最具挑战性的任务往往是如何界定那些导致失控的根本原因。在供应链绩效管理中,也同样是这样。当例外情况被分辨出来后,必须分辨出导致这些例外的根本原因是什么。正如在医生的例子中,诊断是关键,一旦作出正确的诊断,说明治疗的方式将是很简单的事情。

供应链绩效管理(SCPM)系统也应该支持这种对任务的理解和诊断。这将允许管理者迅速找回相关数据,准确地综合或分解数据,并根据地理和历史因素剖析数据。

而且,与恰当的内部人员和组织外部关键人员交流同样重要。信息不再为"专家们"分析和决策所独用,而是分散到组织中恰当的人那儿,以使他们能够理解问题、评价可选方案,并且采取合适的行动。成功的供应链绩效管理也需要受过大量对口教育的人和绩效管理方法,它还需要创造一个合作性环境,以及将责任分派给合适的人。

两个公司的传说:Flextronics 和 DaimlerChrysler

让我们看看两个领导型公司如何在超越传统方法的绩效管理方法中获得显著的效益。他们的成功强化了 SCPM 作为基石性的概念和实践的力量与重要性。

Flextronics 如何利用 SCPM 提高采购灵活性

利用前一部分描述的 SCPM 方法,Flextronics 公司能够甄别出生产运营的例外情况,理解导致这些例外情况的根本原因和潜在的替代性方法,并采取改变供应商的行动,修正超额成本和调节谈判力量。该方法包括用网络软件实施系统装备 SCPM 循环。Flextronics公司在 8 个月内节约了几百万美元,最终在第一年就产生了显著的投资回报。这都是供应链绩效管理(SCPM)带来的好处。

为了甄别出绩效例外,Flextronics 公司的系统可以不断比较合同条款内容和经许可的供应商名单。如果供应商并非是战略性的,或者订货价格高于约定价,该系统将对采购方提出警告。另一方面,如果生产运营价格低于约定价格,该系统将提醒管理者这个可能的节约成本机会。

Flextronics 公司的管理者还利用该系统理解问题和找到可选方案。他们评价例外条件、决定是否重新谈判采购价格、考虑可选方案,或者证明基于业务需要的不一致性是必要的(例如及时满足客户订货的需要)。同样,采购经理分析市场条件,综合费用,然后再区分节约成本费用的机会。

然后,系统用户对有高度影响力的问题和机会采取行动。SCPM 循环之前和之中,

Flextronics 公司都会确认数据、流程和行动。当实施绩效系统之时,Flextronics 建立关键指标和必要的门槛高度,还要确保数据质量和时间性要求。在日常使用中,他们还需确认行动的结果,加速整体的例外解决循环。

DaimlerChrysler 公司的 Mopar 零件集团是怎样提高供应链周转率的

DaimlerChrysler 公司的 Mopar 零件集团销售额 40 亿美元,在美国和加拿大地区经营汽车零配件的分销。Mopar 有一个极为复杂的供应链,有 3 000 供应商、30 个分销中心和每天来自 4 400 个北美经销商的 225 000 个经销商订单。然而,售后零配件销售极难预测,因为它不是直接为生产所驱使,相反是为如天气、车辆地点、车辆磨损和破坏,以及顾客对经销商促销的反应等不可预测因素所决定。顾客不愿意为替换零件而花费等待的时间,因此零售商不得不寻求可替代的零配件资源以避免顾客不满和失去市场份额。为了保证经销商不使用非 OEM 零件,汽车公司一般都因订货管理、库存平衡、供应奖励收费等导致高昂的补货成本。Mopar 零件公司就面对着这样一个困境。DaimlerChrysler 公司意识到了他们未来的竞争力在于他们甄别、理解、采取解决行动并防止昂贵的服务供应链问题的能力。因此,他们开始投入到了 SCPM 系统的实施之中。

Mopar 的 SCPM 系统通过监测未来需求、库存和与预先确定的目标相关的供应链绩效关键指标来甄别出绩效例外。然后,用户利用该系统探究问题,找到个别的或相互关联的可选方案。导致问题的潜在根本原因包括非季节性天气(或者更好或者更坏)、竞争性促销、对预测模型的不准备假设。理解问题和可选方案后,系统用户就采取解决问题的行动了。Mopar 集团通过削减安全库存和不必要的"过期"(不可能被接受)运输每年节约数百万美元的成本。仅仅在第一年,DaimlerChrysler 公司就将他们的决策周期从几个月缩短到几天,减少了超额运输成本,将补货率增加一个百分点,还节约了 1 500 万存货。看来,DaimlerChrysler 从 SCPM 中获得了竞争力的巨大提升。

怎样开始管理供应链绩效

有 3 个关键方面有助于达成持续的、可接受的供应链提升。

第一,鼓励绩效驱动的组织,如 GE、Flextronics 和 DaimlerChrysler。提升 SCPM 绩效的第二和第三个方面是迅速、全面实施一个健全、可升级的系统。当然,如果组织不是绩效驱动并没有变得更具"适应性"的目标,技术上的投资将仅仅带来一点点好处。

一个快速的、可接受的实施非常重要。原因之一是这可使组织瞄准提升领域和快速达到结果。公司期望通过大量、长期的项目实现快速变革无异于一场噩梦。通过实施一个强有力的、集中的业务计划,成功的公司经常更早地获得整个投资的收益。实际上,在实施变革计划后的十天内,Mopar 就在可避免的订单库存方面节约了数百万美元。正如一位原材料管理者所说:"我认为这是一个巨大的成功。"

第二,一个快速、全面的实施允许组织从早期成功中不断学习进步。例如,Flextronics

已经利用早期成功经验建立后面的项目,以此扩展了它的绩效管理系统的范围。

第三,一个健全和可升级的绩效管理系统是一个改进的平台。它必须是基于例外管理,并允许用户预防问题、解决问题、获取知识和保持改进。该系统必须能够处理增长的用户数和信息量。当它必须变得更加个性化和易于使用的同时,它还必须确保高度的安全和隐秘性。表 11.3 表明 SCPM 如何提高人、流程和系统的绩效。

表 11.3　SCPM 如何获得持续、全面的绩效提升

绩效提升领域	典型问题	SCPM 如何起作用
人	缺乏沟通、合作,不能减少决策周期	①前瞻的、可靠的、个性化的例外提示; ②背景信息; ③协作的决策制订和问题解决
流程	与公司目标相冲突的业务流程	①建立、确认并修正业务规则和整个组织的门槛; ②组合并管理跨企业流程; ③决策并获得知识
系统	关键系统锁定在不同的系统之中	①从相关企业系统中及时获得规范化数据; ②集中、同步和有相互关系的数据和趋势; ③为迅速诊断而灵活地分散数据

从供应链绩效管理到企业管理

如上所述,SCPM 今天被用于领导性组织以管理内外部供应链绩效,比如供应网络。超越这些供应链,当这种方法被应用于一个企业的其他功能性领域,如产品开发、产品生命周期管理、财务管理、售后服务支持、销售和市场、客户关系管理,甚至是战略规划,它的潜在价值将是惊人的。

在某种程度上,SCPM 向企业管理的演进也伴随着类似的质量运动演进。戴明(Deming)是第一个支持质量控制的必要性和重要性的人,但他更认为同样狂热的提高质量方式也可以应用到一般管理。他用他著名的 14 条管理规则概括了这一思想。当 Motorola 创作出著名的 6 Sigma 质量改进程序后,GE 采用了这一方法作为公司管理哲学的普遍原则。如 6 Sigma 一样,SCPM 严格的、反复的方法能提高顾客满意度和财务绩效。同样,SCPM 循环不仅仅用于供应链,还用于扩展的供应链以及企业管理的所有方面。最终,通过管理跨越企业边界的无数流程的绩效,公司将赢得企业绩效管理(EPM)的愿景。

现在就开始行动——你不能再等

在一个需要更多反馈和集中于底线的商业环境中,供应链绩效管理对提高竞争优势和全面的业务改进是至关重要的。SCPM 使公司能够甄别出绩效例外、理解问题和可选方案,对具有高度影响力的问题和机会采取行动,并不断确认与目标和结果相关行动的正确

性。通过采用这样一个系统,公司已经提高了反馈率和客户服务能力、削减库存和采购成本、提高了生产和分销资产的利用率。这些好处是引人注目的,这条通往成功的道路也被肯定了。现在正是开始供应链绩效管理行动的时候。

(资料来源:佚名.从两个成功案例看如何进行供应链绩效管理[EB/OL].(2006-05-16)[2007-12-16])

≫案例讨论

1.Flextronics 和 DaimlerChrysler 各采取了哪些措施来提高供应链绩效?

2.企业应如何开始管理供应链绩效?

3.SCPM 是如何使企业获得持续、全面的绩效提升的?

4.SCPM 如何应用到企业管理中?

≫复习思考题

1.仓储绩效指标体系主要包括哪几类指标? 请各举两个例子说明。

2.调查一个仓库,对其绩效状况进行简单的分析和评价。

3.举例说明仓储绩效的管理方法。

第 12 章

仓储管理信息技术

本章导读：

- 深入了解物流条码及其在仓储管理中的应用，对条码、物流条码在仓储中的应用有个总体把握。
- 了解 RFID 技术的概念、组成及特点，一般了解 RFID 技术发展现状，深入了解 RFID 技术及其在仓储管理中的应用，对 RFID 技术及其在仓储管理中的应用有个总体把握。
- 了解仓储管理信息系统的构成及主要功能，深入了解管理信息系统在仓储管理中的应用。
- 了解供应链库存管理信息系统产生的原因、主要业务流程和功能，对供应链库存管理信息系统有个总体认识。

12.1 条码技术在物流行业及仓储管理中的应用

条码(Bar Code)技术是在计算机应用中产生并发展起来的,广泛应用于商业、邮政、图书管理、仓储、工业生产过程控制、交通等领域的一种自动识别技术,具有输入速度快、成本低、可靠性高等优点,在当今自动识别技术中占有重要的地位。条码技术在仓储业的自动化立体仓库中发挥着重要作用,特别是在小型物品的管理和入库不均衡物品的管理方面更显示出其优越性。

12.1.1 物流条码概述

任何一种条码,都是按照预先规定的编码规则和条码有关标准,由条和空组合而成的。每种条码的码制是由它的起始位和终止位的不同编码方式所决定的,条码阅读器要解译条形码符号,首先要判断此符号码制,才能正确译码。为了便于物品跨国家和地区的流通,适应物品现代化管理的需要以及增强条码自动识别系统的相容性,各个国家、地区和行业,都必须制定统一的条码标准。所谓条码标准,主要包括条码符号标准、使用标准和印刷质量标准。这类标准由各国的专门编码机构负责制定,也有地区性的标准和行业标准。

国际上公认的用于物流领域的条码标准主要有通用商品条码、储运单元条码和贸易单元 128 条码 3 种。

1)通用商品条码

通用商品条码是用于标识国际通用的商品代码的一种模块组合型条码。

(1)EAN 标准版商品条码

EAN-13 码是国际物品编码协会在全球推广使用的一种商品条码,它是一种定长、无含义的条码,没有自校验功能,使用 0~9 共 10 个字符。标准版商品条码符号由左侧空白区、起始符、左侧数据区、中间分隔区、右侧数据符、校验符、终止符、右侧空白区及供人识别字符组成,从起始符开始到终止符结束总共有 13 位数字,这 13 位数字分别代表不同的含义,且其不同的组合代表 EAN-13 码的不同结构。

(2)EAN 条码符号缩短版

EAN-8 是 EAN-13 码的压缩版,由 8 位数字组成,用于包装面积较小的商品上。和

EAN-13 码相比,EAN-8 码没有制造厂商代码,仅有前缀码、商品项目代码和校验码。

2)储运单元条码

储运单元条码是专门表示储运单元编码的条码。储运单元是指为便于搬运、仓储、订货、运输等,由消费单元(即通过零售渠道直接销售给最终用户的商品包装单元)组成的商品包装单元。在储运单元条码中又分为定量储运单元和变量储运单元。定量储运单元是指由定量消费单元组成的储运单元,如成箱的牙膏、瓶装酒、药品、烟等。而变量储运单元是指由变量消费单元组成的储运单元,如布匹、农产品、蔬菜、鲜肉类等。

（1）定量储运单元

定量储运单元一般采用 13 位或 14 位数字编码。当定量储运单元同时又是定量消费单元时,应按定量消费单元编码,采用 13 位数字编码;当定量储运单元内含有不同种类定量消费单元时,储运单元的编码方法是按定量消费单元的编码规则,为定量储运单元分配一个区别于它所包含的消费单元代码的 13 位数字代码;当由相同种类的定量消费单元组成定量储运单元时,定量储运单元可用 14 位数字代码进行编码标识。

（2）变量储运单元

变量储运单元编码由 14 位数字的主代码和 6 位数字的附加代码组成。变量储运单元的主代码和附加代码也可以用 EAN-128 条码标识。

（3）交插 25 条码

交插 25 条码在仓储和物流管理中被广泛应用。它是一种连续、非定长、具有自校验功能,且条和空都表示信息的双向条码。由左侧空白区、起始符、数据符、终止符和右侧空白区构成,其中每一个条码数据符由 5 个单元组成,2 个是宽单元(用二进制"1"表示),3个是窄单元(用二进制"0"表示)。交插 25 条码的字符集包括数字 0~9。

（4）ITF-14 条码和 ITF-6 条码

ITF 条码是一种连续型、定长、具有自校验功能,并且条、空都表示信息的双向条码。ITF-14(图 12.1)和 ITF-6 条码由矩形保护框、左侧空白区、条码字符、右侧空白区组成。其条码字符集、条码字符的组成与交插 25 条码相同。

图 12.1　ITF-14 条码

3) 贸易单元 128 条码

128 条码是一种长度可变的、连续型的字母数字条码。与其他一维条码相比,128 条码是较为复杂的条码系统,应用范围较大。

128 条码的内容由左侧空白区、起始符号、数据符、校验符、终止符、右侧空白区组成,128 条码具有 A、B、C 3 种不同的编码类型,可提供 ASCⅡ中 128 个字元的编码使用。

目前所推行的 128 码是 EAN-128 码(见图 12.2、表 12.1),EAN-128 码是根据 EAN/UCC-128 码作为标准将资料转变成条码符号,并采用 128 码逻辑,具有完整性、紧密性、连接性和高可靠度的特性。应用范围涵盖生产过程中一些补充性的且易变动的信息,如生产日期、批号、计量等。其可应用于货运标签、携带式资料库、连续性资料段、流通配送标签等。其优点是:产品可变性信息的条码化;国际流通的共同协议标准;较佳的产品运输质量管理;更有效地控制生产、配送及销售;提供更安全可靠的供给源等。

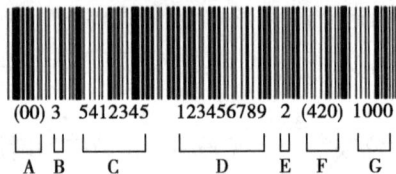

(00) 3　5412345　123456789　2　(420)　1000

A　B　　C　　　　D　　　E　　F　　　G

图 12.2　EAN-128 码

表 12.1　EAN-128 码

代号	码　别	长度	说　明
A	应用识别码	18	00 代表其后的信息内容为运输容器序号,为固定 18 位数字
B	包装性能指示码	1	3 代表无定义的包装指示码
C	前置码与公司码	7	代表 EAN 前置码与公司码
D	自行编定序号	9	由公司指定序号
E	检查码	1	检查码
F	应用识别码		420 代表其后的信息内容为配送邮政编码,用于仅有一邮政局时
G	配送邮政编码		代表配送邮政编码

12.1.2　物流行业条码应用

1) 条码技术在物流中的应用领域

随着物流行业在国内日益受到重视,物流信息化建设提上了日程,条码在物流企业中的应用前景也逐步显现。具体来看,作为物流管理的工具,条码的应用主要集中在以下环节:

（1）货品管理

利用条码技术进行货品管理的方法是:

①通过将货品编码,并且打印条码标签,不仅便于货品跟踪管理,而且也有助于做到合理的货品库存准备,提高生产效率,便于企业资金的合理运用。对采购的生产货品按照行业及企业规则建立统一的货品编码,从而杜绝因货品无序而导致的损失和混乱。

②对需要进行标识的货品打印其条码标签,以便于在生产管理中对货品的单件跟踪,从而建立完整的产品档案。

③利用条码技术对仓库进行基本的进、销、存管理,有效地降低库存成本。

④通过产品编码,建立货品质量检验档案,生成质量检验报告,与采购订单挂钩建立对供应商的评价。

（2）生产线物流管理

条码生产线物流管理是产品条码应用的基础,它建立产品识别码。在生产中应用产品识别码监控生产,采集生产测试数据,采集生产质量检查数据,进行产品完工检查,建立产品识别码和产品档案,有序地安排生产计划,监控生产及流向,提高产品下线合格率。

①制订产品识别码格式。根据企业规则和行业规则确定产品识别码的编码规则,保证产品的规则化和唯一性。

②建立产品档案。通过产品标识条码在生产线上对产品生产进行跟踪,并采集生产产品的部件、检验等数据作为产品信息,在生产批次计划审核后建立产品档案。

③通过生产线上的信息采集点来控制生产的信息。

④通过产品标识码条码在生产线上采集质量检测数据,以产品质量标准为准绳判定产品是否合格,从而控制产品在生产线上的流向及是否建立产品档案,打印合格证。

（3）分拣运输

铁路运输、航空运输、邮政通信等许多行业都存在货物的分拣搬运问题,大批量的货物需要在很短的时间内准确无误地装到指定的车厢或航班;一个生产厂家如果生产上百种产品,并需要将其分门别类,以送到不同的目的地,那么就必须扩大场地、增加人员,还常常会出现人工错误。解决这些问题的办法就是应用物流标志技术,使包裹或产品自动分拣到不同的运输机上。我们所要做的只是将预先打印好的条码标签贴在发送的物品上,并在每个分拣点装一台条码扫描器。

(4)仓储管理

仓储管理实际上是条码应用的传统领地,其应用已经贯穿出入库、盘点、库存管理等多方面。

(5)机场通道

当机场的规模达到一个终端要在 2 小时内处理 10 个以上的航班时,就必须实现自动化,否则会因为来不及处理行李导致误机。在自动化系统中,物流标志技术的优势充分体现出来,人们将条码标签按需要打印出来,系在每件行李上。条码标签是一个纸牌,系在行李的手把上。根据国际航空运输协会(IAIA)标准的要求,条码应包含航班号和目的地等信息。当运输系统把行李从登记处运到分拣系统时,一组通道式扫描器(通常由 8 个扫描器组成)包围了运输机的各个侧面:上、下、前、后、左、右。扫描器对准每一个可能放标签的位置,甚至是行李的底部。当扫描器读到条码时,会将数据传输到分拣控制器中,然后根据对照表,行李被自动分拣到目的航班的传送带上。

(6)货物通道

和机场的通道一样,货物通道也是由一组扫描器组成。全方位扫描器能够从所有的方向上识读条码,即这些扫描器可以识读任意方向、任意面上的条码,无论包裹有多大,无论运输机的速度有多快,无论包裹间的距离有多小,所有制式的扫描器一起运行,决定当前哪些条码需要识读,然后把一个个信息传送给主计算机或控制系统。

货物扫描通道为进一步采集包裹数据提供了极好的机会。新一代的货物通道可以以很高的速度同时采集包裹上的条码标志符、实际的包裹尺寸和包裹的重量信息,且这个过程不需要人工干预,因为包裹投递服务是按尺寸和重量收费的。现在可以准确高效地获取这些信息,以满足用户的需要。

(7)运动中称量

运动中称量与条码自动识别相结合,把电子秤放在输送机上可以得到包裹的重量而不需中断运输作业或人工处理,使系统能保持很高的通过能力,同时实时提供重量信息,计算净重,检验重量误差,验证重量范围。在高效的货品搬运系统中,运动中称量可以与其他自动化过程,如条码扫描、标签打印及粘贴、包裹分拣、码托盘、库存管理、发运和其他功能集成在一起。

2)物流行业条码应用发展前景

在物流过程中,条码装载着物流信息,并附着于物流单元上,保证标志信息与实物同步,条码扫描仪则成为物流单元与信息系统的纽带。因此条码技术在物流中的作用显而易见。例如:货物进入配送中心的入口端时,工作人员需要一面卸货,一面根据订货单要求对货物进行调配,并确定货物的出货模式及目的地,最终从配送中心的出货端将货物运出。如果不使用条码技术,"物"与信息完全分离,货物卸货后,工作人员只能坐等货物信息和货物处理指示信息,因为如果没有这些信息,人们无法得知哪个箱子与哪个订货单对应,各箱货物是要通过常规渠道运输,还是要进行其他处理,运输的目的地是哪里等信息。如果使用条码技术,工作人员收到货物的同时,利用条码扫描仪可获取随货物同时到达的物流信息,并传入信息系统,从而获得货物处理指示,按照要求卸货,货物顺利"流"向下一个环节。减少仓库存储空间占用,也减少了出货调配用的单据数量,消除了人工处理产生的费时和人为错误问题,还能动态了解物品运行的全过程情况。

以条码识读为基础的 POS 自动销售系统,带来了销售、库存管理、订货、结算方式的变革,同时也促进了条码体系的发展及其在更大范围、更多领域的应用,逐步从物流供应链的零售末端前推到配送、仓储、运输等物流各个环节。近年来,EAN 与 UCC 合作建立了全球统一的开放系统的物品编码体系及条码标志,为供应链物流环节的条码应用提供了解决方案。

由于条码技术对于物流行业的重要性,以及条码技术在各种物流作业环节应用的普遍性,可以预见,随着现代物流技术与理念的发展,中国物流行业的条码应用必将获得快速发展。

条码技术具有使用价格低廉、应用范围广泛的优势,目前条码技术在物流行业的应用条件已经基本成熟,因此条码技术在物流行业的应用必将很快进入一个快速发展阶段。

如前面所述,我国目前条码技术在物流行业应用才刚刚起步,应用普及率很低,因此发展空间很大,而且随着我国物流信息化的不断发展,还会更加进一步扩展条码技术在物流行业的发展空间。因此我们相信,条码技术近几年在物流行业的应用与推广必将获得突破性的进展。

12.1.3　条码技术在仓储管理中的应用

在条码出现的短短几十年时间内,已经广泛应用于交通运输业、商业贸易、生产制造业、医疗卫生、仓储业、邮电系统、海关、银行、公共安全、国防、政府管理、办公自动化等领域。

成功企业的重要特点是客户驱动的程度,通过提供优质产品与服务、准时交货、低成本和高质量来赢得客户的完全满意。除此之外,还必须重视优化库存,重视设备及各种资源及空间的利用,从而达到对物流作业的有效管理。今天的仓库作业和库存控制作业已十分多样化、复杂化,靠人工记忆处理已十分困难。如果不能保证正确的进货、验收、质量保证及发货,就会导致浪费时间,产生库存,延迟交货,增加成本,以致失去为客户服务的机会。采用条码技术,并与信息处理技术结合,可确保库存量的准确性,保证必要的库存水平及仓库中货品的移动、与进货协调一致,保证产品的最优入库、存储和出库作业等。

仓储管理中条码技术的应用主要是条码的编码和识别技术。信息的自动识别方法可采用磁卡、条形码等方式来实现,而以物流中心而言,由于大多数的储存货品都备有条形码,所以用条形码做自动识别与信息收集是最便宜、最方便的方式。同时条码技术是实现快速、准确而可靠的采集数据的有效手段,借助商品条形码上的信息经条形码读取设备读取后,可迅速、正确、简单地将商品信息自动输入与撷取,而达到自动化登录、控制、传递、沟通的目的,从而解决了仓库信息管理中数据的录入和数据采集的"瓶颈"问题,为仓库信息管理系统的应用提供了有利的技术支持。条码技术在储存管理上的作用有:登录快速,节省人力;大大提高了物流作业效率,同时减少了管理成本;降低了信息收集错误率,提高了作业质量;能够更精确地控制储位的指派与货品的拣取;可方便有效地进行盘点作业,从而准确地掌握库存、控制库存;做到了实时数据收集、实时显示,并通过计算机快速处理来达到实时分析与实时控制的目的。

1)条码技术应用流程

条码技术在仓储管理中应用时,需要根据不同的需求选用不同的软件和条码设备。系统使用的软件可分为两部分:一是条码终端使用的软件,另一部分是在仓库计算机中心或服务器上使用的软件。条码终端使用的软件只完成数据的采集功能,较为简单。仓库计算机中心或服务器中使用的软件包括数据库系统和仓储管理软件。另外,系统中还需要配置条码打印机,以便打印各种标签,如货位、货架使用的标签、物品标志用的标签等。图 12.3 为仓库条码技术应用流程图。

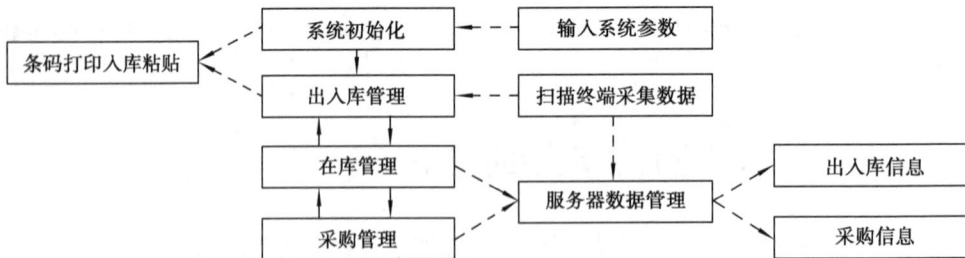

图 12.3　仓储条码技术应用流程

2)仓储管理

仓储管理是条码技术广泛应用和比较成熟的传统领域,不仅适用于商业商品库存管理,同样适用于工厂产品和原料库存管理。只有仓储管理电子化的实现,才能使产品、原料信息资源得到充分利用。仓储管理是动态变化的,通过仓库管理电子化系统的建立,管理者可以随时了解每种产品或原料当前货架上和仓库中的数量及其动态变化,并且定量地分析出各种产品或原料库存、销售、生产情况等信息。管理者通过它来及时进货或减少进货、调整生产,保持最优库存量,改善库存结构,加速资金周转,实现产品和原料的全面控制和管理,更新管理方式。实施条码仓储管理电子化的特点有以下几点。

(1)实时数据

数据采集系统采用条码自动识别技术作为数据输入手段,在进行每一项产品或原料操作(如到货清点、入库、盘点)的同时,系统自动对相关数据进行处理,并为下一次操作(如财务管理、出库)做好数据准备。通过计算机网络、数据库技术,系统任何一处在任何时间发生的物流活动数据,可以立即传送到系统上的任何地方,完全消除了目前人工管理库存方式下普遍存在的数据失控现象,实施全系统数据的实时性。

(2)无停顿运行

应用数据采集系统,当库存发生变化时,系统自动按照销售情况生成合理供货(上架)要求。缺货时系统自动提示所缺商品品种、价格、最低供货数量,并可自动提供以往提供同类产品的厂家的名称。出库配送由系统自动按要求供货时间的先后排序调度出库操作,通过数据采集器阅读商品条码自动完成库存销账。整个商品物流过程可以不停顿地进行,大大加快了商品的周转速度。

(3)"零"差错

由于系统几乎完全免除了物流过程中数据的人工键盘输入,同时,全部物流过程在计算机系统监控下准确进行,一旦发生差错,系统立即报警纠正,大大减少了商品库存(盘点)过程中数据输入差错的可能性。即使有错误发生,系统对每一步操作日期、操作情况、操作人员等数据也会自动记录备查。

(4)省人力

应用数据采集系统,数据一次输入可以在以后的物流和信息流的各个环节中使用,数据输入次数由几十次减少到几次,操作员只需要使用数据采集器扫描阅读每一商品条码,系统自动对相关数据进行处理。不仅节省了劳力,而且减轻了劳动强度,改善了劳动条件。

(5)高效益

数据采集系统可以按照实际销售和库存情况及时组织进货、配送,使库存结构更加合理,并为"零"库存的实现创造了必要的条件。有了数据的实时性,系统可以对最小合理库存、进货策略、配送策略、出入库调度策略等方面作出科学的决策,并在系统的实时监控下准确地实施,以最低库存、最高资金周转率、最低流通成本达到最好的社会与经济效益。

实施条码仓储管理电子化的内容如下:

①货物库存管理。仓储管理系统根据货物的品名、型号、规格、产地、牌名、包装等划分货物品种，并且分配唯一的编码，也就是"货号"。分货号管理货物库存和管理货号的单件集合，并且应用于仓库的各种操作。

②仓库库位管理。仓库分为若干个库房，每一库房分若干个库位。库房是仓库中独立和封闭存货空间，库房内空间细化为库位，细分能够更加明确定义存货空间。仓储管理系统是按仓库的库位记录仓库货物库存，在产品入库时将库位条码号与产品条形码号一一对应，在出库时按照库位货物的库存时间可以实现先进先出或批次管理的信息。

③货物单件管理。采用产品标识条码记录单件产品所经过的状态，从而实现了对单件产品的跟踪管理。

④仓储业务管理。它包括出库、入库、盘库、移库等，不同业务以各自的方式进行，完成仓库的进、销、存管理。

⑤更加准确地完成仓库出入库操作。仓库利用条码采集货物单件信息，处理采集数据，建立仓库的入库、出库、移库、盘库数据。这样，使仓库更加准确地完成操作。它能够根据货物单件库存为仓库货物出库提供库位信息，使仓库货物库存更加准确。

3）条码技术在仓储管理中的应用实例

以美国最大的连锁商业企业 Wal Mart 为例，该公司在全美有 25 个规模很大的配送中心，一个配送中心要为 100 多家零售店服务，日处理量约为 20 多万个纸箱。每个配送中心分 3 个区域：收货区、拣货区和发货区。在收货区，一般用叉车卸货。先把货品堆放到暂存区，工人用手持式扫描器分别识别运单上和货物上的条形码，确认匹配无误才能进一步处理，有的要入库，有的则要直接送到发货区，以节省时间和空间。在拣货区，计算机在夜班打印出隔天需要向零售店发运的纸箱条形码标签。白天，拣货员拿一叠标签打开一只只空箱，在空箱上贴上条形码标签，然后用手持式扫描器识读。根据标签上的信息，计算机随即发出拣货指令。在货架的每个货位上都有指示灯，表示那里需要拣货以及拣货的数量。当拣货员完成该货位的拣货作业后，按一下"完成"按钮，计算机就可以更新其数据库。装满货品的纸箱经封箱后运到自动分拣机，在全方位扫描器识别纸箱上的条形码后，计算机指令拨叉机构把纸箱拨入相应的装车线，以便集中装车运往指定的零售店。

在国内，条码在加工制造和仓储配送业中的应用也已经有了良好的开端。红河烟厂就是一例。成箱的纸烟从生产线下来，汇总到一条运输线。在送往仓库之前，先要用扫描器识别其条码，登记完成生产的情况，纸箱随即进入仓库，运到自动分拣机。另一台扫描器识读纸箱上的条码。如果这种品牌的烟正要发运，则该纸箱被拨入相应的装车线。如果需要入库，则由第三台扫描器识别其品牌，然后拨入相应的自动码托盘机，码成整托盘后通过运输机系统入库储存。条码的功能在于极大地提高了成品流通的效率，而且提高了库存管理的及时性和准确性。

12.2 RFID 技术及其在仓储管理中的应用

12.2.1 RFID 技术概述

RFID(Radio Frequency Identification,射频识别)技术,是一种利用射频通信实现的非接触式自动识别技术。其标签具有体积小、容量大、寿命长、可重复使用等特点,可支持快速读写、非可视识别、移动识别、多目标识别、定位及长期跟踪管理。RFID 技术与互联网、通信等技术相结合,可实现全球范围内物品跟踪与信息共享。RFID 技术应用于物流、制造、公共信息服务等行业,可大幅提高管理与运作效率,降低成本。随着相关技术的不断完善和成熟,RFID 产业将成为一个新兴的高技术产业群,成为国民经济新的增长点。因此,研究 RFID 技术,发展 RFID 产业将对提升社会信息化水平、促进经济可持续发展、提高人民生活质量、增强公共安全与国防安全等方面产生深远影响,具有重要的战略意义。

1)RFID 系统的组成

射频识别系统至少应包括以下两个部分,一是读写器,二是电子标签。另外还应包括天线、主机等。RFID 系统在具体的应用过程中,根据不同的应用目的和应用环境,系统的组成会有所不同,但从 RFID 系统的工作原理来看,系统一般都由信号发射机、信号接收机、编程器、天线几部分组成。

(1)信号发射机

在 RFID 系统中,信号发射机为了不同的应用目的,会以不同的形式存在,典型的形式是标签(Tag)。标签相当于条码技术中的条码符号,用来存储需要识别传输的信息。另外,与条码不同的是,标签必须能够自动或在外力的作用下,把存储的信息主动发射出去。

(2)信号接收机

在 RFID 系统中,信号接收机一般叫作阅读器。根据支持的标签类型不同与完成的功能不同,阅读器的复杂程度是显著不同的。阅读器基本的功能就是提供与标签进行数据传输的途径。另外,阅读器还提供相当复杂的信号状态控制、奇偶错误校验与更正功能等。标签中除了存储需要传输的信息外,还必须含有一定的附加信息,如错误校验信息等。识别数据信息和附加信息按照一定的结构编制在一起,并按照特定的顺序向外发送。阅读器通过接收到的附加信息来控制数据流的发送。一旦到达阅读器的信息被正确地接收和译解后,阅读器通过特定的算法决定是否需要发射机对发送的信号重发一次,或者指导发射器停止发信号,这就是命令响应协议。使用这种协议,即便在很短的时间、很小的空间阅读多个标签,也可以有效地防止欺骗问题的产生。

(3)编程器

只有可读可写标签系统才需要编程器。编程器是向标签写入数据的装置。编程器写入数据一般来说是离线完成的,也就是预先在标签中写入数据,等到开始应用时直接把标签黏附在被标识项目上。也有一些 RFID 应用系统,写数据是在线完成的,尤其是在生产环境中作为交互式便携数据文件来处理的时候。

(4)天线

天线是标签与阅读器之间传输数据的发射、接收装置。在实际应用中,除了系统功率,天线的形状和相对位置也会影响数据的发射和接收,需要专业人员对系统的天线进行设计、安装。

2)RFID 系统的特点

和传统条形码识别技术相比,RFID 有以下优势:

(1)动态实时通信、快速扫描

标签以每秒 50~100 次的频率与阅读器进行通信,所以只要 RFID 标签所附着的物体出现在解读器的有效识别范围内,就可以对其位置进行动态的追踪和监控。同时,条形码扫描仪一次只能扫描一个条形码;RFID 辨识器可同时辨识读取数个 RFID 标签。

(2)体积小型化、形状多样化

RFID 在读取上并不受尺寸大小与形状限制,不需为了读取精确度而配合纸张的固定尺寸和印刷品质。此外,RFID 标签更可往小型化与多样形态发展,以应用于不同产品。

(3)抗污染能力和耐久性

传统条形码的载体是纸张,因此容易受到污染,但 RFID 对水、油和化学药品等物质具有很强抵抗性。此外,由于条形码是附于塑料袋或外包装纸箱上的,所以特别容易受到折损;RFID 卷标是将数据存在芯片中,因此可以免受污损。

(4)使用寿命长,可重复使用,应用范围广

RFID 卷标的封闭式包装使得其寿命大大超过印刷的条形码;同时,现今的条形码印刷上去之后就无法更改,RFID 标签则可以重复地新增、修改、删除 RFID 卷标内储存的数据,方便信息的更新;而且,RFID 使用无线电通信方式,使其可以应用于粉尘、油污等高污染环境和放射性环境。

(5)穿透性和无屏障阅读

在被覆盖的情况下,RFID 能够穿透纸张、木材和塑料等非金属或非透明的材质,并能

够进行穿透性通信。而条形码扫描机必须在近距离而且没有物体阻挡的情况下,才可以辨读条形码。

（6）数据的记忆容量大

一维条形码的容量是 50 字节,二维条形码最大的容量可储存 2~3 000 字符,RFID 最大的容量则有数兆字节。随着记忆载体的发展,数据容量也有不断扩大的趋势。未来物品所需携带的信息量会越来越大,对卷标所能扩充容量的需求也会相应增加。

（7）安全性

由于 RFID 承载的是电子式信息,其数据内容可经由密码保护,使其内容不易被伪造及变造。

12.2.2　RFID 技术在仓储管理中的应用

1）基于 RFID 技术的仓储管理系统流程

RFID 物流仓库系统的目标是在仓库体系中建立一条基于 RFID 技术的快速通道,实现库房高效管理,收发货高速自动记录,形成一个完整的基于 RFID 自动识别技术的仓储管理系统。具体流程包括:

①供应商将商品出库信息提前发送到仓储中心的仓储管理系统,由仓储管理系统自动处理,生成预入库信息。

②货物被放置在带有感应器的托盘上,入库时通过在入库口通道处的 RFID 读取机,不需要拆包装,即可将货物相关信息自动输入到仓库管理系统。

③系统将实际入库信息与预入库信息进行比较,如果无误或误差在规定范围内,则准许入库并将预入库信息转换成库存信息;如果出现错误,则由系统输出提示信息,由工作人员解决。

④仓储管理系统按最佳的储存方式选择空货位,通过叉车上的射频终端,通知叉车司机,并指引最佳途径,抵达空货位,扫描货位编码,以确定货物被放置在确定的货位。货物就位后,再扫描货物的电子标签,仓储管理系统即确认货物已储存在这一货位,可供日后按订单发货。

⑤订单到达仓库后,仓储管理系统按预定规则分组,区分先后,合理安排。例如,交由 UPS 公司快运的,要下午 2 时前发货;需由公路长途运输的,要 5 时前发货;有些货物需特别护送等。仓储管理系统按这些需要,确定安排如何最佳、及时地交付订单的货物,并在系统内生成拣货方案。

⑥仓储管理系统按照拣选方案,安排订单拣选任务。拣选人由射频终端指引到货位,

显示需拣选数量。经扫描货物的电子标签和货位的条码,仓储管理系统确认拣选正确,货物的存货状态转变成待出库。

⑦货物出库时,同入库一样,通过出库口通道处的 RFID 读取机,货物信息传入仓储管理系统并与订单进行对比,若无误,则顺利出库,货物的库存量相应减除;若出现错误,则由仓储管理系统输出提示信息。

2)RFID 技术系统的软件结构

射频识别技术系统软件以收货、入库、盘点、配装、出库等多个流程包为基础组成。各流程包之间可以灵活组合,定制成为新的功能包。

(1)收货子系统

现阶段绝大多数供货商的商品和包装上都还没有 RFID 标签,但是随着 RFID 技术的广泛应用,越来越多的供货商都会在其产品或包装上粘贴 RFID 标签。为了满足现阶段的应用要求,同时能够适应未来的应用发展,收货流程包中包括两种应用流程,可以根据实施的具体情况选择其中的一种操作方式。

①到货有 RFID 标签情况

到货有 RFID 标签情况下的收货流程为:a.后端系统接收到发货方的送货单后,预排货位使用计划,根据业务要求生成收货指令。b.货物到达后,后端系统通过无线网络检索空闲叉车,并向其下达收货作业单。c.前端系统接收收货作业单。司机驾驶叉车搬运货物到待检区,当其通过天线场域时,固定读写器批量读取容器的标签,取得容器中的全部货物信息,如送货单号、发送地、到货地、订单明细等,并将数据传输给后端系统,后端系统得到实际到货信息。d.进入待检区后,司机通过移动设备读取容器和待检区货位标签并将其传输给前端系统。e.前端系统核对采集到的数据与系统指令是否相符。如果相符,则指示司机将货物搬运到指定的待检区货位。f.前端系统将确认后的数据传输给后端系统。g.后端系统取得数据后更新相关的系统数据,标明容器当前所在位置。h.司机完成操作后,按"确认"键,表示收货完毕。后端系统将此叉车归入"空闲叉车"队列,等待下一个指令。

②到货没有 RFID 标签情况

到货没有 RFID 标签情况下的收货流程为:a.后端系统接收到发货方的发货单后,预排货位使用计划。b.货物到达后,在后端系统录入实际到货信息。后端系统生成 RFID 标签数据并下达收货指令。c.RFID 系统根据后端系统产生的数据,生成 RFID 标签。由收货员将标签悬挂到货物上。d.后端系统通过无线网络检索空闲叉车,并向其下达收货作业单。前端系统接收收货作业单。e.司机驾驶叉车搬运货物到待检区,当其通过天线场域时,固定读写器批量读取容器的标签,取得容器中的全部货物信息,如:送货单号、发送地、到货地、订单明细等,并将数据传输给后端系统,后端系统得到实际到货信息。f.进入待检区后,司机通过移动设备读取容器和待检区货位标签并将其传输给前端系统。g.前端系统核对采集到的数据与系统指令是否相符。如果相符,则指示司机将货物搬运到指定的待检区货位。h.前端系统将确认后的数据传输给后端系统。i.后端系统取得数据后更新相关的系统数据,标明容器当前所在位置。j.司机完成操作后,按"确认"键,表示收货完毕。后端系统将此叉车归入"空闲叉车"队列,等待下一个指令。

（2）入库子系统

入库子系统的作业流程是：

①后端系统根据业务要求生成入库指令。

②后端系统通过无线网络检索空闲叉车,并向其下达入库作业单。

③前端系统接收入库作业单。司机通过移动设备读取待检区货位标签和容器标签或货物代码,并将其传输给前端系统。

④前端系统核对采集到的数据与系统指令是否相符,如果相符,则指示司机将货物搬运到指定的库区货位。

⑤进入库区后,司机通过移动设备读取库区货位标签和容器标签或货物代码,并将其传输给前端系统。

⑥前端系统核对采集到的数据与系统指令是否相符,如果相符,则指示司机将货物送入该库区货位。RFID 系统同时更新货位标签中的数据。

⑦司机完成操作后,按"确认"键,表示入库完毕。前端系统将操作结果通过无线网络传输给后端系统。后端系统更新系统中的相关数据,并将此叉车归入"空闲叉车"队列,等待下一个指令。

（3）盘点子系统

不同类型的仓库有不同的盘点方式,不同的盘点要求决定了采用不同的设备和不同的作业流程。盘点流程包支持平面仓、立体仓等不同类型的仓库,支持手持移动式和固定式盘点设备,支持人工、堆垛机和高位叉车等自动、半自动盘点方式,支持分货区、分货架的实时盘点。

一是平面仓人工盘点。平面仓人工盘点作业流程是：

①后端系统根据业务要求生成盘点指令,并向前端系统下达盘点作业单。

②前端系统接收配装作业单。盘点员通过移动设备读取库区货位标签,取得当前货位中货物的账面数量,并将其传输给前端系统。

③前端系统核对采集到的数据与系统指令是否相符,如果相符,则指示盘点员使用移动设备读取该货位中货物的条码,并将其传输给前端系统。

④前端系统核对采集到的数据与系统指令是否相符,如果相符,则指示盘点员盘点当前货位中货物的实物数量。

⑤盘点员盘点完毕后,输入实物数量。

⑥前端系统核对该货物的实物数量和账面数量,依照相应的盘点策略指示盘点员是否进行复盘等操作。

⑦盘点结束后,前端系统将盘点数据传输给后端系统,后端系统更新相关的数据。

二是立体仓自动盘点。在堆垛机两侧安装天线并通过反馈线连接到一台固定式读写器,该读写器通过无线网络与后台管理系统通信。堆垛机定位到需要进行盘点的货位后管理系统通过无线网络控制读写器开始工作,天线读取托盘标签中的数据并由读写器通过无线网络传送到后台管理系统。因为托盘标签中记录了该托盘承载商品的实际数量,因此通过 RFID 技术的自动采集方式,可以实现无人工干预的全自动实时、分区盘点,并保证盘点操作的快速进行和盘点数据的准确。

(4)配装子系统

配装子系统的应用流程为:

①后端系统根据业务要求生成配装指令。

②后端系统通过无线网络检索空闲叉车,并向其下达配装作业单。

③前端系统接收配装作业单。司机通过移动设备读取容器标签,并将其传输给前端系统。

④前端系统核对采集到的数据与系统指令是否相符,如果相符,则指示司机可以进行下一步操作。

⑤进入配装区后,司机通过移动设备读取配装货区货位标签和货物代码,并将其传输给前端系统。

⑥前端系统核对采集到的数据与系统指令是否相符,如果相符,则指示司机将货物放入该容器。

⑦待全部货物都装入容器后,RFID 系统更新容器标签中的数据;前端系统将操作结果通过无线网络传输给后端系统,后端系统更新系统中的相关数据。

⑧司机完成操作后,按"确认"键,表示拣货完毕,并将此叉车归入"空闲叉车"队列,等待下一个指令。

(5)出库子系统

出库子系统的应用流程为:

①后端系统根据业务要求生成发货指令。

②后端系统通过无线网络检索空闲叉车,并向其下达发货作业单。

③前端系统接收发货作业单,司机驾驶叉车搬运货物到待检区,当其通过天线场域时,固定读写器批量读取容器的标签,取得容器中的全部货物信息,并将其传输给后端系统;后端系统得到实际发货信息。

④后端系统核对采集到的数据与系统指令是否相符,如果相符,则向前端系统发送可以发货的指令,同时更新系统中的相关数据,司机执行出库操作。

⑤如不相符,则向前端系统发送报警信息和处理操作指令,司机依照指令执行相应的操作。

⑥司机完成操作后,按"确认"键,表示发货完毕,并将此叉车归入"空闲叉车"队列,等待下一个指令。

12.3 仓储管理信息系统

12.3.1 仓储管理系统

仓储管理系统(WMS)是由多功能软件子系统组合而成的。

1)入库管理子系统

(1)入库单数据处理(录入)

入库单可包含多份入库分单,每份入库分单可包含多份托盘数据。入库单的基本结构是每个托盘上放一种货物,因为这样会使仓储的效率更高、流程更清晰。

(2)条码打印及管理

条码打印及管理的目的仅是避免条码的重复,以使仓库内的每一个托盘货物的条码都是唯一的标志。

(3)货物托盘及托盘数据登录注记

入库单的库存管理系统可支持大批量的一次性到货。该管理系统的运作过程是:批量到货后,首先要分别装盘,然后进行托盘数据的登录注记。所谓托盘数据是指对每个托盘货物分别给予一个条码标志,登录注记时将每个托盘上装载的货物种类、数量、入库单号、供应商、使用部门等信息与该唯一的条码标志联系起来。注记完成后,条码标志即成为在库管理的关键,可以通过扫描该条码得到该盘货物的相关库存信息及动作状态信息。

(4)货位分配及入库指令的发出

托盘信息注记完成后,该托盘即进入待入库状态,系统将自动根据存储规则(如货架使用区域的区分)为每一个托盘分配一个适当的空货位,并向手持终端发出入库操作的要求。

（5）占用的货位重新分配

当所分配的货位实际已有货时，系统会指出新的可用货位，通过手持终端指挥操作。

（6）入库成功确认

从注记完成至手持终端返回入库成功的确认信息前，该托盘的货物始终处于入库状态。直到收到确认信息，系统才会把该托盘货物状态改为正常库存，并相应更改数据库的相关记录。

（7）入库单据打印

打印实际收货入库单。

2）出库管理子系统

（1）出库单数据处理

这是指制作出库单的操作。每份出库单可包括多种、多数量货物，出库单分为出库单和出库分单，均由手工输入生成。

（2）出库品项内容生成及出库指令发出

系统可根据出库内容以一定规律（如先进先出、就近等），具体到托盘及货位，生成出库内容，并发出出库指令。

（3）错误货物或倒空的货位重新分配

当操作者通过取货位置扫描图确认货物时，如果发现货物错误或实际上无货，只要将信息反馈给系统，系统就会自动生成下一个取货位置，指挥完成操作。

（4）出库成功确认

手持终端确认货物无误后，发出确认信息，该托盘货物即进入出库运行中的状态。在出库区现场终端确认出库成功后，即可取数据库中的托盘条码，并修改响应数据库的记录。

（5）出库单据打印

打印与托盘相对应的出库单据。

3）数据管理子系统

（1）库存管理

①货位管理查询。查询货位使用情况（空、占用、故障等）。

②以货物编码查询库存。查询某种货物的库存情况。

③入库时间查询库存。查询以日为单位的在库情况。

④盘点作业。记录盘点状况，实现全库盘点。

（2）数据管理

①货物编码管理。提供与货物编码相关信息的输入界面,包括编码、名称、所属部门、单位等的输入。

②安全库存质量管理。提供具体到某种货物的最大库存、最小库存的参数设置,从而实现库存量的监控预警。

③供应商。录入供应商编号、名称、联系方法,供入库单使用。

④使用部门数据管理。录入使用部门、编号、名称等,供出、入库单使用。

⑤未被确认操作的查询和处理。提供未被确认操作的查询和逐条核对处理功能。

⑥数据库与实际不符记录的查询和处理。逐条提供选择以决定是否更改为实际记录或手工输入记录。

4）系统管理子系统

（1）使用者及其权限设定

使用者名称、代码、密码、可使用程序模块的选择。

（2）数据库备份操作

每日定时备份数据库或日志。

（3）通信操作

若系统有无线通信部分,应提供对通信的开始和关闭操作功能。

（4）系统的登录和退出

提供系统登录和退出界面相关信息。

12.3.2　仓储管理信息系统

1）仓储管理信息系统建立的必要性

伴随着仓储作业,仓库中产生大量信息。一旦这些信息流动不顺利,就会影响仓储作业,造成许多不良现象。例如,在收货作业中,货车等待、设备不合用等;在临时存放区段,起重车操作员不知道将货物放在什么地方、收货地点过分拥塞、指定地点被占用等;在储存区段,货道拥塞、出现过多的蜂窝形空缺、不同种类货物的不规则混存等;在订货拣选区段,拣选不到所需货物、拣选某一份或某一批货物时通过同一货道两次以上;在包装区段,材料无法利用,产品贴错标签等;在货物集结区段,货场拥塞、货物归类不对等;在运输区段,运输延迟、车辆等待、客户抱怨等。这些问题都严重阻碍了仓储管理效率的提高。因此,计算机仓储管理信息系统可以说是仓库提高工作效率、减少库存、提高为客户服务水平的重要手段。

2) 仓储管理信息系统建立步骤

(1) 考察仓库建立管理信息系统的必要性

首先回顾一下仓库过去作业情况,检查仓库库存准确度,运送库存量,服务水平和综合生产能力。接着对仓库进行全面考察,以确定完成仓库职能所必需的信息。如收货便需要掌握仓库空储存点信息,同时还要检查哪些数据已经有了,建立系统还需要收集哪些类型的数据(有时还要根据情况决定是否安装自动化数据采集系统)。通过考察,便可决定仓库应改进的范围并决定是否采用仓储管理信息系统。

(2) 建立系统详细说明书

一旦仓库确定了建立管理信息系统的计划,接下来便应着手建立系统的详细说明书,包括系统软件功能、灵活性(可否适应业务发展要求),以及软件供应者异地提供支持的能力。一般来说,一个仓储管理系统应具备以下基本功能:运输、收货、包装、物资登录、储存、订货、拣选、集结物资和资源管理。

(3) 寻找合适的软件商,建立系统

建立仓储管理信息系统不需要一切都从头做起。企业可以开出一个认为系统应具备的功能清单,然后对照清单看哪家提供的商品软件满足要求。当然,一般情况下不可能找到一个完全满足企业要求的现存系统。一般而言,有 20% ~ 40% 的功能要求专门设计。所以,比较好的做法是找一家能完全理解企业需求的软件商,双方合作编制出满意的软件。

下列几种技术的发展使得仓储管理系统软件的水平可以进一步提高:窗式接口技术、目标程序语言技术、分布式处理机技术、加速运动快速处理技术和并行处理技术。

3) 仓储管理信息系统中的信息采集

信息采集是仓储管理信息系统的前提和基础。实现自动化信息采集是一个优秀的仓储管理信息系统不可缺少的组成部分。随着实时通信技术的发展,无线射频设备、局域网、条形码及扫描装置使人们可以迅速而准确地采集信息,并实时反映信息变化的情况。

无线射频信息采集技术是一种准确性和及时性很强的信息采集技术,其在仓库中应用最多的是使用起重机车的场合。地面人员通过终端将指令传递给起重机车操作员,并接受操作员传回的信息,其反应时间为 3 ~ 6 s。概括起来,使用无线射频信息采集系统具有的优点有:①可很容易地使用随机储存计划,极大地节省库存空间;②节省劳动力(8% ~ 35%);③消除库存人工计数;④增加准确率,使其达到 99% 以上;⑤便于执行纪律;⑥能自动生成重要数据并可产生十分有利的问题报告;⑦减少了日常文书工作;⑧实现了先入先出原则;⑨容易处理紧急订货。

此外,无线射频信息采集系统还为单位提供了多种员工培训手段。例如,它适合于对各种水平的员工进行全面的培训,菜单选择形式使使用者可以根据自己的情况和信息内容确定自己的学习方式和进度,培训可以贯穿整个生产过程,形象的图示加上声音作用比单纯的文字教学效果更好,便于对培训进行管理。

4)仓储管理信息系统构成

仓储管理信息系统是以条码技术和数据库技术为基础,从而实现仓储管理中货物的进货、出货、库存控制、盘点等管理功能,并可依托互联网进行客户订单和查询管理的管理信息系统。它包括入库作业管理系统、出库作业管理系统、库存控制系统3个系统。

（1）入库作业管理系统

入库作业管理系统包括预定进货数据处理系统和实际进货作业系统。预定进货数据处理为进货调度、人力资源组织及设备资源分配提供依据。其基本数据有:预定进货日期、进货商品品种、数量、供应商预先通告的进货日期、商品品种及入库数量。

实际入库交货时,输入的数据有采购单号、厂商名称、商品名称、数量等。通过输入采购单号来查询进货商品的名称、数量和内容是否与采购单内容相符,并确定进货的月台,由仓管员确定卸货地点及方式。仓管员检验后将入库数据输入库存数据库并调整库存数据库。

货物入库后,对于需立即出库的商品,入库系统需具备待出库数据查询并连接派车及出货配送系统,当入库数据输入后即访问订单数据库,取出该商品待出库数据信息并转入出库配送数据库,同时调整库存数据库。对于需要上架入库再出库的商品,进货系统需具备货位指定功能,当进货数据输入时即启动货位指定系统,由货位数据库、产品明细数据库来计算入库商品所需的货位大小,根据商品特性和货位状况来确定最佳货位。货位管理系统则主要完成商品货位登记、跟踪并提供货位状况报表,为货位分配提供依据。货位跟踪时可将商品编码或入库编码输入货位数据库来查询商品所在货位,输出的报表有货位指示单商品货位报表、可用货位报表、各时间段入库一览表、入库数据统计等。

（2）出库作业管理系统

出库作业管理系统以客户为对象,涉及的作业有自客户处取得订单、进行订单处理、仓储管理系统、从出库准备到实际将货物运送至客户手中为止的一系列作业。

①订单处理系统主要包括客户询价、报价和订单接收、确认及输入。自动报价系统需输入的数据有:客户名称、询价商品的名称、规格等,然后系统根据这些数据调用产品明细数据库、客户交易此商品的历史数据库、此客户报价的历史数据库、客户数据库、厂商采购报价等,以取得此商品的报价历史资料、数量折扣、客户以往交易记录及客户折扣、商品供应价等数据,再由系统按其所需净利润与运输成本、保管成本等来制订估价公式并计算销

售价格,然后可打印报价单送交客户,客户签回后即成为正式订单。订单的传送可采用邮寄、电话、传真、因特网传输 EDI 报文或直接用 E-mail 传送。

②销售分析及销售预测主要包括销售分析、销售预测和商品管理。销售分析主要是为了使管理人员对销售现状有全面的了解。通过输入销售日期、月份、年度、商品类别、名称、客户名称、操作员名称等查询各种销售统计信息,可提供商品销售统计表、年度商品数量统计表、年度及月份商品数量统计比较分析报表、商品成本利润分析表,并可查询每个业务员的销售业绩。销售预测分析系统可根据不同的统计分析方法(如时间序列分析、指数平滑法、多元回归分析等方法)生成商品销售预测表、库存需求预测表、成本需求预测表、设备需求预测表等。商品管理系统可生成商品销售排行榜、商品销售周转率、获利率分析表。

(3)库存控制系统

库存控制系统主要完成库存商品分类分级、定购数量和订货地点的确定、库存跟踪管理及库存盘点等作业。商品分类分级可根据分类分级标准按库存量排序和分类,生成各种排序报表。订购数量和订货点可根据库存数据库、厂商报价数据库、采购批量计算公式数据库等生成。库存盘点方式有两种:定期盘点和循环盘点。盘点作业系统是定期打印库存商品报表,待实际盘点后输入实际数据生成并打印盈亏报表、库存损失分析报表等。实际盘点前,库管员调用盘存清单打印系统,输入某类商品的名称或仓库货区、货位名称,系统自动调用库存数据库或货位数据库进行检索并打印出盘点清单。库管员根据此清单会同有关人员用手持式数据采集器采集商品库存数据,然后将采集到的数据输入中央数据库调整库存数据库的内容,最后由盘点打印系统打印出盘亏报表、库存损失报表等结果。

根据需要,库存控制系统还可以设定定期盘点和循环盘点时点,使系统能够在预定的时间自动启动盘点系统、打印各种报表,以便于实际进行盘点作业。

[案例导入] 通天晓助力韩后提升仓储物流信息化水平

化妆品行业具有产品品种多、流通快、市场竞争激烈等特点。随着消费升级以及新零售等市场变化的影响,化妆品需求日益个性化、多样化,销售渠道也发生了很大改变,无论消费者还是电商平台都对物流提出了更高的要求。

著名护肤品牌韩后在强有力的立体化营销模式下进入快速增长期,包括数万家终端形象网点、上百家销售代理公司、数千家屈臣氏门店,以及京东、聚美优品、唯品会等电商平台在内的各渠道销售增长迅猛。在前端销售一路高歌猛进的同时,韩后发现后端供应链与物流逐渐乏力,难以支撑业务快速发展。为了给消费者提供更加优质的服务,韩后开始发力仓储系统建设，以全面提升物流效率。最终，韩后与具有丰富行业经验的物流信息化供应商通天晓软件携手，实现了仓储体系的信息化与管理自动化升级。

（1）信息化先行成迫切需要

在业务的迅猛增长下，为了进一步提升物流时效，提高消费者满意度，韩后设立了华南、华东、华北、华中、西南五大仓储物流中心，对全国市场进行全面覆盖。其中，华南仓为韩后自营，其他仓库则与优质的第三方物流服务商合作。华南仓作为韩后的中心仓，位于广州花都区，整个仓库占地面积约 1 万 m^2，负责约 400 个 SKU 的存储、拣选、出货等作业。华南仓承担线下、线上两大物流作业任务。其中，线下主要满足其他区域仓、线下代理商、门店等的物流发货需求，业务类型基本为整箱出货，作业难度较小，对信息化的依赖和要求相对较低。线上业务则主要包括 3 个部分："B2C"服务于淘宝、拼多多、蘑菇街等渠道；"B2B 直供平台"服务于京东、聚美优品、唯品会等渠道；"线上分销"服务于各大分销商。

近几年，随着电商的快速发展，一方面，韩后线上业务增势明显，不仅数量不断大幅上升，订单类型也越发多样化；另一方面，平台电商对商品有效期的要求越来越高，如销售产品的有效期不能超过 1/3 等；此外，逆向物流的快速上架等也对信息化产生了迫切需求。在这些变化之下，韩后原有的 ERP 系统很难满足越发复杂的需求，问题随之而来，具体有以下几个：

①难以支持高峰期订单快速处理。电商的显著特点是会带来订单量的大幅度波动，忙时每天订单量甚至达到数十万单，是闲时的上百倍。一旦单量猛增，新招的临时工很难做到熟练作业，容易出现误操作，而当订单处理出现差错时，也无法追溯处理。

②ERP 系统无法对产品有效期、产品批号等进行管理，而依靠人工肉眼查验产品有效期不仅效率低下，差错率也非常高。

③库存管理不准确。以前，库存完全依靠人工盘点，不仅不能够及时补货，也难以实现货品有效期的精准管理，最终造成产品积压及过期等问题，每年由此造成的损失达到数十万元。此外，还会造成发货延迟，影响消费者体验等。

④销售规模扩大的同时，逆向货品处理需求也不断增加，这也是目前行业面临的痛点之一。通常收货是大批量到货，可以进行规模化处理；而退货则非常零散，并且同一个货品有多个有效期，需要对这些货品进行拆包并记录货品名称、数量、限用日期等，以便进行二次上架或者报废等处理。这些对于人工查验而言无疑是巨大的挑战，迫切需要信息化系统的支撑。

因此，韩后急需改善现有物流运作管理能力，而仓储管理系统 WMS 则是关键和基础。韩后华南仓对信息化的诉求主要体现在 3 个方面：a.精准掌握产品库龄，包括入库时间、产品批号、限用日期等信息；b.实现产品信息可追溯；c.通过专业的信息系统让管理更加先进高效。在 WMS 选型过程中，韩后通过比对供应商的产品功能、实施服务水平、自动化系统对接能力等指标,最终确定通天晓软件为合作伙伴。

(2)通天晓软件主要仓储作业类型及流程

①收货入库。货品从工厂生产完之后直接入华南仓,同一批货、同一个 SKU 可能会有不同的生产日期和批次,因此收货时需要对 SKU 进行区分,之后通过通天晓 WMS 系统将货品与货位进行绑定,对货品进行上架存储。同时系统会准确记录每个货位的货品信息,如货品种类、数量、批号、有效期等。

②拣选及补货。对 B2C 类订单一般实行"先进先出"的拣货策略,每天作业量约 8 000 单。消费者在店铺下订单后,ERP 系统首先会抓取订单信息并推送给 WMS 系统。其中,爆款货品订单会被分配到仓库"整存区"进行集中拣货处理。例如,100 个客人均下单某货品,则该货品则被统一拣出并打包发货。零散订单作业则相对复杂。WMS 系统会对订单进行分析,通常每 20 个订单作为一个波次,系统自动生成该批次订单的最短拣货路径。拣货人员依此路径到相应货位拣选,之后进入验货、打包、称重、快递交运等作业环节。

对 B2B(平台)订单如京东、聚美优品、唯品会等平台订单,具有订单量大,效期要求严格等特点。该类型订单进入 WMS 系统后,系统会根据入库时记录的货品信息,计算分析出符合要求的货品。如果有满足全部订单的货品,那么系统会自动生成包括货品货位信息等在内的出库单,拣货人员按单拣选出货;如果不能满足订单需要,那么系统会生成补货指令,提示作业人员进行补货等操作。

对线上分销,其订单量占比相对较小,作业模式也更加简单,基本与 C 端作业模式相类似。例如,分销商下订单后,系统根据"先进先出"原则,自动分配拣货任务。拣货员根据系统指令到货位拣选相应数量的货品并打包发货。

(3)项目实施效果

针对韩后的业务特点和需求,通天晓 WMS 系统通过灵活性配置,帮助其实现与原 ERP 系统的流畅对接,以及仓库作业与流程的优化、批次管理、库存盘点和可视化管理等。目前该项目已经成功上线运行一年多了,通天晓 WMS 系统的表现得到了韩后电商物流总监周攀的充分肯定和高度评价。他表示,在通天晓软件的助力下,韩后华南仓物流作业效率得到了大幅提升,作业准确率得到有效保证,物流管理实现了从"人治"到"法治"的全面转变。

①实现高效管理。通天晓软件前期对华南仓作业进行了深入的调研,并制定了详细的 SOP(标准作业程序),在 SOP 的指导下,将所有物流作业规范化处理,保证 KPI 能够稳定地输出。系统上线之前的 KPI 必须依赖于经验丰富、做事细心的员工;系统上线之后则由人管理变成了系统管理,效率与准确率大幅提升。

②实现精准盘点。仓库上线 WMS 之前,每月依靠人工对库存进行盘点,而盘点结果与账面差距较大却又找不出原因;上线 WMS 系统后,盘点差距非常非常小。据周攀介绍,

因作业繁忙,今年有 3 个月没有盘点库存,而最终差距只有 2 000 元,而整个仓库的货值高达 4 000 万元。

③实现自动补货。系统上线前,需要依靠人工巡检各个货位并补货,补货往往不够及时,且补货数量没有规范化;系统上线后,当货位库存低于安全库存时,系统会提示补货,并根据需要分为按箱补货、按件补货、按缺补货等不同的补货逻辑。

④实现货品追溯。系统上线后,每一件货品的去向都可以追溯到。

(资料来源:任芳.通天晓助力韩后提升仓储物流信息化水平[J].物流技术与应用,2018(10):110-112+114.)

≫案例讨论

1.通天晓是如何助力韩后提升仓储管理水平的?

2.韩后仓储信息化还有哪些可以提升,如何提升?

3.我国仓储企业实施物流信息系统时,主要的问题是什么?本案例对我们的启示是什么?

≫复习思考题

1.论述物流条码及其在仓储管理中的应用。

2.调查 RFID 技术在仓储管理中的应用现状,分析其应用前景。

3.简述仓储管理信息系统的构成及主要功能。

4.说明供应链库存管理信息系统的主要功能。

5.调查主要的物流信息技术,说明其在仓储管理中的主要应用。

参考文献

[1] 詹姆士·R.斯托克,道格拉斯·M.兰伯特.战略物流管理[M].邵晓峰,等,译.北京:中国财政经济出版社,2003.

[2] 宋玉.仓储实务[M].北京:对外经济贸易大学出版社,2004.

[3] 刘莉.现代仓储运作与管理[M].北京:北京大学出版社,2004.

[4] 爱德华·弗雷兹.当代仓储及物料管理[M].刘庆林,译.北京:人民邮电出版社,2004.

[5] 真虹,张婕姝.物流企业仓储管理与实务[M].北京:中国物资出版社,2003.

[6] 邬星根.仓储与配送管理[M].上海:复旦大学出版社,2005.

[7] 田源.仓储管理[M].北京:机械工业出版社,2005.

[8] 方光罗.仓储与配送管理[M].大连:东北财经大学出版社,2004.

[9] 李永生,郑文岭.仓储与配送管理[M].北京:机械工业出版社,2003.

[10] 谭刚,姚振美.仓储与配送管理[M].北京:中国广播电视大学出版社,2005.

[11] 丁立言,张铎.仓储规划与技术[M].北京:清华大学出版社,2002.

[12] 中国仓储协会秘书处.2011年中国仓储业发展综合报告[J].物流工程与管理,2011,33(6):1-8.

[13] 商务部流通业发展司,中国仓储协会.中国仓储行业发展报告(2015)(缩略版)[J].物流技术与应用,2015,20(10):195-198.

[14] 周全申.现代物流技术与装备实务[M].北京:中国物资出版社,2002.

[15] 刘凯.现代物流技术基础[M].北京:清华大学出版社,北京交通大学出版社,2004.

[16] 罗毅,王清娟.物流装卸搬运设备与技术[M].北京:北京理工大学出版社,2007.

[17] 宋伯慧,王耀球.装卸搬运设备配置优化研究[J].物流技术,2006(7):145-147.

[18] 杨玮,曹巨江.EIQ分析法在物流配送中心拣货系统设计中的应用[J].机械设计与制造,2006(9):160-161.

[19] 郝红娟.物流中心仓储区规划方法研究[D].长春:吉林大学交通学院,2007.

[20] 李建明.物流配送中心分区自动分拣系统品项分配方法研究[D].兰州:兰州交通大学,2017.

[21] 童珮珮.物流分拨中心叉车的优化配置研究[D].杭州:浙江理工大学,2018.

[22] 戴维·J.布隆伯格,等.综合物流管理入门[M].雷震甲,等,译.北京:机械工业出版社,2003.

［23］丁立信,张铎.仓储规划与技术［M］.北京:清华大学出版社,2002.

［24］董海.设施规划与物流分析［M］.北京:机械工业出版社,2005.

［25］王霄涵.物流仓储业务管理模板与岗位操作流程［M］.北京:中国经济出版社,2005.

［26］伊俊敏,等.物流工程［M］.北京:电子工业出版社,2005.

［27］贺东风,物流系统规划与设计［M］.北京:中国物资出版社,2006.

［28］李万秋.仓储管理［M］.北京:高等教育出版社,2005.

［29］刘蕴韬.保税物流中心货量预测及功能区布局规划方法研究［D］.北京:北京交通大学,2011.

［30］郝红娟.物流中心仓储区规划方法研究［D］.长春:吉林大学,2006.

［31］苏超.物流中心功能区布局规划研究［D］.成都:西南交通大学,2007.

［32］张磊.多层多元物流网点布局问题研究——以苏宁易购安徽省为例［D］.南京:南京林业大学,2017.

［33］刘兵阳.物流园区功能设施设计研究［D］.北京:北京建筑大学,2015.

［34］张彦嘉.X制造企业仓库规划与管理研究［D］.大连:大连海事大学,2014.

［35］李婷婷.仓储法律制度研究［D］.长沙:湖南大学,2006.

［36］程照华.仓储合同研究［D］.长春:吉林大学,2008.

［37］韩思思.供应链金融生态模式设计及风险管理研究［D］.邯郸:河北工程大学,2017.

［38］丁涛.供应链金融的模式与比较研究［D］.上海:华东理工大学,2018.

［39］陈冲.基于供应链金融视角的中小企业融资研究［D］.北京:首都经济贸易大学,2018.

［40］齐二石.物流工程［M］.北京:中国科学技术出版社,2003.

［41］Ronald H.Ballou.企业物流管理——供应链的规划、组织和控制［M］.王晓东,译.北京:机械工业出版社,2002.

［42］俞仲文,陈代芬.物流配送技术与实务［M］.北京:人民交通出版社,2002.

［43］中华人民共和国国家市场监督管理局.GB/T 18354—2001,物流术语［S］.北京:标准出版社,2002.

［44］赵艳琴,张绍文.供应链条件下的库存模型研究综述［J］.合作经济与科技,2010(22):32-33.

［45］贺彩虹,周鲜成.供应链环境下库存管理研究综述［J］.湖南商学院学报,2010,17(1):31-34.

［46］程书强.论配送中心的储位规划管理［J］.中国储运,2003,(3):50-53.

［47］张晓川.现代仓储物流技术与装备［M］.北京:化学工业出版社,2003.

［48］余晓流,刘玉旺,储刘火,等.型钢堆垛型式的设计研究［J］.重型机械,2004(4):42-48.

［49］林国龙.现代物流环境下的储位管理［J］.集装箱化,2002(5):6-8.

［50］胡列格,胡建国.配送中心储位分配决策方法的动态研究［J］.长沙理工大学学报,
2004,20(2):68-72.

［51］李明琨,张杨平.基于 COI 与作业负荷平衡的多巷道仓库储位分配策略［J］.工业工
程,2015,18(1):37-41.

［52］许发涛.EIQ-ABC 分析法在配送中心储位分配中的应用研究［J］.西部皮革,2017,39
(18):64-65.

［53］朱可欣.基于关联分析的某日化用品仓库储位分配策略研究［D］.济南:山东大
学,2017.

［54］王新华,张悦.EIQ-ABC 分析法在烟草配送中心规划中的应用——以山东 H 烟草配
送中心为例［J］.物流工程与管理,2016,38(7):102-105.

［55］刘明明,童小娇,戴彧虹.装箱问题的算法及最新进展［J］.计算数学,2016,38(3):
257-280.

［56］崔会芬,许佳瑜,朱鸿国,等.基于改进遗传算法的三维单箱装箱问题研究［J］.工业工
程与管理,2018,23(1):86-89.

［57］甄彦芳.化工园区作业流程设计与优化［D］.北京:北京交通大学,2010.

［58］李铮.汽车零部件制造企业的原材料分类及库存控制策略研究［D］.北京:北京交通
大学,2018.

［59］赵道致,吕昕.供应商管理库存理论发展综述与评价［J］.北京交通大学学报(社会科
学版),2012,11(1):41-47.

［60］代湘荣,王骏.基于供应链全程控制的库存管理模式——JMI［J］.物流科技,2007(1):
113-115.

［61］韩宝国.D 公司供应链管理模式与库存控制研究［D］.天津:天津大学,2016.

［62］张志强.物品养护与保管［M］.北京:中国商业出版社,1996.

［63］窦志铭.物流物品养护技术［M］.北京:人民交通出版社,2002.

［64］商品养护学编写组.商品养护学［M］.北京:中国商业出版社,1984.

［65］颜锡蕊,等.仓储商品养护［M］.北京:中国商业出版社,1993.

［66］罗纳德·H.巴罗.企业物流管理——供应链的规划、组织和控制［M］.王晓东,胡瑞
娟,等,译.北京:机械工业出版社,2002.

［67］翟光明.仓储实务［M］.北京:中国财政经济出版社,2002.

［68］冯飚.南方光通信公司订单管理策略研究［D］.长沙:湖南大学,2004.

［69］武德春.现代物流仓储与配送［M］.苏州:苏州大学出版社,2004.

［70］朱燕飞,仲维清,张亦弛.阜新虎跃快运装卸搬运合理化方法［J］.中国储运,2007,
(3):67-69.

[71] 涂琰,基于 Flexsim 的物流装卸搬运系统仿真研究[D].武汉:华中科技大学,2016.

[72] 姚远.华润苏果物流订单管理优化策略研究[D].南京:南京农业大学,2014.

[73] 李小夏.海南 H 公司销售订单管理研究[D].海口:海南大学,2015.

[74] 马飞.电商配送中心订单分批及拣选路径优化研究[D].昆明:昆明理工大学,2016.

[75] 丁连红,时鹏,刘丙午.仓储中心拣选作业研究综述[J].物流技术,2008(8):15-19.

[76] 李云.基于波次分拣的图书配送中心分拣效率研究[D].武汉:华中科技大学,2013.

[77] 吴楠.A 电商企业仓储中心订单拣选作业优化研究[D].广州:暨南大学,2016.

[78] 涂琰.基于 Flexsim 的物流装卸搬运系统仿真研究[D].武汉:华中科技大学,2008.

[79] 欧阳剑.基于 Flexsim 的 G 烟草物流配送中心分拣系统的仿真与优化[D].南昌:江西财经大学,2018.

[80] 曹雪丽,郭键,邵刘霞.人工拣选作业中订单分批处理研究综述[J].物流技术,2012,31(17):24-27.

[81] 刘永基.消防燃烧原理[M].沈阳:辽宁人民出版社,1992.

[82] 余华,何学秋.仓库火灾特点、原因及防范对策探讨[J].中国安全生产科学技术,2005(5):85-87.

[83] 《防火检查手册》编辑委员会.消防灭火设施[M].上海:上海科学技术出版社,1984.

[84] 刘华.现代物流管理与实务[M].北京:清华大学出版社,2004.

[85] 罗云.现代安全管理[M].3 版.北京:化学工业出版社,2016.

[86] 李志毅.项目安全管理理论在东海县粮食仓储管理中的应用研究[D].北京:中国地质大学,2013.

[87] 尹航标.工业工程方法在粮食仓储企业安全生产管理中的应用研究[D].上海:东华大学,2014.

[88] 苏立亭.企业危险品仓储安全集成管理研究[D].西安:长安大学,2016.

[89] 王程安.基于 CPS 的仓储安全监控系统研究[D].北京:北京物资学院,2015.

[90] 孙宏岭,戚世均.现代物流活动绩效分析[M].北京:中国物资出版社,2001.

[91] 陈凌芹.绩效管理[M].北京:中国纺织出版社,2004.

[92] 中华人民共和国国家质量监督检验检疫总局.GB/T 30331—2013,仓储绩效指标体系[S].北京:标准出版社,2014.

[93] 牛东来.现代物流信息系统[M].北京:清华大学出版社,2004.

[94] 欧阳文霞.物流信息技术[M].北京:人民交通出版社,2002.

[95] 徐燕.物流信息管理[M].北京:对外经济贸易大学出版社,2004.

[96] 蔡淑琴.物流信息系统[M].北京:中国物资出版社,2002.

[97] 程国全.物流信息系统规划[M].北京:中国物资出版社,2004.

［98］周城.物流信息化解决方案［M］.成都:四川人民出版社,2002.

［99］蔡淑琴,夏火松.物流信息与信息系统［M］.北京:电子工业出版社,2005.

［100］楼伯良.物流信息系统基础［M］.北京:人民交通出版社,2005.

［101］张予川.物流信息系统［M］.北京:化学工业出版社,2005.

［102］孙丽芳.物流信息技术与信息系统［M］.北京:电子工业出版社,2004.

［103］尹涛.物流信息管理［M］.大连:东北财经大学出版社,2005.

［104］许良主.物流信息技术［M］.上海:立信会计出版社,2007.

［105］缪兴锋.RFID 技术在物流仓储管理系统设计中的应用［J］.物流技术,2006(11):
49-51.

［106］袁永生.供应链库存管理信息平台研究［D］.成都:西南交通大学,2007.

［107］亚太博宇.物流信息系统助沃尔玛腾飞［J］.中国物流与采购,2004(10):48-49.